2018
대한민국
재테크
트렌드

"투자는 IQ와 통찰력 혹은 기법의 문제가 아니라
원칙과 태도의 문제다."

– 벤자민 그레이엄

주식 펀드

**6장 2018년 유망 금융상품,
강남 스타 PB 여성 3인방의
돌직구 추천**

사회   **김재곤**, 조선일보 경제부 기자
패널   **김교란**, 전 KB국민은행 강남PB센터장
          박경희, 삼성증권 삼성금융타운센터장
          유현숙, NH투자증권 프리미어블루 강남센터장

**7장 1년 수익률 80%,
여의도 황금손이 알려주는 사야 할 주식**

한병기, 트리니티자산운용 대표이사

부동산 01

김학렬

부동산 팟캐스트 1위 〈부동산 클라우드〉의 진행자이자 '빠숑의 세상 답사기(http://blog.naver.com/ppassong)' 운영자다. 여론조사 전문기관인 한국갤럽조사연구소 부동산 조사본부팀장을 역임했고, 현재 더리서치그룹 부동산 조사연구소 소장이다. 저서로 《서울 부동산의 미래》, 《대한민국 부동산 투자》, 《부자의 지도》 등이 있다.

1장

안 사면
후회하는
서울 부동산 Top 5

김학렬, 《서울 부동산의 미래》 저자

부동산 투자, 먼저 프리미엄을 분석하라

얼마 전에 한국에서 가장 잘나가는 펀드매니저와 대화를 나눴는데, 그가 한국의 아파트 가격에 지나치게 거품이 끼어 있다고 말하더군요. 그러나 주식과 부동산은 좀 다릅니다. 아파트에는 원가(토지비+건축비) 외에 프리미엄이라는 것이 존재하지만 금융 쪽에서 주식을 분석하는 사람들은 대개 원가 개념으로 접근합니다. 프리미엄을 잘 이해하지 못하는 거지요.

사실 부동산은 원가보다 프리미엄이 큰 분야입니다. 물론 상품에도 프리미엄이 붙지만 특히 부동산의 미래가치를 따질 때는 반드시 미래에 어느 지역에 프리미엄이 붙을지 관찰하는 것이 중요합니다.

프리미엄에는 세 가지 의미가 있습니다.

먼저 정가 이외에 추가로 지불하는 금액을 말합니다. 부동산에서는 무엇보다 이 개념을 잘 이해해야 합니다. 그다음으로는 부동산을 전매할 때 붙는 웃돈입니다. 알고 있다시피 많은 사람이 전매차익을 노리고 부동산에 투자합니다. 마지막으로 고급스럽고 풍성한 사회·경제·문화적 혜택이나 특권입니다. 많은 사람이 이 부분을 고려하지 않지만 실은 굉장히 중요한 요소입니다. 한마디로 이것은 입지 프리미엄이지요.

예를 들어 서울에서 큰 행사가 하나 열린다고 해봅시다. 그럴 때 서울에 사는 사람은 행사장에 찾아가기가 무척 쉬울 겁니다. 심지어 교통수단을 이용할 필요 없이 걸어서 가는 사람도 있겠지요. 반면 부산이나 제주도에서 서울까지 오려면 큰맘을 먹어야 합니다. 이 경우 서울에 사는 사람보다 훨씬 더 많은 비용을 추가로 지불하고 이동하는 셈입니다. 비행기값이든 KTX값이든 택시값이든 말이죠. 이 모든 것이 다 프리미엄입니다.

그러니까 아파트 가격에는 이러한 프리미엄까지 포함되어 있다고 봐야 합니다. 이 개념을 이해하지 못하고 단순히 원가 개념만 보면 부동산 가격이 늘 거품으로 보일 수밖에 없습니다.

프리미엄에는 크게 나눠 입지 프리미엄과 상품 프리미엄이 있습니다. 흔히 부동산은 첫째도 입지, 둘째도 입지, 셋째도 입지라고 하지요. 실제로 부동산에서는 입지 프리미엄이 95퍼센트 이상을 차지

한다고 보는 것이 맞습니다. 결국 향후 미래가치로 주목해야 할 부분은 '입지 프리미엄'입니다.

그렇다고 부동산에 상품 프리미엄이 없는 것은 아닙니다. 물론 최근에는 질적 수요를 충족시켰다고 보는 시각도 있으나 사실 새 아파트에 살고 싶어 하는 사람들이 굉장히 많습니다. 새 아파트에 붙는 프리미엄이 곧 상품 프리미엄입니다.

이러한 프리미엄은 적절히 섞어야 하지만 과거에는 입지 프리미엄이 99퍼센트 정도를 차지했지요. 지금은 80~90퍼센트가 입지 프리미엄입니다. 결국 상품 프리미엄에서 무얼 살펴봐야 할지 모른다면 그냥 입지 프리미엄만 봐도 거의 실패하지 않습니다. 이것이 바로 부동산과 주식의 큰 차이점입니다. 결국은 입지를 공부해야 합니다.

입지를 공부할 때는 어디에 중점을 둬야 할까요? 입지 공부는 내가 살 만한 집인지 아닌지 판단하기 위해 하는 겁니다. '살 만하다'는 데는 두 가지 의미가 담겨 있습니다. 하나는 거주(live)이고 다른 하나는 산다(buy)는 것입니다. 결국 거주가치와 매수투자가치를 공부하는 것이지요.

그렇다고 가장 좋은 입지를 찾아야 한다는 이야기는 아닙니다. 모두가 강남의 노른자위 땅에 위치한 아파트에서 살 수는 없으니까요. 미리 결론을 말하자면 투자할 수 있는 금액 내에서 최소한 손해가 없는 정도, 나아가 지금 구입하면 미래에 좀 더 올라갈 지역의 부동산을 구입하자는 겁니다.

이것을 판단하려면 먼저 수요가 있는 입지인지 살펴봐야 합니다. 수요가 있다는 것은 살 사람이 존재한다는 것을 말합니다. 당연히 수요자가 많은 지역을 선택하는 것이 유리합니다.

두 번째는 가격이 적정해야 합니다. 가격이 너무 비싸면 사람들은 구매하지 않습니다. 2017년 12월 현재 한국에서 가장 비싼 아파트는 서초구 반포동에 있는 아크로리버파크로 평당 6,700만~7,000만 원입니다. 그 아파트가 아무리 입지나 상품이 좋아도 평당 1억 원 가까이 부르면 사는 사람이 거의 없을 테지요. 다시 말해 입지와 상품이 아무리 좋아도 적정가격이라는 게 존재합니다.

다소 의아할지도 모르지만 이 적정가격은 가격이 쌀 때도 따져봐야 합니다. 가격이 너무 쌀 경우 품질이 의심되기 때문에 거래가 일어나지 않습니다. 서울 아파트 평균 가격은 평당 2,000만 원입니다. 가장 저렴한 아파트 시세도 대략 평당 1,000만 원이 넘습니다. 따라서 평당 1,000만 원이 되지 않는 아파트의 경우 품질을 의심할 수밖에 없습니다. 과연 지금 평당 1,000만 원 이하로 매수를 해서 미래가치가 더 올라갈지 의심스럽기 때문입니다.

서울 도심에 있는 아파트 가운데 평당 500만 원 이하인 것도 있습니다. 이 아파트의 가격은 20년째 거의 같은 수준을 유지하고 있습니다. 미래가치가 전혀 없기 때문입니다. 이런 아파트들은 싸다고 매수하면 안 됩니다. 각 지역 평균 대비 크게 저렴한 아파트는 매수할 때 과연 미래 수요가 있는지를 두 번, 세 번 고려해야 합니다.

이처럼 적정가격은 입지마다 모두 다르므로 그 특징에 따라 잘 분석해야 합니다.

세 번째는 사람들이 선호하는 상품이어야 합니다. 입지마다 사람들이 선호하는 상품은 다릅니다. 예를 들어 서울은 기본적으로 30평대가 가장 인기가 좋습니다. 물론 강남은 40평대가 더 인기가 많지요. 반면 인천에서는 30평대를 대형이라 여겨 부담스러워하는 사람이 많습니다. 인천에서 가장 인기 있는 평형대는 20평입니다. 특히 매수를 고려하고 있다면 현재의 매수가격보다 미래에 오를 것을 따져봐야 합니다. 이것을 미래가치라고 하는데 이것이 보장되는지 검토해야 하지요.

결국 수요, 가격, 상품의 미래가치까지 분석한 다음 '그렇다'라는 확신이 들 때 투자를 결정해야 합니다. 한마디로 입지, 가격, 상품을 동시에 봐야 합니다. 만약 이것이 복잡해서 분석하기가 힘들다면 입지 가치를 가장 우선시하는 것이 좋습니다.

교통이 편리한 지역은 어디인가?

입지 프리미엄을 관찰하는 방법에는 여러 가지가 있지만 기본적으로 네 가지만 확인해도 서의 틀림이 없습니다. 그것은 바로 교통,

생활편의시설, 교육, 환경 쾌적성입니다.

먼저 서울처럼 일자리가 많고 교통이 편리한 지역에서는 교통 프리미엄이 가장 큽니다. 서울의 집값이 가장 비싼 이유는 일자리가 많기 때문입니다. 놀랍게도 지방에 있는 일자리를 모두 합해도 서울에 있는 일자리 수보다 적습니다. 일자리 프리미엄으로 인해 서울의 집값이 가장 비싼 것이지요.

서울 주변에 있는 위성도시, 즉 1기 신도시나 2기 신도시에 사는 사람들은 서울에 있는 일자리로 출근해야 하지만 서울에서 살 형편이 되지 않아 그곳을 선택한 겁니다. 당연히 서울까지 출퇴근이 가능한 지역, 다시 말해 교통접근성이 좋은 지역은 비록 지방이지만 집값이 비쌉니다.

다음 표는 서울에 있는 근로자 수를 집계한 것입니다. 숫자라면 쳐다보기도 싫다고 하는 사람이 있을지도 모르지만 그냥 강남구가 가장 많고 그다음이 서초구, 중구, 여의도, 송파구, 종로구, 마포구 순이라는 정도만 알면 됩니다.

강남구, 서초구, 송파구에서 정규직으로 근무하는 사람은 약 130만 명입니다. 종로구와 중구는 합해서 약 62만 명, 여의도에는 15만 명이 있습니다. 그리고 상암DMC와 공덕동에 5만 명이 있지요.

이곳이 서울에서도 특히 일자리가 많은 지역입니다. 결국 일자리에 가까운 지역일수록 집값이 비싸고 멀수록 쌉니다. 당연히 전철이나 버스, 자가용을 타고 빨리 출근할 수 있는 지역이 더 비싸고요.

2014년 서울시 구별 근로자 수와 인구수

(단위: 명)

자치구	총종사자 수	세대수	인구수	총종사자 수-인구수	총종사자 수-세대수
합계	4,739,883	4,202,888	10,197,604	−5,457,721	536,995
강남구	645,060	234,107	570,500	74,560	410,953
서초구	390,662	173,856	450,310	−59,648	216,806
중구	380,407	59,481	133,240	247,167	320,926
영등포구	343,943	165,462	402,985	−59,042	178,481
송파구	263,841	259,883	667,483	−403,642	3,958
종로구	245,698	72,654	162,820	82,878	173,044
마포구	227,966	169,404	389,649	−161,683	58,562
금천구	214,128	105,146	255,082	−40,954	108,982
구로구	197,894	172,272	447,874	−249,980	25,622
강서구	185,361	247,696	603,772	−418,411	−62,335
성동구	152,831	130,868	311,244	−158,413	21,963
강동구	139,346	179,676	453,233	−313,887	−40,330
동대문구	137,079	159,839	369,496	−232,417	−22,760
용산구	126,073	106,544	244,203	−118,130	19,529
광진구	117,420	158,960	372,164	−254,744	−41,540
양천구	114,617	176,921	479,978	−365,361	−62,304
관악구	112,223	253,826	525,515	−413,292	−141,603
노원구	109,272	219,957	569,384	−460,112	−110,685
성북구	107,496	188,512	461,260	−353,764	−81,016
동작구	105,146	173,033	412,520	−307,374	−67,887
서대문구	102,163	137,207	327,163	−225,000	−35,044
중랑구	99,712	177,548	414,503	−314,791	−77,836
은평구	84,489	201,869	494,388	−409,899	−117,380
강북구	70,919	141,554	330,192	−259,273	−70,635
도봉구	66,137	136,613	348,646	−282,509	−70,476

자료: 서울시

따라서 우리가 프리미엄을 따질 때는 대중교통 편리성과 도로 이용 접근성을 봐야 합니다. 특히 투자자의 입장에서는 대중교통, 그중에서도 전철을 먼저 살펴야 합니다. 전철이 시간 관리에 가장 편리하고 빠르니까요.

다음 그림은 전철의 역사를 한눈에 보여줍니다.

전철은 1974년 서울에 처음 생겼는데 그것을 1호선 국철이라고 부릅니다. 성북구에서 서울역, 시청까지 오는 게 최초의 전철이었지요. 이 1호선 국철은 인천과 수원까지만 연결되었습니다. 당시만 해도 수도권이라고 하면 이 지역만 해당되었기 때문입니다.

1974년과 2014년 수도권 전철 노선 비교

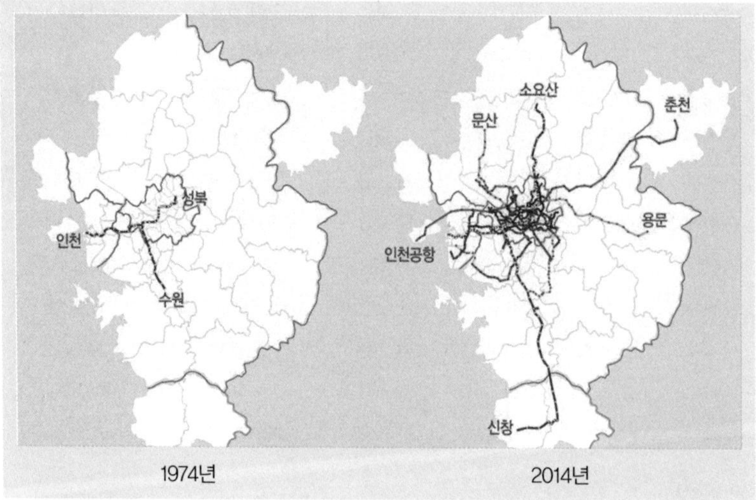

2014년 이후를 보면 굉장히 복잡한데 저 지역이 전철을 이용해 서울로 출퇴근하는 인구가 많은 곳입니다. 그러므로 일차적으로는 서울에 투자하는 것이 좋고, 그럴 형편이 아니라면 서울과 전철망이 연결된 지역도 괜찮습니다.

여기서 재미있는 지역이 하나 있는데 그곳은 바로 강원도 춘천입니다. 여기를 수도권으로 봐야 할까요? 지역으로 보면 아니지만 투자자의 입장에서는 수도권이 맞습니다. 춘천은 강원도에서 평당 1,000만 원짜리 아파트가 있는 유일한 곳입니다. 심지어 평당 2,000만 원에 이르는 아파트도 있는데 춘천을 제외한 다른 강원도에는 그런 아파트가 없습니다. 거의 다 500만~700만 원대입니다. 강원도에서 춘천에만 평당 1,000만 원이 넘는 아파트가 존재하는 이유는 수도권과 마찬가지로 서울로 출퇴근할 수 있기 때문입니다.

남쪽으로는 충남 아산의 신창역이 있는데 천안과 아산에서도 1호선 급행을 타면 한 시간대에 서울까지 올 수 있습니다. 결국 충청도에서도 천안은 수도권으로 볼 수 있지요. 마찬가지로 충남도 아파트가 대개 평당 700만 원 전후지만 천안에만 평당 1,500만~2,000만 원짜리가 있습니다. 수도권이니까요. 결국 서울의 영향권이 강원도와 충남 일부 지역에까지 미치는 셈입니다.

다음 그림은 서울을 지나는 지하철노선표입니다.

언뜻 봐도 몹시 복잡한데 전철망이 복합할수록 프리미엄이 높습니다. 특히 환승하지 않고 강남권에 한 번에 갈 수 있는 지

서울 지하철 노선표

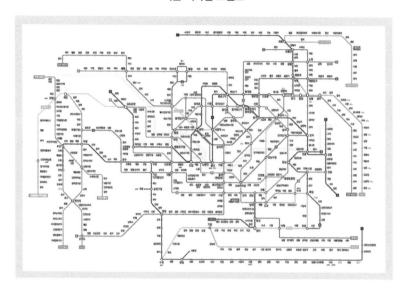

하철 노선의 프리미엄이 더 높습니다.

　서울에는 지하철 노선이 9개가 있습니다. 1호선은 강남을 지나가지 않습니다. 2호선·3호선·7호선·9호선은 지나가지만 4호선·5호선·6호선·8호선은 지나가지 않습니다. 그렇다면 2호선·3호선·7호선·9호선만 강남권 프리미엄이 있는 노선입니다. 즉, 그 노선이 다른 노선보다 더 비쌉니다.

　강남을 전혀 지나가지 않는 6호선은 서울 지하철 9개 노선 중에서도 프리미엄이 가장 낮은 곳입니다. 반대로 강남만 지나가는 노선이 있는데 그것은 9호선입니다. 9호선은 가장 비싼 노선으로 이것이 연장될수록 강남권 혜택을 보는 지역이 늘어납니다. 최근 강동구가 주목받는 이유가 여기에 있습니다. 여태껏 9호선이 없다가 2018년에 개통되기 때문이지요.

이처럼 서울을 지나는 같은 역세권이라도 똑같이 비싼 것은 아닙니다. 일자리가 압도적으로 많은 강남권 프리미엄 노선이 특히 중요하지요.

굳이 등급을 나누자면 강남권으로 출근하는 노선이 제일 비쌉니다. 그다음으로 일자리가 많은 종로구와 중구, 여의도, 금천구가 그 뒤를 잇고요. 금천구의 경우에는 가산디지털단지와 구로디지털단지의 영향이 큽니다. 그 외에도 일자리로 연결되는 노선이 프리미엄의 혜택을 받습니다.

상권환경을 파악하라

교통에 이어 눈여겨봐야 할 것은 생활편의시설, 즉 상권입니다. 이때 상가가 많다고 무조건 플러스 요인은 아니라는 점에 주의해야 합니다. 상가가 주거지역에 플러스인 경우도 있고 마이너스인 경우도 있는데 이 두 가지를 잘 분리해야 합니다.

가령 기존 도심 내에서 개별 상가가 하나하나 모여 확장되는 상권은 주거지역에 마이너스입니다. 만약 술집이나 노래방, PC방이 주

강남역 상권의 매출 및 유동인구

강남역 북부	강남역 남부
연매출액 3조 2,000억 원	연매출액 3조 5,000억 원
하루 평균 유동인구 45만 명	하루 평균 유동인구 49만 명

거지역과 가까우면 복잡하고 시끄러워서 마이너스가 됩니다. 반대로 백화점, 대형쇼핑몰 같은 대형 시설은 플러스 요인입니다. 그러므로 이 두 가지를 잘 구별해야 합니다.

대한민국 100대 상권 중 1위는 강남역 상권입니다. 강남역은 상권이 너무 커서 북부와 남부로 나누는데 그래도 1, 2등을 차지합니다. 그만큼 강남 상권이 좋다는 의미입니다.

그런데 강남역 인근의 아파트보다 대치동 아파트가 가격이 훨씬더 비쌉니다. 대치동에는 상권이 학원가밖에 없지요. 개별상가가 많은 강남역 인근 지역은 주거지역에 플러스로 작용하는 상권이 아닙니다. 일자리와 주거지역만 있었으면 아마 강남역 주변이 훨씬 더비쌌을 것입니다. 하지만 실제로는 주거지역에 마이너스 요소로 작용하는 상권들이 있기 때문에 대치동이 더 비싼 겁니다.

반대로 코스트코나 프리미엄아울렛인 아비뉴프랑 같은 대형 상권이 들어오면 아파트 프리미엄이 상승합니다. 《대한민국 부동산 투자》에 '슬리퍼 생활권'이라는 말이 나오는데, 이것은 차를 타거나 화장하지 않고 모자만 눌러쓴 채 슬리퍼를 질질 끌고 갈 수 있는 상권을 말합니다.

아파트 단지 근처에 슬리퍼 생활권이 가능한 대형 상권이 있으면 프리미엄이 있습니다. 결국 프리미엄이 붙는 대형 상권이 있는지 주변 입지를 잘 살펴봐야 합니다. 가령 판교의 현대백화점 건너편에는 푸르지오그랑블 아파트가 있습니다. 분양 당시 이 아파트는 평당 가격이 2,000만 원대였지만 2017년 말 현재 4,000만 원입니다. 이것은 슬리퍼 생활권 프리미엄의 대표적인 사례지요.

고양시의 삼송신도시도 마찬가지입니다. 고양시에는 본래 대형 상권이 없었는데 스타필드 고양과 그 옆의 은평 뉴타운에 롯데몰 은평이 들어섰지요. 또 그 옆의 원흥지구에는 이케아가 입점했습니다. 한마디로 대형쇼핑몰 상권 3개가 다 들어온 겁니다. 그러자 1,100만 원대에 분양한 아파트가 평당 1,800만 원까지 올랐습니다. 이것이 바로 슬리퍼 생활권의 위엄입니다.

진학률이 높은 학교와 대형 학원가를 주목

교육환경의 경우에는 누 가시글 고려해야 하는데 그것은 학교접근성과 학원접근성입니다.

먼저 학교접근성은 초중고만 염두에 둡니다. 대학은 교육환경이 아니라 상권과 관련되어 있습니다. 오히려 대학교가 주변에 있으면 주거 프리미엄이 떨어지지요. 반면 대형 학원가가 형성된 경우 주거 지역 프리미엄이 상당히 높아집니다.

일단 초등학교는 큰길을 건너지 않고 학교에 갈 수 있는 곳이 좋습니다. 중학교는 특목고를 많이 보내는 학교가 있는 곳, 고등학교는 서울대를 많이 보내는 학교가 있는 곳이 프리미엄이 높습니다. 결국 1등급 프리미엄 지역은 서울대를 많이 보내는 고등학교와 대형 학원가가 있는 곳입니다. 서울의 경우 이러한 1등급 프리미엄 지역이 딱 세 군데 있습니다. 바로 대치동 주변, 중계동 주변, 목동 주변입니다. 그 나머지는 2등급 이하라고 봐야 합니다.

지방에도 특이한 지역이 있습니다. 그 대표적인 곳이 서울을 제외하고 아파트 가격이 가장 비싼 대구 수성구지요. 대구 수성구의 평균 시세는 평당 2,000만 원이 넘습니다. 대구 수성구가 서울의 웬만한 지역보다 비싼 이유는 단 하나, 학교 때문입니다.

2016년 서울대 의대와 치대, 한의대를 많이 간 고등학교를 순위별로 30개를 뽑았더니 그중 7개가 대구 수성구에 있었습니다. 이것이 바로 교육 프리미엄입니다. 대구 수성구에는 서울 대치동과 마찬가지로 좋은 고등학교와 대형 학원가가 들어서 있습니다.

물론 동네에 학원이 없는 곳은 없습니다. 그러나 프리미엄이 붙으려면 다른 지역에 사는 학생이 굳이 그 학원가를 찾아가는 곳이어야 합니다. 예를 들면 대치동, 중계동, 목동, 노량진이 타 지역에서 찾아올 정도로 좋은 학원가입니다. 이런 지역은 아파트뿐 아니라 원룸도 가격이 비쌉니다. 특히 대형 학원가를 걸어서 갈 수 있는 거리의 아파트와 임대시설은 프리미엄이 매우 높습니다.

서울에서 이러한 프리미엄을 누리는 3대 지역이 대치동, 중계동, 목동입니다. 예를 들어 중계동 학원가에는 중계동뿐 아니라 노원구, 도봉구, 강북구, 의정부시, 양주시, 남양주시에 사는 학생들까지 옵니다. 이들을 위해 중계동 학원가는 셔틀버스를 운행하고 있지요. 이들 지역이 굳건히 버티는 한 노원구 중계동의 프리미엄은 무너지지 않습니다.

사실 노원구는 서울의 25개 구 중에서 유일하게 시세가 낮은 지역입니다. 그런데 2017년 말 현재 하위 5개 구 중에서 유독 노원구만 투기지역 10곳에 포함되었습니다. 그 원인은 학원가의 힘에 있습니다.

목동 학원가에도 목동이 포함된 양천구를 비롯해 강서구, 영등포구, 마포구, 고양시, 광명시, 부천시, 인천, 심지어 강화도에서까지 학생들이 셔틀버스를 타고 옵니다. 이 모든 지역이 목동 학원가의 배후 수요입니다. 그러니 목동 학원가의 위엄이 사라지지 않는 한, 목동의 집값이 떨어지는 일은 없을 겁니다.

마지막으로 대치동은 그야말로 전국구입니다. 그곳에 사는 사람들은 이 말의 의미를 잘 알고 있을 겁니다. 2017년 포항 지진의 여파로 수능이 일주일 연기되었습니다. 그 일주일 동안 대치동 학원가에 어떤 일이 벌어졌는지 아시나요? 전국에서 학생들이 올라와 일세 (임대료를 하루씩 계산)를 내며 일주일 동안 특강을 받았습니다. 추석 연휴가 열흘간 이어졌을 때도 엄청나게 비싼 일세를 내며 대치동 학원가에서 수업을 들은 학생이 매우 많았습니다.

대치동은 2017년 말 현재 40년 된 아파트가 평당 6,000만 원입니다. 그게 거품일까요? 그것은 바로 교육 프리미엄의 영향입니다. 대치동 학원가의 전국적인 수요가 이어지는 한 대치동의 집값은 빠지지 않을 겁니다.

천연환경, 인공환경 모두 유리하다

환경 쾌적성은 사실 과거에 별로 중요시하지 않다가 서울의 아파트가 평당 2,000만 원을 넘어가면서 등장한 프리미엄 요소입니다. 질적인 부분에서 교통, 생활편의시설, 교육이 어느 정도 고착되자 추가적으로 환경 프리미엄이 발생한 것이지요.

환경은 천연환경과 인공환경으로 구분할 수 있는데, 기본적으로 천연환경을 갖춘 곳이 훨씬 더 비싸고 앞으로도 비싸질 겁니다. 한데 서울에서는 천연환경을 누릴 수 있는 입지가 많지 않아 인공환경을 많이 만들지요. 물론 인공적으로 환경을 잘 조성한 곳도 입지가 좋습니다.

대한민국을 통틀어 가장 프리미엄이 큰 천연환경을 꼽으라면 단연 한강입니다. 한강은 가히 절대 프리미엄이라 할 수 있기에 지금까지도 그랬지만 미래에는 더 비싸질 겁니다.

그다음으로 프리미엄이 큰 천연환경은 나무가 많은 산입니다. 바위가 많은 산은 오히려 마이너스 요소입니다. 예를 들어 남산은 프리미엄이 큽니다. 반면 도봉산이나 관악산은 서울 쪽에서 보면 바위가 많기 때문에 마이너스입니다. 한데 관악산의 경우 과천 쪽에서 보면 나무가 많습니다. 결국 관악산은 과천에서는 플러스 산, 서울에서는 마이너스 산이지요. 서울 쪽 관악산이 바위투성이라 신림동의 집값이 저평가를 받는 것입니다.

2005년 청계천을 복원했는데 당시 굉장히 말이 많았습니다. 누가 청계천 똥물을 보러 가겠느냐, 청계천 고가를 없애면 교통이 마비된다 하는 말이 무성했지요. 그런데 일단 복원하고 나니 청계천은 사람들이 밤낮으로 찾아가는 곳으로 바뀌었습니다. 사람들이 자발적으로 찾아오게 하는 요소가 생기면 당연히 부동산은 좋은 부동산, 비싼 부동산으로 바뀝니다.

그러자 2005년 이후 입주한 아파트에 변화의 바람이 불었습니다. 지상에 있던 주차장이 모두 지하로 들어간 겁니다. 지상에는 녹지공간과 수공간(水空間)을 만들었습니다. 인공적으로라도 물과 자연이 함께하는 공간을 만들면 갑자기 더 좋은 아파트로 인식

됩니다.

물론 여기에 장점만 있는 것은 아닙니다. 2005년 이전까지는 강남도 평당 1,000만 원이었는데 땅을 파면서 건축비가 기하급수적으로 증가했습니다. 땅을 많이 팔수록 이런 문제는 증가하지요. 결국 2005년 이후, 그러니까 지하주차장을 보유한 아파트는 모두 평당 2,000만 원이 넘습니다. 한데 아이러니하게도 평당 2,000만 원이 넘는 아파트들이 1,000만 원대 아파트보다 더 인기가 많습니다. 한마디로 질적인 수요의 문이 활짝 열린 거지요.

앞으로는 그처럼 상품력 있는 아파트가 더 비싸질 것입니다. 그러므로 천연환경을 갖춘 입지는 선점하는 것이 좋습니다. 올림픽공원 인근은 집값이 비싸지만 저는 아직 싸다고 봅니다. 만약 아시아선수촌아파트나 둔촌주공아파트를 재건축하면 값이 엄청나게 오를 겁니다. 올림픽공원을 걸어서 갈 수 있으니까요. 한강은 말할 것도 없고 분당의 율동공원, 일산의 호수공원 인근도 프리미엄 효과가 대단합니다. 이런 지역은 지금도 비싸지만 앞으로는 더 비싸질 겁니다. 왜냐고요? 대체불가니까요.

인공적으로 시설을 많이 만든 아파트도 인기가 좋습니다. 예를 들어 반포 자이 아파트에는 인공으로 만든 산과 수공간이 있습니다. 그런데 반포 자이보다 반포 래미안퍼스티지가 더 비쌉니다. 왜 그럴까요? 래미안퍼스티지에 있는 산과 호수가 자이보다 더 높고 크기 때문입니다.

이처럼 조경적, 환경적 요인이 크면 클수록 프리미엄은 더 높아집니다.

이제 입지적 요소 중 혐오시설을 제거하는 것이 프리미엄 상승에 얼마나 영향을 미치는지 살펴봅시다. 몇 년 전 까지만 해도 홍대와 연남동 일대를 지나던 지상 경의선이 있었습니다. 그런데 지금은 그 경의선을 지하로 보내고 철도길 주변을 공원으로 만들었지요.

지상으로 전철이 다닐 때는 그곳 집값이 평당 500만~700만 원이었습니다. 그래도 거래가 이뤄지지 않아 중국에서 온 사람들이 많이 들어가서 살았지요. 하지만 경의선 숲길이 생긴 이후 사람들이 찾아오기 시작하더니 지금은 주거뿐 아니라 상가로 바뀌어 평당 1억 원까지 치솟았습니다. 이것이 바로 환경 프리미엄입니다. 그러므로 혐오시설이 선호시설로 바뀌는 상황을 눈여겨볼 필요가 있습니다.

아직도 지하로 내려 보내야 할 철도 길은 많이 있습니다. 실제로 박원순 서울시장은 서울역에서 노량진으로 이어지는 경부선 철도를 지하화하겠다고 발표했습니다. 그러므로 그 인근 지역을 눈여겨보는 것이 좋습니다. 경춘선도 마찬가지고요.

또다른 사례는 난지도를 개발해서 만든 하늘공원과 노을공원입니다. 과거에는 쓰레기 냄새 때문에 상암동에 가는 사람이 거의 없었습니다. 그러나 혐오시설이 사라진 지금은 완전히 명품지역으로 탈바꿈했지요.

이 모든 요소를 고려했을 때 대한민국에서 가장 좋은 아파트는 어디일까요? 2016년까지만 해도 래미안퍼스티지였습니다. 이곳은 지하철 3호선, 7호선, 9호선이 다 지나가고 학군도 좋습니다. 여기에다 고속터미널 상권, 신세계강남점, 뉴코아, 킴스클럽 등 대형 상권을 갖추고 있습니다. 무엇보다 한강이 가깝고 조경시설도 좋지요. 그러다 보니 래미안퍼스티지는 일반 아파트 중 평당 5,000만 원을 넘은 유일한 아파트였습니다.

한데 2017년 래미안퍼스티지의 길 건너편에 있는 아크로파크(신반포 한신 재건축)가 이것을 넘어섰습니다. 사실 아크로파크의 조건은 래미안퍼스티지와 똑같지만 유일하게 한 가지가 다릅니다. 래미안은 인공환경인 반면 아크로파크는 앞마당에 한강이 있지요. 이것이 평당 가격을 1,000만 원이나 더 높여놓았습니다. 이곳은 앞으로도 많이 오를 수 있는 프리미엄을 소유하고 있는 단지입니다.

서울, 어디에 투자해야 할까?

앞으로 서울은 어떻게 바뀔까요?

2016년 초 박원순 서울시장이 서울시 생활권계획을 발표했습니다. 9,000쪽이 넘는 그 계획을 일일이 살펴보는 것은 쉽지 않은 일이므로 제가 간단하게 정리를 해드리겠습니다.

일단 그 계획은 확정이 아니며 실질적으로 삽을 뜨고 추진해야 프리미엄이 생깁니다. 먼저 단순 호재는 머릿속에서 지워버리세요. 이제 서울은 질적, 양적으로 더 이상 성장하기 어려우므로 기존 입지 내에서 질적 성장을 염두에 두는 것이 좋습니다. 그리고 서울 인구가 갈수록 줄어들 거라는 점도 고려사항입니다. 무엇보다 정치적인 생각을 버리고 수요가 많은 쪽으로 추진될 확률이 높다는 것을 기억해야 합니다.

한편 복지정책의 일환으로 2017년 11월 정부가 주거복지로드맵을 발표했는데 그 내용을 보면 임대주택이 많이 늘어납니다. 그렇다면 우리가 매수할 수 있는 아파트의 가치는 더 올라갈 겁니다. 희소성이 있으니까요.

우선 이명박 전 시장이 추진한 뉴타운과 오세훈 전 시장의 정책을 정리해보겠습니다. 36쪽 그림은 뉴타운이 있는 지역을 표시한 것입니다. 흥미롭게도 강남에는 뉴타운이 하나도 없습니다.

그 이유는 강남처럼 깨끗한 주거시설을 강남이 아닌 지역에 만들겠다는 계획이 뉴타운이기 때문입니다. 비록 강북은 강남에 비해 낙후되었지만 기반시설은 갖춰져 있고 새로운 대규모 주거시설이 필요할 뿐입니다. 실제로 뉴타운 지역의 대규모 주거시설은 집값이 거의 다 좋습니다.

그런데 뉴타운을 추진하다 보니 예산이 너무 많이 들어 정부나 지자체의 지원이 없으면 추진이 힘든 경우가 생겨났습니다. 그때 오세훈 시장은 지역마다 시기를 소질힐 필요를 느끼고 그 계획을 발표했

서울시 뉴타운(균형발전촉진지구 포함)현황

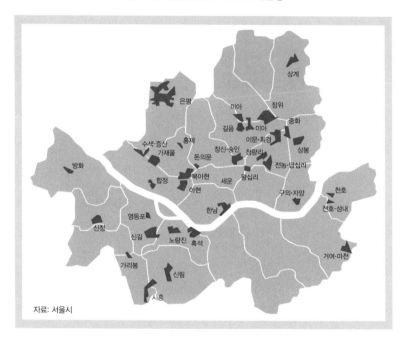

자료: 서울시

지요. 그것이 서울시생활권계획의 전신인 셈입니다.

왜 강남만 발전하고 강북은 발전하지 않을까를 고민한 오세훈 전 시장은 강북에 강남만큼 일자리가 없기 때문이라는 결론을 내렸지요. 그러자 오 시장은 일자리가 없는 강북지역에 일자리를 많이 만들겠다며 서울시생활권계획을 발표했습니다. 당시 5개 생활권을 총 116개 지역으로 분리해 그 각각에 지원정책을 넣었는데 그것이 9,000쪽에 이릅니다.

개발계획은 수만 가지에 달하는데 여러분이 앞으로 봐야 할 것은 다음 세 가지입니다. 그것은 일자리 창출, 새로운 주거시설 그리고 편리한 교통입니다. 이 세 가지에 관한 개선 계획이 확정된 지역에만 들어가십시오.

현재 강남에는 일자리가 많기 때문에 지원책은 대개 동북권과 강북에 집중되어 있습니다. 한데 제가 개발계획을 살펴보니 일자리 창출과 거의 관련이 없더군요.

38쪽 그림을 보면 서북권은 '사통팔달의 불광생활권'이라고 나와 있습니다. 사통팔달이라는 것은 교통이 좋아진다는 이야기니 교통이 좋아질 겁니다. 서남권에는 '공간으로 열리고'라는 표현이 나옵니다. 이것 역시 교통이 좋아진다는 표현이지요. 동남권은 '광역교통중심'이라고 표현했습니다. 여기서 광역이란 서울뿐 아니라 경기도, 인천, 심지어 지방까지도 아우르는 교통체계를 만들겠다는 의미입니다.

그렇다면 동북권은 어떨까요? 이곳은 '옹기마을'이라고 표현했는데 옹기마을이 들어서면 교통이 좋아지나요? 아니면 일자리가 새로 생기나요? 결국 5개 생활권계획에는 일자리 창출 계획이 확실히 빠져 있습니다. 실은 동북권에 가장 많은 계획이 있으나 실질적으로 우리가 활용할 만한 계획은 없습니다.

5개 생활권계획을 볼 때는 확실하게 일자리가 생기는 지역을 먼저 살펴봐야 합니다. 왜냐하면 일자리가 주택수요 증가의 핵심이

서울시의 5대 생활권계획

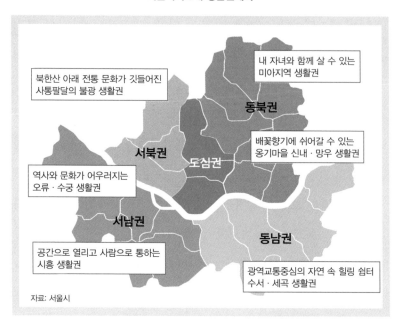

북한산 아래 전통 문화가 깃들어진
사통팔달의 불광 생활권

내 자녀와 함께 살 수 있는
미아지역 생활권

동북권

서북권

도심권

배꽃향기에 쉬어갈 수 있는
옹기마을 신내 · 망우 생활권

역사와 문화가 어우러지는
오류 · 수궁 생활권

서남권

동남권

공간으로 열리고 사람으로 통하는
시흥 생활권

광역교통중심의 자연 속 힐링 쉼터
수서 · 세곡 생활권

자료: 서울시

기 때문입니다. 여기에 더해 교통여건이 좋아지는 지역인지 따져봐
야 합니다. 일자리와의 연계성 덕분에 주거시설이 분명히 늘어
나는 지역, 예를 들면 뉴타운 재건축 · 재개발 지역은 무조건
눈여겨봐야 합니다.

만약 제게 서울시 생활권계획 9,000쪽 중에서 딱 한 장만 뽑으라
고 한다면 39쪽 그림을 뽑을 겁니다.

여기에 나오는 지역은 모두 주목해야 하지만 이 중에도 등급이 있습니다. 가령 3도심과 7광역중심, 12지역중심이 있는데 그중 가장 중요한 것은 '3도심'입니다. 이곳에는 무조건 들어가도 좋습니다. 3도심은 종로구와 중구, 강남구, 영등포구 여의도를 말합니다.

그다음으로 광역과 지역중심 순으로 보십시오. 이들 지역을 볼 때는 일자리가 획기적으로 증가하는 곳, 교통 환경이 좋아지는 곳을 우선시해야 합니다. 설령 일자리나 교통망이 좋아지지 않더라도 새로운 주거시설이 들어오는 지역이라면 고려해볼 필요가 있습니다.

3도심을 주목하라

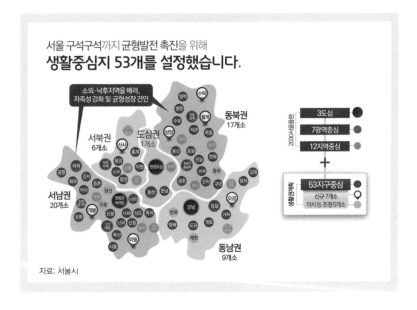

자료: 서울시

각각의 생활권을 분석하려면 기본적으로 서울시 25개 구의 시세를 알아야 합니다. 강남구는 평당 4,000만 원대로 압도적으로 높습니다. 그 뒤를 서초구, 송파구, 용산구가 잇고 도봉구·중랑구·금천구가 1,100만 원 전후입니다.

사람들은 보통 시세가 비싼 곳에서 싼 곳으로 이사하지 않습니다. 대개는 싼 지역에서 비싼 지역으로 이사를 가지요. 가령 강남구에 사는 사람은 도봉구, 중랑구, 금천구로 가지 않으려 하고 심지어 송파구나 서초구로도 가지 않으려고 합니다. 이것은 일종의 지역 프리미엄인데 그것은 그대로 가격에 반영됩니다. 이러한 현실을 알아야 그 지역에 맞는 전략을 짤 수 있습니다.

5개 생활권별로 주목할 점이 다르다

간단히 정리하자면 동북권은 교통망이 좋아지는 곳, 새로운 주거시설이 들어오는 곳을 위주로 보아야 합니다. 서북권은 일자리가 증가하는 지역이 유리하고, 서남권은 2017년 말 현재 모든 지역이 다 좋습니다. 동남권은 개발계획이 거의 없지만 동북, 서북, 서남 도심권을 모두 합한 것보다 넓어서 조건이 상당히 괜찮습니다. 도심권의 경우 부지가 없을 정도입니다. 여러분이 들어가기에 아주 좋은 지역이라고 봐도 무방합니다.

먼저 동북권을 봅시다.

동북권은 기본적으로 광역중심으로 보아야 합니다. 여기에 속하는 지역으로는 창동, 상계동, 청량리, 왕십리, 성수동, 망우동, 미아동이 있습니다. 상계동의 경우 대규모 택지개발과 재건축을 진행할 예정입니다. 일자리가 많지 않은 지역은 교통과 새로운 주거시설에 집중하는 것이 좋습니다. 여기에 가장 적합한 지역이 상계동입니다.

청량리와 왕십리 지역은 2017년 12월 강릉으로 가는 KTX가 출발합니다. GTX도 지나가고 SRT도 여기서 출발한다고 합니다. 이곳은 동북권을 통틀어 교통망이 가장 편리한 지역입니다. 성수동과 망우동, 미아동은 새로운 주거시설이 들어가는 입지를 중점적으로 살펴보십시오.

특히 동북권에서 창동과 상계동은 지자체에서 지원하는 지역입니다. 더구나 상계동은 새로운 아파트 가격이 평당 2,000만 원도 되지 않는 유일한 지역입니다. 서울에서 재건축을 진행하려면 무조건 평당 2,000만 원이 넘어야 합니다. 그러니 지자체 입장에서는 가격을 올리고 싶겠지요. 그 방법은 주거지역을 상업지역으로 바꿔 땅값이 오르도록 하는 것입니다.

본래 중심지였던 청량리와 왕십리는 혐오시설 때문에 가라앉았다가 그것을 하나씩 제거하면서 도심 기능을 회복하고 있습니다. 지금부터 청계천 주변에 새로 생기는 주거시설은 앞으로 무조건 좋아집니다. 성수동은 압구정동 바로 곁에 있고 서울숲이라는 천혜의 환경에다 한강까지 끼고 있습니다. 앞으로 이곳은 동북권을 통틀어 가장 비싼 지역으로 부상할 겁니다. 결국 성수동에 들어오는 주거시설은 지금부터라고 보고 주목해야 합니다.

다음은 서북권입니다.

서북권에는 마포구에서도 일자리가 가장 많다고 알려진 상암 DMC가 있습니다. 상암DMC 배후 주거지로 수색증산뉴타운이 2017년 분양을 시작했고요. 이곳은 서울에서 가격경쟁력 하나만 보고 들어가도 충분히 가치가 있는 지역입니다. 서울의 평균 시세가 평당 2,000만 원이므로 새 아파트가 평당 2,000만 원 미만이라면 입지가 좀 나빠도 무조건 들어가십시오. 상암과 수색은 서북권의 강남 같은 곳으로 일자리가 많고 새로운 주거시설이 늘어나고 있는 지역입니다.

마포·공덕은 서북권에서 교통이 가장 편리한 곳입니다. 적어도 이 지역은 소형주거시설 수요가 끊이지 않을 것입니다. 연신내·불광은 낙후되어 지금은 나홀로 아파트지만 계속 신규 아파트가 공급되고 있습니다. 그처럼 새로운 주거시설에 관심을 기울여보십시오.

서남권은 버릴 지역이 하나도 없습니다. 무엇보다 여의도와 가산, 대림, 마곡이 있습니다. 여의도, 가산, 대림, 마곡의 공통점은 일자리가 획기적으로 늘어나는 곳이라는 사실입니다. 지금은 강남도 일자리가 많이 늘어나지 않습니다.

예를 들어 마곡지구는 2017년 말 현재 아직 입주가 이뤄지지 않았습니다. 앞으로 마곡지구에 들어올 대기업 근무자들이 무려 7만 명 정도입니다. 그 어마어마한 숫자만으로도 마곡지구 주변에 앞으로 신규 주거시설이 대폭 늘어날 확률이 높습니다. 그러므로 마곡지구의 배후 주거지역이 될 곳도 눈여겨보는 것이 좋습니다. 목동, 봉천동, 사당동이 주변 일자리 지역의 배후타운으로 부상할 가능성이 큽니다.

한편 서울의 핵심인 여의도는 일자리와 양질의 주거시설을 갖춘 유일한 지역입니다. 여의도는 현재 강남과 동급이라고 해도 무방합니다. 그만큼 입지가 좋습니다. 그다음으로 마곡은 교통과 환경이 좋아지고 있고 일자리도 늘어나는 중입니다. 마곡이 강서구 전체를 먹여 살린다고 해도 과언이 아니지요.

그뿐 아니라 2017년 말 현재 김포에 새 아파트가 많이 들어섰는데 미분양이 한 세대도 없습니다. 그 이유는 그곳이 마곡의 배후 수요이기 때문입니다. 마곡 옆에 김포공항이 있는데 2018년 김포공항까지 역이 개통됩니다. 가산·대림도 교통이 점점 좋아지고 있고 일자리도 획기적으로 증가하고 있습니다. 그런 부분을 놓치면 안 됩니다.

마지막으로 강남, 잠실, 수서, 문정, 천호, 길동 등이 포진해 있는 동남권은 들어갈 수 있으면 무조건 들어가는 것이 좋습니다. 그냥 땅 한 평이라도 소유하세요. 땅 가치가 계속 올라가고 있으니까요. 아파트는 나른 이면 부동산이든 종류를 불문하고 아무것이나 괜찮습니다.

이들 지역은 2개 노선이 들어오는 것만으로도 잔치를 벌이고 있습니다. 이 노선은 강남으로 오는 것이고 이것의 프리미엄이 오르면 결국 강남의 가치는 더 올라갑니다. 교통이 편리해지면 편리해질수록 강남의 가치는 더 오르는 셈입니다.

일단 삼성동에 주목하십시오. 토지가격으로 볼 때 공시지가가 가장 비싼 곳은 중구 명동으로 평당 3억 원에 이릅니다. 2017년 말 현재 삼성동이 명동보다 싸지만 앞으로 10년이 지나면 명동보다 더 비싸질 확률이 높습니다. 왜냐하면 밀집도가 워낙 높기 때문입니다. 흥미롭게도 삼성동은 지금 지하도시를 만들고 있습니다. 땅의 밀집도가 높아 지하로 파면 팔수록 땅의 가치가 더 올라가니까요.

앞으로 10년 후 삼성동이 대한민국에서 가장 비싼 땅이 될 것이므로 삼성동의 업무시설은 물론 그곳으로 출퇴근할 수 있는 지역에까지 관심을 기울여보십시오. 그 대표적인 권역은 압구정동, 청담동, 대치동, 역삼동, 도곡동입니다.

삼성동과 붙어 있는 잠실도 유망합니다. 잠실은 행정구역이 송파구지만 여기를 송파구라고 생각하면 답이 나오지 않습니다. 2017년 말 현재 송파구는 평균적으로 평당 2,000만 원이지만 잠실은 4,000만 원입니다. 잠실은 강남에 있는 양질의 아파트 단지와 가격을 나란히 한다고 봐야 답이 나옵니다. 즉, 잠실은 대치동과 비교해야 합니다.

강남권은 그곳에서 가장 싸다고 하는 수서와 문정동까지도 교통망이 좋아지고 일자리가 늘어나고 있기 때문에 버릴 지역이 하나도 없습니다. 2017년 현재 삼성동 하나에 들어오는 일자리만 해도 최소 5만 개에서 최대 10만 개에 이릅니다.

부지가 적은 도심권도 특별히 조언할 게 별로 없습니다. 종로구와 중구는 부지가 아예 없고 유일하게 용산구밖에 없습니다. 용산은 주거지보다 상업지역 위주로 커지고 있는 지역입니다. 따라서 교통, 상업, 일자리가 획기적으로 좋아지고 있지요.

그 잠재가치는 측정하기가 어렵습니다. 일단 서울의 한가운데에 있는 용산은 서울시에서 가장 입지가 좋은 곳입니다. 지금까지 입지가치를 따질 수 없었던 이유는 혐오시설이 있었기 때문이지요. 바로 미군부대입니다. 도심 내에 있는 군부대는 무조건 혐오시설입니다.

그러나 서울처럼 도시의 밀집도가 높아지면 도심에 있던 군부대는 외각으로 이전하게 마련입니다. 군부대가 이전하면 그 가치가 대폭 오르는 것이 당연한데 아직 그 가치를 측정하기가 어렵습니다. 예를 들어 금천구에 롯데캐슬골든파크라고 독산동에 입주한 아파트가 있습니다. 예전에 그곳에 군부대가 있었지요. 그래서 아파트 가격이 평당 500만~600만 원이던 지역인데 지금 롯데캐슬골든파크가 평당 2,000만 원입니다. 군부대가 이전하고 선호지역으로 바뀌자 거의 세 배로 가격이 오른 것이지요.

용산도 미군부대가 옮겨가면 니기에 디규모 공원을 조성할 텐데 그때 주변지역이 얼마나 많이 오르겠습니까. 제 생각에는 강남과 경쟁할 정도일 거라고 봅니다. 강남보다 유일하게 뒤떨어지는 것은 교육환경뿐입니다. 반면 용산에는 강남에 없는 자연환경이 있습니다. 앞으로는 자연환경 가치가 더 높아질 것이므로 용산구 가치는 훨씬 더 많이 올라갈 것입니다.

재건축·재개발 지역은 1순위 투자처

서울은 언제나 집이 부족합니다. 정부에서 어떤 정책을 발표하든 서울은 집이 부족할 수밖에 없습니다. 사실 서울에 필요한 것은 새 아파트인데 생각보다 새 아파트가 별로 공급되지 않습니다. 지금 정부가 내놓은 공급 대책도 거의 다 경기도에서 이뤄집니다.

앞으로도 서울 지역의 새 아파트 수요는 늘어나고 공급은 줄어들 겁니다. 그러므로 지금 재건축·재개발을 추진하는 데는 무조건 관심을 기울여야 합니다.

또 하나의 트렌드는 교통 프리미엄이 과거만큼 높지 않다는 점입니다. 지금까지는 교통의 편리성만 갖추면 프리미엄이 많이 발생했습니다. 그렇지만 이제 GTX까지 다 들어오면 서울은 전철이 들어가지 않는 동네가 하나도 없습니다. 결국 교통 프리미엄이 과거만큼 높지 않을 겁니다.

앞으로는 환경 쾌적성이 중요한 요소로 부상할 전망입니다. 따라서 한강이나 남산처럼 녹지공간이 많은 곳, 인공공원이 들어서는 곳, 부대가 이전하는 곳, 철도가 지하로 내려가는 곳, 변전소나 화력발전소를 없애는 곳 등 혐오시설이 사라지는 주변 지역을 살펴봐야 합니다.

그러면 지역별로 접근하는 방법을 한번 살펴봅시다.

우선 도심은 어떤 부동산도 상관없습니다. 예를 들어 강남구, 종로구는 아파트든 오피스텔이든 괜찮습니다. 사람들은 오피스텔과 도시형생활주택을 별로 좋아하지 않지만 도심의 경우에는 땅값 자체가 올라가기 때문에 가치가 충분합니다.

그다음으로 광역중심은 일자리가 많아지는 지역입니다. 대표적으로 잠실, 마곡, 상암이 여기에 속하지요. 이들 지역은 땅의 가치가 계속 오르기 때문에 부동산은 어지간하면 다 좋습니다. 그리고 지역중심은 랜드마크가 있는 곳으로 가장 비싼 부동산이 있는 지역입니다.

특히 지역중심은 그 지역 내에서 아파트에 투자해보십시오. 반면 오피스텔, 도시형생활주택, 다세대빌라는 피하는 것이 바람직합니다. 모든 부동산이 다 오르는 것은 아닙니다.

문제는 지금까지 말한 지역의 부동산 가격이 너무 비싸다는 데 있습니다. 경제적으로 여력이 있는 사람은 무조건 도심과 광역중심, 지역중심에 투자하십시오. 그렇지 않은 사람은 뉴타운 지역을 눈여겨보기 바랍니다. 이곳은 평당 2,000만 원 전후로 도심보다 훨씬 저렴하고 광역중심보다도 쌉니다. 1,000만 원대는 없냐고요? 없습니다.

뉴타운 재개발이 확실한 대안이라고 하는 이유는 재건축의 경우 기반시설이 이미 좋은 지역이라 매우 비싸기 때문입니다. 반면 재개발은 기반시설이 좋지 않은 지역이므로 재건축보다는 쌉니다.

5년 뒤 지금보다 2배 오를 지역

제가 선정한 향후 5년 뒤 지금보다 최소한 1.5~2배 오를 지역은 다음과 같습니다.

첫 번째는 압구정동입니다. 이곳은 1970년도 중반 이후 단 한 번도 1등을 빼앗긴 적이 없습니다. 여기는 상품가치는 전혀 없지만 입지가치만으로도 언제나 1등입니다. 반포동이 더 비싸긴 하지만 그곳은 새 아파트이고, 압구정동은 헌 아파트인데도 가장 비쌉니다. 그 이유는 미래가치가 높기 때문입니다. 가령 아크로리버파크가 평당 7,000만 원이므로 압구정 현대아파트를 재건축해서 분양하면 최소한 평당 8,000만 원은 갈 겁니다. 입주할 때쯤이면 1억 원 가까이 되고요.

두 번째는 한남·보광 뉴타운 지역입니다. 하지만 여기는 지분이 매우 비쌉니다. 심지어 평당 1억 원까지 가는 지분도 있습니다. 이 지역의 가치는 지금은 강남보다 낮지만 미래는 모르는 일입니다.

5년 뒤 가치가 오를 지역

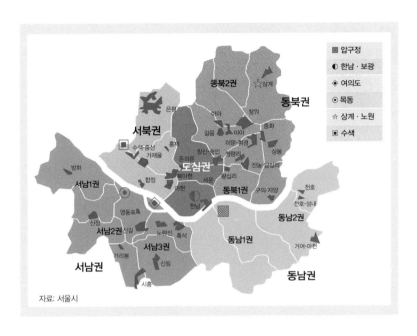

자료: 서울시

현재 사람들은 평당 5,000만 원에 분양할 것으로 예상하고 있습니다. 그러나 이곳은 남산·대규모 공원·한강, 즉 배산임수를 남향으로 끼고 있습니다. 한국에 이런 입지는 여기밖에 없지요. 이러한 지형에 대규모 명품 주거단지가 들어온다면 과연 얼마가 될까요? 저는 압구정동과 맞먹을 거라고 봅니다. 물론 향후 5~10년 후의 일이지만 미래가치로 볼 때 이곳은 확실한 지역입니다.

세 번째는 여의도입니다. 여의도는 강남과 가격이 똑같다고 보면 됩니다. 지금 여의도가 강남보다 떨어지는 이유로 대표적인 것은 교육환경이 부족하다는 점입니다. 초중고는 좋지만 학원가를 이용하려면 대치동이나 목동으로 가야 하지요. 반면 강남에 없는 좋은 것이 있습니다. 그것은 혐오시설이 하나도 없다는 것입니다. 이 커다란 호재 외에 한강을 끼고 있다는 것도 장점입니다. 이곳도 환경 프리미엄이 올라가고 질적 수요가 증가하면 강남만큼 혹은 그 이상으로 오를 가치가 있습니다.

네 번째는 목동입니다. 강남이나 여의도만큼 비싸지는 않지만 미래의 명품 주거지 중 하나 혹은 제2의 강남을 꼽으라고 한다면 목동이 1순위입니다. 일단 평당 3,000만 원으로 가격이 쌉니다. 말도 안 된다고요? 그렇다면 강남은 앞으로 5~10년 뒤 얼마나 오를 것 같습니까? 저는 1억 원까지 갈 거라고 봅니다. 그럼 목동은 최소 5,000만~7,000만 원까지는 갈 겁니다. 이처럼 미래가치를 보면 현재의 평당 3,000만 원은 싸다고 할 수 있지요. 더구나 나홀로가 아니라 14개 단지를 동시에 개발합니다. 한마디로 새로운 신도시가 생기는 것입니다.

이제 가장 저렴한 가격으로 접근할 수 있는 지역을 살펴봅시다.

우선 상계동이 있습니다. 아직도 상계동의 재건축이 잘 추진되지 않는 이유는 땅값과 아파트값이 싸기 때문입니다. 여기도 목동만큼 넓은 택지개발지구예요. 그래서 적어도 지금보다 빠질 일은 절대 없을 것입니다. 오히려 새로운 주거시설이 들어온 뒤 단계별로 계속 오를 겁니다. 하나를 분양하면 그다음 단지는 더 비싸게 분양하고, 또 비싸게 분양하는 식으로 추진할 것이거든요. 즉, 계단식으로 올라가는 몇 안 되는 입지인데 지금도 평당 1,000만 원 초중반대입니다. 서울에 이런 가격대가 어디 있습니까.

그다음으로 수색·증산 뉴타운입니다. 지금 이곳은 썰렁하고 수색역 앞에 커다란 차량기지가 있어서 먼지와 소음이 대단합니다. 앞으로 이러한 혐오시설은 사라집니다. 그리고 상암DMC와 수색을 잇는 남북 연결도로를 만드는데 이것은 3개 노선(경의선, 공항철도, 도시철도 6호선)을 통합한 복합환승거점입니다. 이 계획은 이미 확정된 것이지만 아직도 저렴한 것은 평당 1,500만 원 전후입니다. 이 지역은 앞으로 5~10년 후 최소 1.5~2배는 상승할 것입니다.

박원갑

대한민국 대표 부동산 시장 전문가. 어느 한쪽의 관점에 치우치기보다 신중하고 균형감 있게 시장을 분석한다. 스피드뱅크 부사장 겸 부동산연구소장. 부동산1번지 대표를 거쳐 현대 KB국민은행 부동산 수석전문위원이다. 저서로 《10년 후에도 흔들리지 않는 부동산 성공 법칙》, 《부동산 미래쇼크》, 《한국인의 부동산 심리》 등이 있다.

홍춘욱

키움증권 투자전략팀장. 데이터에 기반한 명쾌한 시장 진단과 믿을 수 있는 투자 전략을 안내하며 '가장 신뢰받는 애널리스트'(조선일보 선정)로 꼽힌다. 1993년 한국금융연구원을 시작으로 교보증권 리서치센터와 굿모닝증권 기업분석부를 거치며 경제 분석 및 투자전략 전문가로 명성을 쌓았다. 이후 KB국민은행 수석 이코노미스트와 국민연금 기금운용본부 투자운용팀장을 역임했다. 저서로 《인구와 투자의 미래》, 《환율의 미래》 등이 있다.

2018 부동산 전망: 집 당장 살 것인가 vs 말 것인가

사회 **양모듬**, 조선일보 경제부 기자

패널 **박원갑**, KB국민은행 부동산 수석전문위원

홍춘욱, 키움증권 투자전략팀장

일본의 부동산 거품은 한국의 미래인가?

사회자　2017년에는 부동산시장에 크게 영향을 미친 발표가 많았습니다. 대출규제, 기준금리 인상, 100만 호 주택 공급 등 굵직한 이슈가 있었지요. 이러한 변화 앞에서 집을 당장 사야 하는지 말아야 하는지 조언을 들려줄 두 분을 모셨습니다. 먼저 두 분의 전망 발표를 듣고 앞으로 집값의 방향을 어떻게 전망하는지 간략하게 이야기를 나눠보겠습니다. 먼저 홍 팀장님 말씀해주시지요.

홍춘욱　먼저 제가 강조하고 싶은 것은 한국만 보지 말라는 것입니다. 글로벌경제와 글로벌금융 시장에는 정말로 다양한 플레이

주: 2012년까지는 "No Price Like Home: Global House Prices, 1870~2012", 2013년 이후는 BIS 및 OECD 통계.

어가 있습니다. 특히 한국에 트라우마를 안겨준 2008년 금융위기 때는 수많은 국가의 부동산시장이 동반 붕괴되었습니다. 그러므로 부동산시장을 바라볼 때는 한국과 더불어 다른 나라의 경험도 점검해봐야 합니다.

위의 그래프에서 파란색 선은 한국을 비롯한 전 세계 12개 나라의 평균 주택가격 변화를 나타낸 것입니다. 여기서 주택가격 추이는 명목가격이 아니라 실질가격입니다. 실질가격이란 물가변동 등을 감안한 실질적인 주택가격을 말합니다.

예를 들어 여의도 시범아파트의 경우 30년 전 가격이 평당 3만 원 정도였습니다. 그런데 지금은 평당 3,000만 원에서 4,000만 원을 넘어가는 중이죠. 그렇다고 가격이 1,000배 오른 것은 아닙니다. 30년

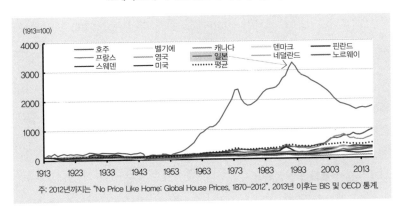

12개 주요국 국가별 실질 주택가격 지수 추이

(1913=100)

호주　벨기에　캐나다　덴마크　핀란드
프랑스　영국　일본　네덜란드　노르웨이
스웨덴　미국　⋯⋯평균

주: 2012년까지는 "No Price Like Home: Global House Prices, 1870–2012", 2013년 이후는 BIS 및 OECD 통계.

이 흐르는 동안 물가도 그만큼 많이 올랐기 때문입니다.

가장 대표적인 예로 1960년대와 1970년대만 해도 버스를 탈 때 내는 회수권, 토큰이 10원이었어요. 지금은 1,250원이지요. 만약 물가가 같은 기간에 100배 올랐다면 결국 여의도 시범아파트의 실질 가격은 10배 오른 셈입니다. 주택가격을 제대로 보려면 물가 대비 얼마나 올랐는지를 따져봐야 합니다.

위 그래프에서 전 세계 부동산가격은 우여곡절은 있을지언정 경제가 전체적으로 성장하는 가운데 우상향하고 있습니다. 그런데 우상향하는 국가의 움직임을 살피다 보면 이상한 나라가 하나 눈에 들어옵니다. 맨 위에 있는 선은 바로 일본입니다. 지난 100년간 전 세계 부동산가격이 실실가격 기준으로 5~10배 올랐는데 유독 일본만 이상한 움직임을 보이고 있습니다.

그래프에 나타난 것처럼 1990년대 초 일본 부동산가격은 그 이전에 비해 30배 상승합니다. 부동산가격이 무려 30배나 상승한 겁니다. 홋카이도부터 규슈, 도쿄로 이어지는 전국 부동산의 평균가격이 그만큼 오른 것이지요. 이는 도쿄나 오사카 같은 핵심지역 부동산 실질가격은 100~200배 올랐다는 것을 의미합니다. 물가상승률이 100배에 달했음을 감안하면 일본의 부동산가격은 대도시 지역을 기준으로 평균 약 2만 배가 오른 셈입니다.

**일본의 버블은
한국의 미래가 아니다**

●

**세계 부동산 흐름을 분석해야
한국의 미래가 보인다**

한마디로 일본의 부동산시장은 전 세계 다른 부동산시장과 달리 격렬한 상승을 보인 뒤 1990년대부터 무너진 것입니다. 결국 우리에게 자꾸 일본 사례를 말하는 사람에게는 이렇게 물어봐야 합니다.

"아, 그래요? 그러면 서울의 집값이 일본처럼 1만 배 오르고 오사카처럼 5,000배 올랐나요?"

전 세계 다른 부동산시장의 흐름과 달리 일본만 이상한 모습을 보이다가 무너졌는데 자꾸만 우리의 미래가 일본이라고 하면 곤란하지요. 그런 말을 하려면 정말로 부동산시장에 일본처럼 전국적인 버블이 존재했는지를 고민해봐야 합니다.

광역 철도망이 집값을 좌우한다

전 세계 부동산시장은 1960년대와 1970년대부터 어마어마하게 올랐습니다. 전 세계 부동산가격이 상승하는 시점에는 한 가지 공통점이 있지요. 바로 그 시기에 철도 공급이 줄어든다는 것입니다.

아래 그래프에서 검은색 선은 전 세계 주요국의 철도공급량을 의미하는데 그것이 1960년대부터 줄어들어요. 철도 공급이 집값 상승과 무슨 상관이 있느냐고요? 철도를 개설하면 교통체증 없이 출퇴근할 수 있는 지역이 생기지요.

예를 들어 광역 도심철도를 개통하는 순간 멀리 있는 지역에서도 서울 대도심과 교통여건에 별다른 차이 없이 출퇴근할 수 있습니다.

12개 주요국 철도 총연장과 실질 주택가격의 관계

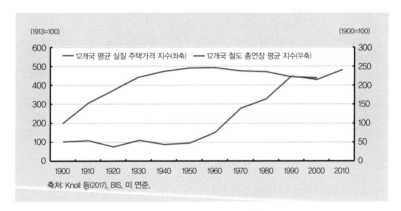

출처: Knoll 등(2017), BIS, 미 연준.

지금 부동산시장에서 가장 중요하게 받아들여지는 것은 바로 직장과 집의 근접성(직주근접성)입니다. 이 그래프는 직장과 가까운 지역의 집값이 오르는 것을 감안할 때 결국 집값을 잡기 위해서는 고속철도를 개설해야 한다는 점을 보여줍니다.

1960년대부터 세계 부동산시장이 상승한 원인은 그때부터 기존철도를 걷어내고 거기에 도로를 건설한 데 있습니다. 물론 그 이유는 자동차시대가 열렸기 때문입니다. 하지만 자동차는 교통체증을 유발합니다. 직주근접성의 관점에서는 도로를 걷어내고 철도를 개설해야 하는데 전 세계 선진국이 여기에 모두 반대했습니다. 한국도 마찬가지입니다. 우리는 KTX와 SRT(수서발 고속열차), 강릉으로 가는 경강선KTX 정도를 제외하고 광역대도시를 연결하는 철도망 건설이 왜 그리 적게 이뤄졌는지 고민해봐야 합니다.

1960년대부터 전 세계 부동산시장을 끌어올린 또 다른 요인을 보겠습니다.

오른쪽 그래프에서 파란색 선은 전 세계 주택가격, 검은색 선은 주택 공급을 나타낸 것입니다. 보다시피 주택 공급이 감소해 검은색 선이 내려오면 집값을 나타내는 파란색 선은 올라갑니다.

그러면 왜 1960년대와 1970년대에 전 세계적으로 주택 공급이 줄어든 것일까요? 바로 복지정책 변화 때문입니다. 예전에는 전 세계의 수많은 선진국 정부가 주거 안정까지 신경을 썼습니다. 하지만 1960년대와 1970년대를 지나면서 정부의 재정적자가 걷잡을 수 없

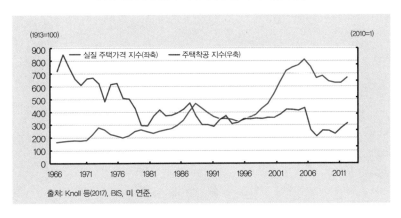

12개 주요국 실질 주택가격과 신규 주택 착공 관계

(1913=100) (2010=1)

실질 주택가격 지수(좌축) — 주택착공 지수(우축)

출처: Knoll 등(2017), BIS, 미 연준.

이 부풀어 오르자 정부 주도의 공공주택 건설을 중단하기 시작했지요. 그 탓에 집값 상승세를 억제하지 못한 겁니다.

결국 부동산시장의 가격을 결정하는 요인은 두 가지입니다. 하나는 철도를 제때 건설하는 것입니다. 멀리 떨어진 곳에서도 서울이나 뉴욕, 도쿄로 출퇴근할 수 있는 광역도시망을 만드는 것이죠. 다른 하나는 정부가 적기에 주택을 공급하는 일입니다.

대도시에 접근할 수 있는 광역 철도망과 적기 주택공급이 부동산시장 가격 결정

60쪽 그래프는 한국의 주택 공급과 부동산가격 상승률의 관계를 나타낸 것입니다.

한국 역시 주택 공급이 감소하면 곧바로 집값이 오릅니다. 반대

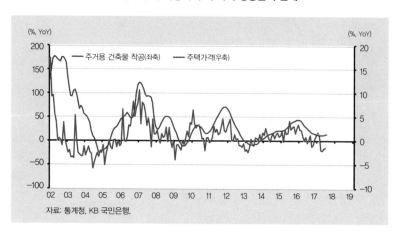

우리나라 주택 착공과 주택 가격 상승률의 관계

자료: 통계청, KB 국민은행.

로 주택 공급이 급증하면 아무리 부동산시장이 좋아도 가격은 떨어집니다. 그런데 2017년 부분을 보면 주택 공급이 줄어들고 있습니다. 2017년 말 현재 주택시장이 왜 이렇게 뜨거운가를 묻는다면 가장 중요한 답은 2014년과 2015년에 주택 공급이 정점에 이르렀다가 2016년부터 그 증가 탄력이 둔화되고 있기 때문이라고 대답할 수 있습니다.

알고 있다시피 2014년과 2015년에 지은 집이 2018년부터 입주가 이어집니다. 중요한 것은 얼마나 많은 입주가 이뤄지느냐가 아니라 그곳 인구에 비해 주택을 얼마나 많이 공급하느냐입니다. 2018년에 40만 호가 입주한다고 합니다. 그런데 입주하는 곳은 대부분 전체 인구와 주택 수 대비 주택 공급이 많은 지역입니다. 즉, 경기도, 강원도, 경상남도, 충청북도입니다. 반면 인구가 가장 많은 서울, 대구, 부산, 광주 같은 광역대도시는 공급이 평균보다 적습니다.

왜 한국의 부동산시장은 이처럼 양극화되어 있을까요? 그것은 철도망과 주택공급량 때문에 그렇습니다. 세종시를 중심으로 세종시 북쪽은 전부 주택가격이 오르고 그 이남은 주택시장이 어렵잖아요. 결국 주택시장을 좌우하는 중요한 요인은 철도망과 주택공급량입니다.

2018년, 매매에 더욱 보수적으로 접근해야

박원갑　월가에는 "정부가 한 주제를 놓고 진득하게 반복적으로 얘기할 때는 가서 들어라"라는 말이 있습니다. 저는 2018년에는 정부의 말을 듣는 것이 좋을 거라고 생각합니다. 공급을 얘기할 때는 흔히 '플로(flow, 유량)'와 '스톡(stock, 저량)'이라는 말을 씁니다. 이 개념을 구분하지 못하면 약간 비현실적인 판단을 내리기 십상입니다.

한국은 여전히 주택보급률이 외국에 비해 낮습니다. 그런데 단기간에 공급이 늘어나면 가격변동성을 유발하고 맙니다. 예를 들어 1년에 50밀리미터밖에 비가 오지 않던 사막에 어느 날 갑자기 2시간 동안 비가 쏟아졌다고 해봅시다. 그러면 개울물이 넘치겠지요? 바로 이런 원리와 같습니다

2018년 아파트 입주물량이 전국적으로 44만 가구입니다. 2019년에는 약 37만 가구이고요. 여기에다 앞으로 5년 동안 100만 가구를 짓는다고 합니다. 이것은 분당신도시 같은 곳을 10개 짓는다는 얘기입니다. 그야말로 어마어마한 물량이 쏟아지는 것이지요.

정부가 본격적으로 공급드라이브 정책을 펴는 상황에서는 잘 판단해야 합니다. 어차피 전망은 전망일 뿐 결과는 아무도 모르는 겁니다. 그러므로 어떻게 전망하느냐가 아니라 어떻게 대응할 것이냐가 훨씬 더 중요합니다. 전망하기보다 우연성이 나타났을 때 내가 어떻게 대응하느냐가 중요한 포인트입니다.

그리고 좀 더 보수적으로 생각해야 합니다. 왜냐하면 정부가 금리를 올리고 대출을 조이는 것은 부동산시장에 유입되는 자금의 총량을 줄이겠다는 의도거든요. 밀물이 오면 작은 배든 큰 배든 배가 다 뜨지만, 썰물이 오면 죄다 뜨지 못합니다. 이를 두고 속된 말로 "물이 빠지면 다 기어나온다"라고 말합니다. 좀 더 신중하게 접근하십시오.

2018년 부동산 매매는 보수적으로 접근해야

분양으로 집을 장만하라

특히 매매에는 더욱더 주의해야 합니다.

과연 지금 집을 사야 하느냐 말아야 하느냐는 아무도 판단하지 못합니다. 틀리면 책임을 져주는 것이 아니잖아요. 보수적으로 접근한다는 것은 집을 장만하더라도 분양받는 것을 말합니다. 분양받는 것이 훨씬 싸니까요.

예를 들어 내가 라면을 사려 한다고 해봅시다. 지금이 라면을 살 시기인지 아닌지는 판단하기 어렵지요. 그때 편의점이 아니라 할인 매장에 가서 사는 것이 분양받는 것이나 똑같습니다. 불황기에 가장 현명한 재테크는 무조건 싸게 사는 겁니다.

2018년에 집을 장만하려면 분양을 받으십시오. 기존 매매는 지금 목까지 차올랐습니다. 우리가 할 수 있는 것은 함부로 전망하지 않고 내 능력 안에서 슬기롭게 행동하는 것입니다. 마법의 상품, 마법의 회사는 없어요.

또 하나 장기적으로 한국의 집값은 떨어지지 않을 가능성이 큽니다. 경제성장과 물가상승으로 장기적으로는 우상향을 보일 겁니다. 장기와 단기를 구분하지 못하면 위험에 빠질 수 있어요. 장기적으로 집값이 오르는 건 분명하지만 일단 단기적으로 어떻게 대응할 것이냐가 중요합니다. 이처럼 전망을 말할 때는 항상 유효기간을 함께 고민해야 합니다.

저는 집값이 생각보다 많이 빠지지 않을 거라고 봅니다. 그 이유는 두 가지로 볼 수 있습니다. 하나는 베이비부머들이 다시 부동산 시장에 유입되었다는 점입니다. 은퇴하면 베이비부머가 시장을 다 떠날 줄 알았는데 권총을 차고 떠난 그들이 기관단총을 차고 다시 들어왔어요. 이들 액티브 시니어(Active Senior)가 수명은 길어지고 노후가 불안정하자 소위 육식형 재테크

베이비 부머의 육식형 부동산 재테크가 시장의 불안요인

아파트 입주물량 추이

(단위: 가구)

지역	2012년	2013년	2014년	2015년	2016년	2017년	2018년	2019년
전국	179,045	196,055	264,333	267,110	292,137	378,765	434,399	309,120
서울특별시	19,408	23,190	37,068	21,293	25,705	26,411	34,107	32,719
경기도	62,744	49,397	53,682	70,233	87,506	127,127	162,937	104,913
부산광역시	15,404	20,841	22,688	21,427	14,466	18,923	21,447	22,492
대구광역시	4,529	9,919	9,327	14,969	26,635	22,607	13,641	4,903
인천광역시	26,278	10,727	10,554	12,157	9,088	16,690	19,674	13,915
광주광역시	3,360	7,345	9,411	5,752	10,769	11,494	5,661	6,274
대전광역시	5,266	3,761	10,527	3,954	6,574	6,480	6,260	1,853
울산광역시	3,744	6,482	9,075	9,428	3,123	9,892	8,590	7,757
강원도	4,238	3,580	9,004	6,075	8,802	5,249	14,698	11,837
경상남도	6,524	19,812	23,660	20,899	20,999	38,551	37,060	25,108
경상북도	3,628	6,401	7,825	15,301	15,600	23,903	25,060	13,862
전라남도	4,359	11,063	14,425	11,652	11,868	7,167	7,134	5,569
전라북도	7,341	5,599	10,591	10,845	7,992	6,175	12,408	4,720
충청남도	5,938	5,588	9,875	12,422	22,490	24,878	23,388	1,974
충청북도	1,289	6,039	9,475	10,821	10,114	12,094	22,488	3,599
제주도	717	2,873	2,159	2,501	2,753	2,498	349	426
세종특별시	4,278	3,438	14,987	17,381	7,653	15,432	13,328	9,881

자료: 부동산114

를 하고 있습니다. 지금 부동산시장을 떠받치는 가장 큰 불안요인은 바로 베이비부머의 힘입니다.

다른 하나는 매우 강한 도심회귀현상입니다. 10여 년 전에 지금의 베이비부머들은 양평, 가평, 충남, 서산, 당진에 땅을 사뒀습니다. 그런데 요즘 30대들이 콘크리트키즈, 아파트키즈다 보니 지방의 땅에 관심이 없어서 잘 팔리지 않습니다. 젊은이들이 교외에 가서 땅을 사지 않는데 그게 팔리겠습니까?
노후생활의 첫출발은 교외에 땅을
사지 않는 것입니다.

강한 도심회귀현상으로 수도권
집값 하락 가능성 낮아

2018년 아파트 입주물량이 생각보다 많습니다. 경기와 인천의 경우 무려 18만 5,000가구에 달하지요. 물론 서울은 잘해야 3만 4,000가구입니다. 여기서 우리는 착시현상에 주의해야 합니다. TV와 신문에서는 늘 서울의 집값만 얘기해요.

혹시 하우스푸어 사태 기억하세요? 2012년 전국 아파트 입주물량이 17만 9,000가구였어요. 그런데 2018년에는 서울을 제외한 경기와 인천의 아파트 입주물량이 18만 5,000가구라 그때보다 무려 6,000가구가 많습니다. 물량 앞에 장사는 없습니다. 물량이 많으면 반드시 가격변동성이 생깁니다. 물론 장기적으로는 올라가지만 단기적으로는 주의할 필요가 있습니다. 그럼 어떻게 하라는 거냐고요? 대출은 적정하게 받고 갭 투자는 피하십시오. 그리고 내 집 장만은 분양을 받되 중개업소를 믿지 말고 모델하우스를 직접 확인하세요.

갭 투자를 피하고 아파트 분양을 노려라

집값이 언제 폭락할 것인가는 모든 가능성을 열어놓고 봐야 합니다. 입주물량이 많으니 집값이 급락할 거라고 보는 것은 굉장히 단편적인 사고방식입니다. 일단 전세와 매매를 구분합니다. 전세는 당시의 수요와 공급을 정직하게 반영합니다. 입주물량이 많으면 당연히 전세가는 내려가지요. 경기 남부지역은 2018년에 역전세가 일어날 확률이 높습니다.

한데 매매는 본질적으로 현재부터 미래의 전 구간에 걸쳐 수급을 반영합니다. 미래에 집값이 오른다고 하면 아무리 입주물량이 많아도 싸게 팔지 않아요. 가격 급락은 임계점을 지나야 옵니다. 한마디로 동맥경화증과 소화불량이 심각해져서 더 이상 시장이 매물을 감당하지 못할 때라야 푹 빠집니다.

문제는 시장이 우리가 원하는 대로 흘러가지 않는다는 데 있습니다. 같은 정보도 시장참여자들이 어떻게 받아들이느냐에 따라 가격은 다르게 나타납니다.

가령 재건축 초과이익환수제는 가구당 수익이 3,000만 원이 넘으면 국가에서 10~50퍼센트까지 환수하는 제도입니다. 그럼 수익이 줄어들 테니 이론적으로라면 재건축아파트를 사지 말아야 하죠? 그런데 시장에서는 재건축 초과이익환수제로 공급량이 줄어들면 오히려 가격이 오를 거라고 봅니다. 그러니 지금이라도 사려고 애를 쓰지요. 정보는 악재라서 악재가 아니고 호재라서 호재가 아니라 시장참여자들이 어떻게 받아들이느냐에 따라 달라져요.

2017년 말 현재 거래량이 절벽인데 집값은 올랐어요. 이걸 어떻게 해석해야 할까요? 원래 가격은 거래량에 후행합니다. 거래량이 있어야 가격이 오르는 것이지요. 그런데 거래 없이 가격이 올랐습니다. 거래가 줄었다는 것은 수요가 줄었다는 얘기인데, 수요가 줄어든 것보다 공급이 더 줄어들면 가격이 오릅니다.

이제 투기과열지구에서 조합원 지위를 양도하려면 세금을 10퍼센트 더 내야 합니다. 그것 때문에 팔지 않으면 매물은 줄어듭니다. 게다가 2018년 4월이면 조정대상지역에서는 2주택자인 경우 양도세를 10퍼센트, 3주택자는 20퍼센트를 더 내야 합니다. 여기에다 장기보유특별공제를 해주지 않습니다.

시장을 규제하면 가격변동성이 불연속적으로 크게 나타납니다. 그러니 상투를 잡지 말고 분양을 받으세요. 특히 정부에서 특별 분양하는 신혼가구나 공공주택에 도전해서 분양을 받는 것이 좋습니다.

시장을 규제하면 가격변동성이 불연속적으로 크게 나타나

●

노후를 위한 집 구매는 2021년까지 멀리 봐야

제가 노후설계를 위한 팁을 하나 드리자면 굳이 급하게 사지 말고 2021년까지 멀리 보면서 떨어지면 산다는 생각으로 기다리다가 구매하라는 것입니다. 집이 한 채 있고 노후에 월세를 받을 목적이라면 좀 더 보수적으로 접근해야 합니다.

집값은 2018년만 보는 게 아니라 길게 내다봐야 합니다. 멀리 보면 우상향이 맞고 5년 정도만 보면 분명 공급이 많으므로 가격변동성이 있을 겁니다. 가장 좋은 것은 분양받는 것이고 공공주택은 더 좋습니다.

인구 대비 주택 공급이 많은 경기도, 충청북도, 경상남도

사회자 박 위원님은 2018년에 집 구매를 보류하라고 명확하게 말씀하셨는데, 홍 팀장님은 어떻게 생각하십니까? 2018년에 집을 사야 하나요, 말아야 하나요?

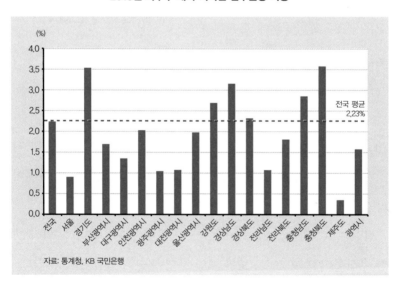

2018년 가구수 대비 지역별 입주물량 비중

자료: 통계청, KB 국민은행

홍춘욱　저는 2018년에는 가구수 대비 지역별 입주물량 비중에 주목해야 한다고 봅니다. 우리나라에서 인구 대비 주택 공급이 많은 지역은 경기도, 충청북도, 경상남도입니다. 여기는 정말 조심해야 합니다. 반면 서울, 광주, 대구, 부산 쪽은 인구 대비 주택 공급이 적습니다. 그러니까 소득수준이 가장 높은 곳에 사는 인구에게 주택 공급이 가장 적은 것입니다. 저는 핵심 대도시지역과 인기지역은 2018년에도 상승 가능성이 크다고 생각합니다.

사회자　박 위원님, 지금은 집을 싸게 사는 게 중요하다고 하셨잖아요. 대체 집값이 언제 싸질까요? 그런 걸 알려주는 신호라도 있습니까?

박원갑　지표와 통계는 대체로 사실을 합리화하기 위한 통계적 기법일 가능성이 높아요. 과거에 저는 시장변동성이 커지면 전세가율이나 거래량을 보며 판단했는데 지금은 그런 지표로 미래를 예단하기에 불확실한 측면이 많습니다. 실제로 이런저런 부정적인 예측에도 불구하고 서울의 집값이 2017년 말 현재 4년째 올랐어요.

어차피 재테크는 확률게임이라 누가 맞을지는 막판에 가봐야 압니다. 만약 내일 비가 올 확률이 50퍼센트라면 여러분은 오늘 세차를 하겠습니까? 하지 않겠지요. 그런데 어떤 사람은 세차를 합니다. 그렇게 생각이 서로 다르니까 거래가 이뤄지는 겁니다.

제가 즐겨 하는 말 중에 "보수적인 사람은 마음이 편안하다"가 있습니다 투자를 해도 일단 내 마음이 편안해야 합니다. 또 영국의 경

제학자 존 메이너드 케인스가 "번영은 누적적이다"라고 했는데, 저

**정책은 누적적이기 때문에
최대한 보수적으로 대응해야**

는 이 말을 '정책은 누적적이다'로 바꿔서 생각해봅니다. 정책이 누적되면 어느 순간 그것이 큰 힘을 발휘합니다. 한두 번은 말을 듣지 않아도 상관없으나 그것을 진득하게 말할 때는 의심을 해봐야 합니다. 물론 2018년에 가봐야 알겠지만 아무튼 최대한 보수적으로 대응하는 것이 현명합니다.

2017년 말 현재 집값이 생각보다 많이 올랐습니다. 앞으로 더 오를지 모르겠지만 일단 꼭 필요한 사람도 쉽게 의사결정을 하지 못합니다. 단순 투자 목적이면 지금은 집을 사라고 해도 천 명 중 한 명도 사지 않습니다. 반면 내게 꼭 필요하면 삽니다. 좋은 학군이 필요한 사람은 누가 뭐라고 해도 대치동이나 목동으로 이사를 가지요.

전망은 어차피 통계를 보고 하는 것이라 전문가들도 잘 맞히지 못합니다. 실제로 문재인 대통령이 당선되고 나서 집값이 빠진다고 했는데, 실제로는 벌써 5억 원이나 올랐잖아요. 그러니까 너무 전망에 연연하지 말고 내 필요에 충실한 것이 가장 좋습니다.

여전히 유효한 강남불패, 서울불패

사회자　소위 강남불패, 나아가 서울불패가 앞으로도 유효할 거

라고 보는지 두 분께 묻고 싶습니다.

홍춘욱   제가 볼 때 적어도 2018년까지는 흔들릴 가능성이 없습니다. 부동산시장을 좌우하는 가장 중요한 요인은 결국 공급이에요. 그다음으로 봐야 하는 것이 경기입니다.

다음 그래프에서 파란색 선은 한국의 경제성장률을 나타내는 경기동행지수입니다. 보다시피 계속 오른쪽으로 불황 없이 가고 있습니다. 저렇게 파란색 선이 우상향할 때 주택가격, 즉 검은색 선이 내려간 적이 있나요? 없어요. 경기가 좋으면 기업이 이익을 많이 냅니다. 그러면 근로자 임금도 늘어나고 신규채용도 늘립니다. 이 경우

경기동행지수와 주택 가격 상승률의 관계

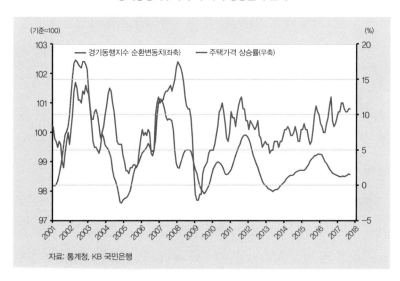

자료: 통계청, KB 국민은행

당연히 주택 수요가 증가하지요. 결국 파란색 선은 주택 수요 변화라고 할 수 있습니다.

그래프를 보면 시장이 주택 수요 변화에 굉장히 민감하게 반응합니다. 한데 끝부분을 보면 경기가 좋은데도 집값이 오르지 않았어요. 바로 이게 정책입니다. 2016년 11.3대책이나 2017년 8.2대책이 없었으면 집값이 더 많이 올랐을 겁니다.

하지만 정책으로 집값을 누를 수 있는 지역이 있고 그렇지 않은 지역도 있습니다. 이럴 때 대출을 받아 내 집 마련을 고민하는 실수요자라면 분양을 노려보라고 권하고 싶어요. 더구나 정부가 이미 경기도를 비롯해 지방에 100만 호를 건설한다고 발표했습니다. 반면 여윳돈으로 투자하는 사람은 경기가 좋으니 수요가 증가할 것을 예상해 서울에 집을 사도 무방합니다.

대출을 받아 내 집 마련을 고민하는 실수요자는 분양을 노려야

저는 2018년에도 2017년의 경기 여건이 이어지고 수출이 증가하면서 기업 이익이 늘어나 채용이 증가할 거라고 봅니다. 그러면 경제 전반의 수요 압력은 2018년까지 이어질 것입니다. 정책으로 누를 수 있는 지역과 그렇지 않은 지역이 있으니 2018년까지는 강남불패, 서울불패가 이어질 가능성이 큽니다.

박원갑　강남은 교통, 쇼핑, 교육 등에서 입지적 프리미엄이 있어요. 그래서 강남불패라는 말이 생긴 겁니다. 강남불패는 오를 때는 영원할 것 같지만 위기가 오면 싹 빠집니다. 실제로 2012년에 집

값이 엄청나게 빠졌습니다. 호황 때는 프리
미엄이 높지만 위기가 오면 사람들은 프리
미엄을 지불하려 하지 않습니다. 물론 지

금은 위기 상황이 아니므로 2018년에도 강남불패는 지속될 겁니다.
제 주위에는 "당신의 노후를 영혼에 묻어라"라고 말하는 사람이 있
습니다. 이것은 외국인이 서울을 '쏘울(영혼)'이라고 발음하는 것에
빗댄 유머입니다.

실제로 서울은 입주물량이 많지 않아 괜찮지만 단기적으로 많이
올라 거품이 형성된 곳은 가격변동성으로 급락할 수 있습니다. 강남
불패가 만능 법칙은 아니므로 경기를 잘 지켜보며 확인하는 것이 좋
습니다.

김동우

각종 투자 커뮤니티 섭외 1순위로 꼽히는 대표 부동산 세금 강사. 14년 경력의 실전투자를 기초로 투자자들에게 꼭 필요한 부분만을 골라 눈높이로 강의한다. 25년간 근무한 은행에서 퇴직 후 전업투자자 및 임대 사업자로 제2의 삶을 시작했다. 700여 만 원으로 낡은 빌라를 매입한 것을 계기로 다양한 투자 방식을 섭렵해 현재는 약 50채의 부동산을 보유 및 관리하고 있다. 저서로 《투에이스의 부동산 절세의 기술》이 있다.

3장

평생
돈 걱정 없는
월세통장 만들기

김동우, 《투에이스의 부동산 절세의 기술》 저자

1,000만 원대 지하빌라로 시작한 경매

저는 은행에서 25년간 일하다 IMF 때 희망퇴직을 했습니다. 이후 5년간 방황한 뒤 경매를 배워 재테크에 뛰어들었지요. 당시 모아 놓은 돈이 별로 없어서 빌라가격이 1,000만 원대인 인천 쪽으로 눈을 돌렸습니다. 지하빌라는 1,000만 원 이하인 곳도 많았지요. 사실 그때는 땅이 8평 정도니 1,000만 원 이내에 낙찰을 받아두면 언젠가 개발되겠지 하는 심정이었습니다. 그렇게 집을 쓸어담다 보니 한때는 집을 77채까지 소유하게 되었지요. 지금은 많이 정리하고 50채 정도가 남아 있습니다.

그런데 집이 늘어나자 세무조사가 들어오더군요. 세무조사를 받아보니 부동산 투자를 하면서 세금을 모르면 큰일 나겠다 싶어 열심

경매 성공 사례: 재개발 정보 입수 후 과감한 입찰

인천지방법원 본원 00 계(000-000-0000) / 매각기일 : **2007.02.22.(木) (10:00)**							
2006타경 00000		인천광역시 서구 석남동 000-00, 00 연립 0 동 0층 000호					
물건종별	다세대(빌라)(16평형)	감 정 가	33,000,000원	오늘조회: 1 2주누적: 0 2주평균: 0			
대 지 권	38.339㎡(11.598평)	최 저 가	(100%) 33,000,000원	구분	입찰기일	최저매각가격	결과
건물면적	39.75㎡ (12.024평)	보 증 금	(10%) 3,300,000원	1차	2007-02-22	**33,000,000**원	
매각물건	토지·건물 일괄매각	소 유 자	000	낙찰: 78,190,000원 (236.94%)			
개시결정	2006-07-12	채 무 자	000	(입찰93명, 낙찰: 000)			
사 건 명	강제경매	채 권 자	00 보증보험(주)	매각결정기일 : 2007.02.28 - 매각허가결정			
				대금납부 2007.03.23 / 배당기일 2007.05.02			
				배당종결 2007.05.02			

히 그 분야를 공부했습니다.

제가 투자해서 돈을 번 이야기를 하면 어떤 분은 "너, 말로만 돈을 벌었다고 하는 거 아냐? 얼마나 벌었는지 실제로 보여줘 봐"라고 말합니다. 그래서 저와 제 지인의 사례를 몇 가지 공개하도록 하겠습니다.

먼저 제 후배의 투자 사례를 들려드리지요.

2007년 2월 감정가 3,300만 원인 물건에 93명이 입찰했는데 후배가 7,800만 원에 낙찰을 받았습니다. 경매장에서는 이런 사람을 '이상한 놈'이라고 합니다.

사실 후배는 이상한 놈이 아닙니다. 그때 이미 인천은 '2020년 도시기본계획'에 의거하여 많은 재개발·재건축 지역이 선정된 상황이었습니다. 후배가 낙찰받은 빌라 역시 재개발 지역으로 선정된 곳인데, 선정 후 그 빌라의 시세는 9,000만 원으로 뛰었습니다. 이러한 사실을 파악한 후배는 과감하게 베팅했던 것입니다. 후배는 이 빌라를 결국 1억 500만 원에 팔았습니다. 이처럼 시세를 파악하는 일은 아주 중요합니다.

재건축 가능성이 높은 빌라에 주목

이번에는 제 사례를 소개하겠습니다. 먼저 소개할 것은 인천 동암역까지 걸어서 4분 거리에 위치한 빌라입니다. 감정가가 2,700만 원이었는데 제가 1,000만 원에 낙찰받았습니다.

경매에서 저는 항상 땅 지분을 봅니다. 이 빌라는 땅 지분이 8평이고 지하였지만 수리할 게 별로 없었습니다. 그래서 기존 세입자를 내보내고 보증금 300만 원에 월세 25만 원을 받고 다른 세입자를 들였지요.

저는 주로 대출금을 활용하는데 당시 은행대출은 어려웠고 상호신용금고(현 상호저축은행)에서 금리 8퍼센트에 낙찰가의 50퍼센트를 대출받았습니다. 낙찰가 1,000만 원에 취득세와 명도비로 200만 원이 들었는데, 일단 대출을 500만 원 받고 보증금 300만 원을 받으니 제 돈은 400만 원밖에 들어가지 않더군요. 월세에서 이자를 제외

투자 사례: 인천 동암역 근처 지하빌라

낙찰금액	1,011만 9,000원
취득세·명도비 등	200만 원
대출금액	500만 원
월세보증금	300만 원
실투자액	411만 9,000원
월세	25만 원
대출이자 8%	3만 원
연수익율	64%

하고도 한 달에 22만 원이 들어오는 구조가 생긴 거지요.

그때 저는 '내가 500만 원을 투자해 한 집 당 10만 원이 나올 경우, 10채면 100만 원이고 50채면 500만 원이다. 500만 원만 있어도 돈 걱정 없이 살 수 있을 거다'라는 생각으로 경매에 집중 투자했습니다. 물론 그 과정에는 기타 부대비용이 많이 들어갑니다. 가끔은 보일러를 수리하거나 누수를 처리해야 합니다. 그렇지만 저는 비용은 들지만 어차피 부동산 가격은 오르니까 나중에 팔면 다 회수할 수 있다는 생각으로 투자했습니다. 예상대로 인천에 사둔 빌라들이 죄다 재개발 지역에 포함되면서 거의 5,000만 원에 팔아 많은 수익을 올렸지요.

그즈음 제게 돈이 좀 생겼는데 때마침 의정부시에서 도시기본계획을 발표했지요. 그때 재개발·재건축 빌라 가격이 많이 올랐고 저도 동참해 재미를 보았습니다. 어느 날 의정부 가능동의 한 부동산

중개업자가 제게 제안을 하더군요.

"사장님, 의정부역 밑에 회룡역이 있는데 재미동포가 회룡역에 있는 25평짜리 아파트를 8,500만 원에 팔고 갈 거랍니다. 거기 전세가 6,500만 원이고 국민투자기금 대출이 1,000만 원 있대요. 1,000만 원만 있으면 25평짜리 아파트를 살 수 있는데 사시겠습니까?"

그 말을 듣는 순간 온몸에 소름이 돋더군요. 조건이 너무 좋았으니까요. 아파트가 25평이니 평당 단가는 340만 원이죠. 거기다 원래 의정부북부역에서 끊겼던 지하철 1호선도 동두천까지 연장되었습니다. 부동산 시장에는 불변의 진리가 있는데 그것은 '교통길은 곧 돈길'이라는 겁니다. 저렴한 데다 호재까지 있다 보니 저는 과감하게 투자했습니다.

저는 이런 식으로 그 지역의 아파트를 20채 정도 샀는데 취득세와 등록세를 포함해서 한 채당 약 1,000만 원 정도 들었습니다. 제 나름대로 승부수를 던진 것인데, 아니나 다를까 도로 개통 이후 1년 만에

투자 사례: 의정부 회룡역 25평 아파트

매매금액	8,200만 원
취득세·등록세 등	200만 원
전세금액	6,500만 원
대출인수액	1,000만 원
실투자액	900만 원

시세가 1억 2,000만 원으로 올라갔고 지금은 시세가 약 1억 9,000만 원을 호가하고 있습니다.

가격이 때에 따라 등락했지만, 결과적으로 지금 시세와 대비하면 한 채당 1억 원은 번 셈입니다. 10년 만에 겨우 1억 원이면 좋은 투자가 아니라고 할 수도 있으나 저는 그렇게 생각하지 않습니다. 그만큼 전세가도 올랐거든요. 그렇게 전세만기가 돌아올 때마다 전세금을 올려받을 수 있었고 저는 투자한 자금을 2년 만에 모두 회수했습니다. 그 돈을 가지고 저는 평택, 신탄진에 있는 아파트와 빌라에 투자했고요.

2016년에는 독산동의 오피스텔을 낙찰받았는데 실제로는 도시형 생활주택입니다. 그때 경매로 나온 물건이 40개 정도 되었는데 유치권(돈을 받을 때까지 남의 부동산을 점유할 수 있는 권리)이 신고된 물건이었습니다. 감정가가 1억 600만 원인데 제가 20퍼센트 떨어진 가격에 단독으로 3개를 낙찰받았지요. 경매에서 유치권은 95퍼센트 이상이 가짜입니다. 그래도 5퍼센트의 진짜가 있으므로 유치권 물건은 주의해야 합니다.

이 물건의 유치권은 성립이 안 되는 것이었습니다. 그 이유는 이미 세입자가 있었기 때문입니다. 유치권의 핵심은 점유인데 세입자가 있다는 것은 거의 대부분 유치권자가 점유를 하고 있지 않다는 것을 의미합니다. 저는 법원으로부터 인도명령을 받아 강제집행을 통해 유치권을 해결했고 결국 보증금 2,000만 원에 월세 45만 원으

투자 사례: 유치권이 있는 오피스텔

서울남부지방법원 본원 00 계(02- 0000-0000) / 매각기일 : **2016.01.12(火) (10:00)**

2014타경 **00000(00)** 　서울특별시 금천구 독산동 000-00 외 1필지, 00 하우스 0층 000호

물건종별	오피스텔	감 정 가	106,000,000원	오늘조회: 1　2주누적: 0　2주평균: 0			
대 지 권	10.09㎡(3.052평)	최 저 가	(80%) 84,800,000원	구분	입찰기일	최저매각가격	결과
건물면적	21.99㎡(6.652평)	보 증 금	(10%) 8,480,000원	1차	2015-12-02	106,000,000원	유찰
				2차	2016-01-12	**84,800,000원**	
매각물건	토지·건물 일괄매각	소 유 자	00	낙찰 : 88,469,000원 (83.46%)			
개시결정	2014-12-24	채 무 자	00 외 1명	(입찰1명,낙찰:광명시 000)			
				매각결정기일 : 2016.01.19 - 매각허가결정			
사 건 명	김재경매	채 권 자	000 외3	대금지급기한 : 2016.02.25			
				대금납부 2016.01.29 / 배당기일 2016.10.13			
				배당종결 2016.10.13			

로 세를 놓았습니다.

낙찰금액 8,800만 원에 취득세와 명도비로 300만 원이 들었고 대출은 약 75퍼센트인 6,780만 원을 받았습니다. 월세 보증금으로 2,000만 원을 받으니 제 돈은 320만 원이 들었고 대출이자를 공제한 월수입이 28만 원이 들어왔습니다. 저는 3채를 낙찰받았으니 월 84만 원이 들어옵니다. 이게 만약 10채라고 가정하면 한 달에 무려 280만 원이 들어오게 됩니다. 이처럼 평생 돈 걱정 없는 월세통장을 여러분도 만들 수 있습니다.

아쉽게도 이제 서울에서는 투기지역의 경우 대출받기가 어렵습니다. 담보비율을 30퍼센트밖에 인정하지 않기 때문입니다. 그래서 저

3장 평생 돈 걱정 없는 월세통장 만들기

는 전략을 바꿨습니다. 목동에 있는 지하빌라가 급매로 나왔는데 땅이 7.6평인 것을 8,300만 원에 사서 새로 인테리어를 했습니다. 거실과 화장실, 싱크대를 바꾸는 데 500만 원 정도 들었습니다. 그런 다음 전세 8,000만 원에 계약했지요. 수리비와 세금으로 약 1,000만 원 정도 투자하고 목동에 대지 7.6평 빌라를 소유한 셈입니다.

저는 이 빌라를 최소한 10년 이상, 아니 20년이라도 보유할 계획입니다. 시간이 지나면 지날수록 재건축이 될 가능성은 커질 테니까요. 그러면 저는 목동에 새 아파트의 입주권을 가지게 되는 것입니다. 저는 앞으로도 재개발 가능성이 큰 빌라 위주로 계속 투자할 생각입니다.

투자 목적에 따른 방법을 찾아라

저는 크게 두 가지 목적으로 부동산에 투자합니다. 하나는 시세차익이고 다른 하나는 월세수입이지요.

시세차익을 얻는 투자는 부동산시장이 호황일 때 굉장히 좋습니다. 반면 불황일 때는 견디기가 힘듭니다. 버는 돈은 없는데 생활비는 계속 써야 하니까요. 버는 돈 없이 한 달에 500만 원씩만 써도 1년이면 6,000만 원입니다. 그러다 보니 제 주위에 시세차익만을 목적으로 투자하는 사람들은 모두 사라지고 없더군요. 그들은 대개 다시 직

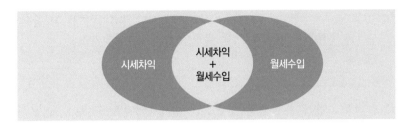

부동산 투자 목적

시세차익 / 시세차익 + 월세수입 / 월세수입

장으로 돌아가거나 새로운 사업을 시작합니다.

반면 월세수입을 목적으로 하는 사람은 몇 안 되지만 아직까지도 살아남아 투자를 계속하고 있습니다. 일단 투자 목적은 월세수입에 둬야 합니다. 월세가 들어오면 내가 갖고 있는 원금을 그대로 보유할 수 있어서 오래갑니다. 그러다가 어느 정도 월세수입이 들어오면 그 다음 단계에는 저처럼 시세차익을 목적으로 투자할 수 있습니다.

부동산 투자방법에는 크게 세 가지가 있습니다. 그것은 경매로 사는 법, 급매로 사는 법 그리고 분양받는 법입니다. 그중에서도 저는 경매 예찬론자인데 가장 큰 이유는 경매를 통해 시세보다 저렴하게 살 수 있기 때문입니다. 낙찰을 받으면 복잡한 권리관계는 법원에서 직권으로 다 말소해줍니다.

여기에다 각종 규제에서도 비교적 자유롭습니다. 예를 들어 토지 거래허가구역이면 원래 부동산을 살 때 허가를 받아야 하는데 경매로 낙찰받을 때에는 허가가 필요 없습니다. 최근 또 하나 제약이 생

주택취득 자금조달 및 입주 계획서

주택취득 자금조달 및 입주 계획서 (해당자만 기재)

제출인 (매수인)	성명(법인명)			주민등록번호(법인·외국인등록번호)	
	주소(법인소재지)			(휴대)전화번호	
① 자금 조달계획	자기 자금	② 금융기관 예금액	원	③ 부동산매도액 등	원
		④ 주식·채권 매각대금	원	⑤ 보증금 등 승계	원
		⑥ 현금 등 기타	원	⑦ 소계	원
	차입금등	⑧ 금융기관 대출액	원	⑨ 사채	원
		⑩ 기타	원	⑪ 소계	원
	⑫ 합계				원
⑬ 입주 계획	[ ]본인 입주 [ ]본인 외 가족 입주 [ ]임대(전·월세) (입주 예정 시기 : 년 월)				

「부동산 거래신고 등에 관한 법률」 시행령 제3조제1항, 같은 법 시행규칙 제2조 제5항부터 제7항까지의 규정에 따라 위와 같이 주택취득자금 조달 및 입주 계획을 신고합니다.

년   월   일

제출인

(서명 또는 인)

시장·군수·구청장 귀하

겼죠? 2017년에 발표된 8.2 부동산대책에 따라 투기과열지구에 소재한 3억 원이 넘는 주택을 사면 반드시 자금조달계획서를 내야 합니다. 그런데 이게 좀 무시무시합니다. 그림을 보시면 굵은 선 안에 세 가지가 표기되어 있지요. 본인 입주, 가족 입주까지는 괜찮습니다. 마지막 임대하겠다는 쪽에 체크하는 순간 그 서류는 국세청에 통보됩니다. 당연히 국세청에서는 이 서류를 검증하죠.

예를 들어 어떤 의사가 곧 장가갈 아들을 위해 아파트를 하나 사줬는데 그것이 투기과열지구에 속한다고 해봅시다. 자금조달계획서

경매의 장단점

장점

- 일반매매보다 저렴하게 구입 가능
- 법원이 복잡한 권리관계 모두 정리
- 토지거래규제 등 각종 제도를 적용받지 않음

단점

- 권리분석 필요
- 명도절차 필요
- 내 집으로 완전히 사용하는 데 시간이 오래 걸릴 수 있음

를 통보받은 과세당국에서는 의사선생님과 그의 아내, 아들, 딸 통장의 몇 년치 거래내역을 쫙 뽑습니다. 그 중에서 일정금액이 넘는 금액을 형광펜으로 그어서 다시 돌려줍니다. 그 금액에 대한 자금출처를 해명하라는 이야기입니다.

사실 미리 적어두지 않는 이상 3년만 지나도 자금출처를 기억하기는 어렵습니다. 그렇지만 과세당국은 그걸 해명하지 못하면 모두 증여로 보아 증여세를 부과합니다. 더 나아가 병원으로 들이닥쳐 사업장 세무조사를 할지도 모릅니다.

물론 투기과열지구라 해도 집이 한 채밖에 없는 실수요자는 이런 것과 아무런 상관이 없습니다. 집이 없으면 괜찮지만 집이 많으면 절대 투기과열지구에 있는 주택을 사지 마십시오. 그런데 경

매나 공매는 이러한 영향을 받지 않습니다. 실거래가 신고를 할 필요가 없으니까요.

경매에는 이러한 장점뿐 아니라 단점도 있습니다. 단점은 크게 두 가지인데 하나는 권리분석을 해야 한다는 점이고, 다른 하나는 명도(경매로 취득한 부동산을 임차인이나 채무자가 점유하고 있을 때 이것을 인도받는 절차)를 해야 한다는 것입니다. 물론 지금은 많은 경매학원이 생겨 그런 어려움을 해결해주고 있습니다.

8.2 부동산대책이 나오자 경매 고수분들 사이에는 '경매하기 좋은 시즌이 다가온다'고 이야기가 나왔습니다. 여기에는 그럴 만한 이유가 있습니다. 서울의 투기과열지구에서는 대출을 받기가 어렵습니다. 내가 1억 원을 주고 낙찰을 받으면 주택인 경우 3,000만 원밖에 대출받을 수 없습니다.

다음 사례는 원래 선순위임차인이 있는데 채권기관에서 선순위가 아니라고 해명서를 내놓은 물건입니다. 예전 같으면 이런 물건은 감정가의 100퍼센트 이상 가격에 낙찰되었겠지만 단독으로 80퍼센트에 낙찰받았습니다. 대출이 줄어들자 경매의 문턱도 높아진 것입니다. 그러나 반대로 자금력 있는 투자자들에게는 경매가 유리한 시즌이 오고 있다는 이야기지요.

두 번째 방법인 급매도 내가 직접 물건을 보고 살 수 있다는 점에서 매우 좋습니다. 잘만 찾으면 시세보다 저렴하게 물건을 공략할 수 있지요. 단, 급매에는 공인중개사의 협조가 필수적입

8.2 부동산대책 이후 오히려 경매가 유리한 경우 늘어

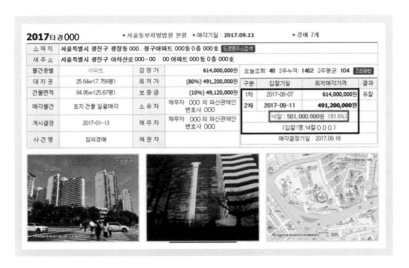

니다. 제 지인은 2013년 일산에 투자할 때 3억 원이 들어 있는 통장을 공인중개사에게 보여줬습니다. 그 외에도 자금이 더 있다고 강조한 후, 직원들과 식사나 하라고 100만 원을 주고 갔지요. 그 공인중개사는 앞으로 급매물이 나오면 누구에게 먼저 연락을 하겠습니까?

마지막으로 분양은 새 아파트를 구매할 좋은 기회입니다. 아직 집이 없는 사람은 청약저축에 가입하는 것이 좋아요. 중도금 대출이라는 제도까지 있어서 내 돈을 많이 투자하지 않아도 됩니다. 그러나 너무 높은 프리미엄(P)을 주거나, 분양권에 너무 많이 투자하는 것은 좋지 않습니다. 전매제한조치가 나오면 팔 수 없거든요.

빚에도 착한 빚, 나쁜 빚이 있다

과연 지금은 집을 살 시기일까요?《3시간 공부하고 30년 써먹는 부동산 시장 분석 기법》을 쓴 부동산 스타강사 구만수 박사님(blog.naver.com/ds5ixl) 강의 중에 이런 내용이 있습니다.

"짜장면 값이 1960년에는 15원이었어요. 지금은 4,500원입니다. 무려 300배가 뛰었지요. 이건 계속 인플레이션이 진행되고 있다는 의미입니다. 마찬가지로 1960년대부터 2017년까지 부동산지수를 그래프로 나타내면 우상향입니다. 물론 그동안 이런저런 부침이 있어서 올랐다 내렸다 하지만 결국은 올라가고 있다는 이야기지요."

2008년 금융위기 때 리먼 브러더스 사태가 벌어지면서 〈연합뉴스〉에 '집값 반 토막 현실화되나'라는 기사가 나왔습니다. 물론 그때는 어느 정도 빠졌지만 이제 다 회복되었지요. 2015년 1년간 세계 각국의 수도권 주택상승률을 보면 중국은 엄청나게 올랐습니다. 부동산전문가들은 그에 비하면 서울은 아직 많이 오르지 않은 상태라고 합니다.

그럼 먼 옛날로 거슬러 올라가볼까요? 1983년에 고덕주공아파트 18평이 1,700만 원에 분양되었습니다. 지금은 무려 6억 5,000만 원에서 6억 9,000만 원에 달하지요. 그런데 이 아파트가 재건축을 하면 앞으로 8억 원까지 간다는 예상이 있습니다.

사실 부동산 시세는 앞으로 어떻게 될지 예측하기 힘듭니다. 그래서 저는 가격하락 위험을 줄이기 위해 이왕이면 경매로 사길 권합니다. 싸게 사는 만큼 시세가 떨어지는 것에 대한 위험도 줄어들기 때문입니다. 최근 제가 잘 아는 분이 개봉역 근처의 52평 아파트를 경매로 샀습니다. 당시 대형 아파트는 그다지 인기가 없어 딱 두 명이 입찰했지요. 물론 선순위임차인이 있었으나 경매를 넣은 채권자가 선순위는 문제가 없다고 해명한 상태였습니다.

이 집은 실거래가가 4억 8,000만 원에서 5억 원 정도인데 전세가가 4억 2,000만 원이었지요. 이분은 갖고 있던 돈과 지인에게 빌린 돈으로 잔금을 납부하고 전세를 놓아 별다른 부담없이 52평 아파트를 손에 넣었습니다.

투자할 때는 레버리지를 적극 활용해야 합니다. 8.2 부동산대책이

투자사례: 개봉역 인근 52평 아파트

서울남부지방법원 본원 8계(02-2192-1338) / 매각기일 : **2017.09.26(火) (10:00)**						
2017타경 0000	서울특별시 구로구 개봉동 000		00 아파트 000 동 00 층 0000 호 (경인로00길 00)			
물건종별	아파트	감 정 가	473,000,000원	오늘조회 : 1 2주누적 : 5 2주평균 : 0		
				구분	입찰기일	최저매각가격	결과
대 지 권	45.105㎡(13.644평)	최 저 가	(80%) 378,400,000원	1차	2017-08-22	473,000,000원	유찰
건물면적	143.09㎡(43.285평)	보 증 금	(10%) 37,840,000원	2차	2017-09-26	**378,400,000원**	
매각물건	토지·건물 일괄매각	소 유 자	000	낙찰: 412,251,000원 (87.16%)		
				(입찰2명,낙찰:부천시 000)		
				차순위금액 402,899,999원)		
개시결정	2017-01-31	채 무 자	000	매각결정기일 : 2017.10.11 - 매각허가결정		
				대금지급기한 : 2017.11.17		
사 건 명	임의경매	채 권 자	00생명보험(주)	대금납부 2017.11.15 / 배당기일 2017.12.26		
				배당종결 2017.12.26		

나온 이후 여기저기 기사에서 '빚내서 부동산 투자하던 시대 종말', '빚내서 부동산 투자했다가 큰 코 다친다' 같은 제목이 많이 나왔습니다. 사실 저는 이런 말을 1970년대부터 들었습니다. 1980년대에도, 1990년대에도 마찬가지였지요. 정말로 빚내서 부동산 투자를 했다가 큰 코 다쳤습니까? 오히려 돈을 벌었잖아요. 원래 부동산 투자는 빚내서 하는 겁니다. 단, 그 빚이 '착한 빚'이어야 합니다.

예를 들어 1억 5,000만 원에 낙찰받았는데 월세가 50만 원이라고 해봅시다. 이때 대출이 1억 원이라 이자가 20만 원 나온다면 월세로 충분히 대출이자를 낼 수 있지 않습니까? 이런 대출은 괜찮습니다.

반면 나쁜 빚도 있습니다. 가령 3억 원짜리 아파트인데 전세가 1억 5,000만 원이라고 가정해봅시다. 이때 투자금액을 줄이려고 1억 원을 대출받는 것은 나쁜 빚입니다. 매달 이자를 내야 하는데 들어올 돈은 없고 그러다가 부동산시장이 가라앉아 역전세가 발생하면 오히려 대출금을 갚아야 합니다. 굉장히 나쁜 빚이지요.

분양받을 때에도 마찬가지입니다. 내 자금력에 맞게 아파트 하나 정도를 받으면 괜찮은데, 욕심을 내 중도금대출에 기대어 10채를 받는 사람도 있습니다. 분양권은 정부가 가장 먼저 규제를 가하는 분야입니다. 나중에 전매제한에 걸리면 어떻게 되겠습니까? 손해를 보더라도 팔거나, 팔지 못해 결국 등기까지 마치면 그때는 살 사람도 없고 완전히 파산하는 것입니다.

8.2 부동산대책에 따라 투기지역에서는 주택담보대출이 한 건 이

착한 빚	나쁜 빚
낙찰가 1억 5,000만 원 상가 월세 50만 원을 받지만 대출 1억 원으로 월 이자 25만 원 부담.	**매매가 3억 원 아파트** 전세보증금 1억 5,000만 원, 대출 1억 원으로 월 이자 25만 원 부담. **분양가 5억 원 아파트** 계약금 5,000만 원 나머지 중도금 대출 3억 5,000만 원 5개 청약. **월급여 300만 원 급여생활자** 2,000만 원짜리 신차 할부로 구입 월 유지비 80만 원.

상 있는 사람은 담보의 30퍼센트, 한 건도 없는 사람도 40퍼센트밖에 대출이 되지 않습니다. 앞서 말한 제 지인은 자기 돈을 조금 투자해 전세를 끼고 주택수를 늘리는 전략으로 가고 있습니다. 주택 외에 상가, 아파트형공장, 오피스텔은 80퍼센트까지 대출해줍니다.

그러면 주택 투자자에게는 이제 방법이 없을까요? 일단 대출규제가 심하지 않은 투기지역 외의 지역으로 가야 합니다. 또한 사업자등록을 내고 아파트를 사는 것도 한 방법이지만, 2018년 3월이면 이에 대해서도 규제가 들어옵니다.

물론 또 다른 방법도 있지요. 우리가 아파트를 구입하면 국민주택채권을 사야 합니다. 그 돈으로 서민들이 주택을 살 때 지원해주는데 그것이 바로 주택도시기금입니다. 이 기금을 대출받을 수 있는 제도가 있습니다. 민간 준공공임대주택 사업자로 등록해 임대를 목

강화된 지역별 LTV, DTI 규제비율(일반 주택담보대출 및 집단대출)

구분	투기과열지구 및 투기지역		투기과열지구, 투기지역 외 조정 대상지역		조정 대상지역 외 수도권	
	LTV	DTI	LTV	DTI	LTV	DTI
서민 실수요자(완화)	50%	50%	70%	60%	70%	60%
주담대 미보유(기본)	40%	40%	60%	50%	70%	60%
주담대 1건 이상 보유(강화)	30%	30%	50%	40%	60%	50%

- 질병치료 등 불가피성이 인정되는 주택구입목적 외 주택담보대출에 대해서는 투기과열지구 및 투기지역의 강화된 LTV·DTI적용 예외를 인정(LTV 50%, DTI 50%)
- 이주비, 중도금 대출에는 DTI 적용 배제

적으로 주택을 구입할 때 대출을 신청하는 방법입니다. 준공공임대주택인 경우 60제곱미터 이하는 8,000만 원까지 대출해주고 금리는 2퍼센트입니다. 대출한도는 매매가나 KB시세 중에서 낮은 쪽으로 결정한 후, 일단 방 하나를 최우선변제금에 해당하는 금액만큼 공제하고 거기서 70퍼센를 대출받을 수 있습니다. 이때 대출을 많이 받으려면 수도권이 나을까요, 지방이 나을까요? 당연히 지방이지요. 대출받은 후 9년차부터는 매년 원금의 5퍼센트만 갚으면 됩니다. 금리도 0.1퍼센트 내려주지요.

현재 이에 대해서는 개인별 한도가 없습니다. 소유한 주택이 100채여도 아직은 대출이 가능합니다. 물론 이것이 널리 알려지면 역시 규제가 들어올 수도 있지요. 지금 이것을 가장 잘 활용하는 사람이 울산에 사는 투자자 하우스고 님(blog.naver.com/godblessxx)입니다.

만약 지방의 대단지 아파트에 입주가 시작되면 어떤 일이 생길까요? 근처에 있는 아파트값이 떨어지겠지요. 그곳 아파트를 팔고 새 아파트로 이사 가려는 사람이 꽤 있는데, 팔려는 사람이 많으니 당연히 잘 팔리지 않습니다. 그러다 보면 거의 덤핑 수준의 가격으로 매물이 나오지요.

하우스고 님은 주로 60제곱미터 이하, 가격이 1억~1억 4,000만 원짜리(KB시세 기준)인 아파트를 시세가 떨어지는 것이 KB시세에 반영되기 전에 사서 주택 수를 늘려가고 있습니다.

그의 실전 투자 사례를 보면 2층 아파트를 9,800만 원에 샀는데 7,000만 원을 대출받았습니다. 아직 내려간 시세가 KB시세에 반영되지 않아 이처럼 많이 대출받은 겁니다. 이분의 전략 중 하나는 월세시세가 보증금 1,000만 원에 월 60만 원인 집을 거꾸로 보증금 4,000만 원에 월 20만 원을 받고 세를 놓는 것입니다. 이렇게 투자하면 어떤 때는 오히려 투자금이 다 회수되고 이자를 내고도 수입이 발생하는 경우도 생긴다고 합니다. 하우스고 님은 이런 식으로 주택 수를 늘려서 10년 후에는 돈 걱정 없는 경제적 자유를 누리려고 하고 있습니다.

대체 저런 조건을 충족시킬 수 있는 지역이 어디냐고요? 예전에는 그 지역을 찾기가 무척 힘들었지만 지금은 컴퓨터가 다 해결해줍니다, 가장 대표적인 것이 렘군 님의 '집사' 프로그램입니다. 인터넷

준공공임대 실전 투자 사례: 하우스고

매매가	9,800만 원
대출액	7,000만 원
보증금	4,000만 원
월세	20만 원
대출이자	12만 원
복비 · 취득세	147만 원
수리비	410만 원
실투자금액	−643만 원
월순익	8만 원
연순익	96만 원
투자금 대비 수익률	∞

에 접속해서 검색창에 zip4를 입력하거나 주소창에 www.zip4.co.kr 을 입력하시면 바로 찾아보실 수 있습니다.

화면 상단의 '부동산데이터'를 클릭하시면 전국 부동산 시세흐름 부터 아파트 정보까지 다양하게 살펴볼 수 있습니다. 특히 '저평가 지역 찾기', '저평가 아파트 찾기'에 들어가면, 예를 들어 지금 아파 트 갭이 가장 작은 아파트가 1등부터 100등까지 다 나옵니다. 단, 회 원가입을 해야하고 유료로만 이용할 수 있다는 단점이 있지만 한 달 에 5만 원, 1년에 60만 원이면 이 프로그램을 마음껏 쓸 수 있습니다.

또한 플레이야데스 님의 '그놈(Gnom)'을 이용하면 입주물량, 실 거래가 조회, 시도별 부동산 심리지수를 알아볼 수 있습니다. 플레이야테스 님의 사이트(mygnom.com)에 구체적인 활용법이 나와 있습니다.

《월급으로 당신의 부동산을 가져라》의 저자 시루 님(blog.naver.com/siru13118)이 만든 부동산 프로그램 '고집(GO ZIP)'도 있습니다. 이건 공짜이고, 책을 사면 부록에 고집 프로그램이 있습니다. 이걸로 현재 가장 뜨거운 지역, 가장 갭이 작은 지역을 다 찾아볼 수 있지요. 그 외에도 여러 프로그램이 있지만 여기서는 위의 세 가지만 소개했습니다.

주택 투자는 다가구주택이 최고

이제 부동산 종류별로 투자전략을 살펴봅시다.

먼저 주택입니다. 주택의 경우 주택임대사업자로 등록하면 살 때부터 팔 때까지 온갖 세금혜택을 받습니다. 예를 들어 준공공임대주택은 2018년까지 85제곱미터 이하 주택을 사서 석 달 내에 준공공임대주택으로 등록하고 10년 이상 임대하면 양도세를 100퍼센트 깎아줍니다. 물론 양도세에서 20퍼센트의 농특세는 내야 합니다. 만약 석 달 내에 등록하지 못했어도 다른 준공공임대주택으로 등록해 8년만 임대하면 장기보유특별공제를 앞으로 70퍼센트를 해줍니다.

주택임대 사업 개요

주택 임대사업의 장단점

장점
- 임대사업자로 등록하면 각종 세금혜택을 누릴 수 있음
- 거주주택 비과세 가능

단점
- 의무 임대기간동안 매도 못함(단기임대 4년, 준공공 8년)
- 연간 임대료를 5% 이상 올리지 못함
- 건강보험료, 국민연금 추가부담

임대사업자에 대한 세제지원

사업자	4년 단기임대	준공공임대주택(8년 장기임대 주택)
양도세	최대 40%(세율)	– 2017년까지 매입하여 10년 임대시 양도세 면제 (85m² 이하, 취득 후 3개월 내 등록) – 10년 임대시 70% 장기보유 특별공제(8년 임대료 개정중)
소득세 법인세	30% 감면	– 2016년까지 3호 이상 등록시 75% 감면 (85m² 이하, 기준시가 6억 원 이하)
취득세	60m² 이하 면제	– 60m² 이하 면제 (취득세액이 200만 원 초과시 85% 감면) – 60~85m² (20호 이상) 50% 감면 *18까지 적용, 공동주택(건축·최초분양), 오피스텔(최초분양) 대상
재산세	60m² 이하 50% 감면 60~85m² 25% 감면	– 40m² 이하 면제 (재산세액이 50만 원 초과시 85% 감면) – 40~60m² 75% 감면 – 60~85m² 50% 감면 *2018년까지 적용, 공동주택(건축·매입), 2세대 이상 대상

(예시) 매매가 2억 원(60~85m²), 보증금 1억 원, 월 40만 원인 주택을
  준공공임대주택 등록 후 임대시 단기임대주택 대비 취득세 110만 원 감소
   • 세제지원과 과련한 자세한 내용은 기획재정부(양도소득세·소득세·법인세, 044-215-2114)와
     행정자치부(취득세·재산세, 02-2100-3628)에 문의
자료: 국토교통부

보통 임대소득자는 임대수입이 2,000만 원이 넘으면 세금을 내야 하는데 준공공임대주택으로 등록할 경우 임대소득세의 75퍼센트를 깎아줍니다. 취득세도 60제곱미터 이하는 85퍼센트만 내면 됩니다. 여기에다 집이 여러 채라도 임대주택으로 등록한 주택은 주택 수에서 제외해주기 때문에 내가 거주하는 주택 한 채는 비과세 혜택을 받을 수 있습니다.

그렇다고 여기에 장점만 있는 것은 아닙니다. 분명 단점도 몇 가지 있습니다. 우선 의무 임대기간 동안에는 판매하지 못합니다. 준공공임대는 8년, 단기임대는 4년입니다. 또한 연간 임대료를 5퍼센트 이상 올릴 수 없습니다.

여기에다 만약 남편의 피부양자인 아내가 임대사업자 등록을 하면 피부양자 자격을 박탈당합니다. 그밖에도 여러 가지 부담을 받을 수 있습니다. 세금, 대출, 집수리, 전월세, 공인중개사와의 관계, 심지어 소송 등 머리 아픈 일이 발생하기도 합니다.

물론 이것은 옛날의 이야기입니다. 요즘에는 인터넷에 들어가면 이런 골치 아픈 문제를 해결할 방법을 찾기가 쉽습니다. 대표적으로 '임사모(부동산 임대사업자 모임, cafe.naver.com/knbro)'가 있지요. 이곳에서 임대사업자의 애로사항을 질문하면 해결방법을 조언받을 수 있습니다. 월세를 관리하는 집사(www.myzipsa.com) 같은 프로그램도 있고요.

주택에서 가장 좋은 투자상품은 바로 다가구주택입니다. 다가구

최고의 비과세 투자 상품 다가구주택

	다가구주택
주택의 종류	단독주택(건물 전체를 하나의 주택으로 봄)
소유권등기	건물 전체에 대하여 소유권 등기를 함
세대별 분양	단독주택이므로 세대별 분양이 불가능함
건축 면적	주택으로 쓰이는 바닥면적의 합계가 660m² 이하임
세대규모	19세대 이하
층수	주택으로 쓰이는 층수가 3층 이하임

주택의 요건은 건축면적이 660제곱미터 이하, 19세대 이하, 3층 이하여야 합니다. 소득세법상 다가구주택은 하나의 주택으로 봅니다. 따라서 다른 주택이 없고 다가구주택 하나만 가진 분이라면 1세대 1주택자가 됩니다. 이 경우 기준시가가 9억 원 이하이면 월세가 얼마가 나오든 이에 대한 소득은 비과세이고, 2년이 지나 양도를 할 때 매매가격이 9억 원 이하면 전부 비과세, 9억 원이 넘으면 초과분만 양도세를 납부하면 됩니다. 세상에서 가장 좋은 절세법은 비과세입니다. 이건 정부에서 주는 최고의 선물이지요. 그러니 비과세를 적극 활용하십시오.

다가구주택은 정말 좋은 상품입니다. 한 번은 〈머니투데이〉에 흥미로운 기사가 실렸습니다. 신림동에서 다가구주택에 전세 10개, 월세 27개를 놓는 사람이 매달 월세로 버는 수익만 1,080만 원인데, 소득세를 한 푼도 안 낸다는 겁니다. 소득세법상에서 다가구주택은 하나의 주택으로 보니까요.

은퇴한 사람이 제게 어디에 투자하는 게 좋으냐고 물으면 저는 망설임 없이 다가구주택을 사라고 권합니다. 어차피 은퇴하면 할 일이 없으니 살던 아파트에서 나와 다가구주택에서 사십시오. 보통 다가구주택의 꼭대기 층에는 집주인이 삽니다. 주인이 살아야 세입자들이 집을 깨끗하게 쓰지요. 또 할 일이 없으니 주택수리를 배우십시오. 싱크대나 수도꼭지 수리 등을 배우는 겁니다. 그것도 공짜로요. 서울시에서 운영하는 집수리닷컴(jibsuri.seoul.go.kr)이나 집수리 아카데미에 가면 공짜로 수리하는 것을 배울 수 있습니다.

다음 사례를 보십시오. 《Hello 부동산 Bravo 멋진 인생》의 저자 멋진인생 님은 천안에 다가구주택이 나오자 4억 4,700만 원에 단독낙찰을 받았습니다. 방이 20개인데 방 하나당 보증금 300만 원에 월 30만 원을 받을 수 있는 물건입니다. 이분은 5,000만 원을 들여 새로 수리한 다음 대출을 많이 받았습니다.

원래 다가구주택은 방 숫자가 많아 대출이 많이 나오지 않습니다. 대신 전세보증금으로 부족한 부분을 메워야 합니다. 그렇지만 이분은 지역의 다가구주택 시세를 모두 파악해서, 이 다가구주택이 낙찰가는 4억 4,700만 원이지만 실제 시세는 6억 원 이상 나간다는 것을 금융기관에 수치로 제시해서 대출을 많이 받았습니다.

4억 200만 원을 대출받고 방 20개의 월세보증금을 하나당 300만

다가구주택 투자 성공 사례

낙찰금액	4억 4,700만 원
취득세 · 수리비	6,500만 원
대출금액	4억 200만 원
월세보증금	6,000만 원
실투자액	5,000만 원
월세(방20개)	700만 원
대출이자 4%	134만 원
연수익율	1132%

원씩 받으니 총 6,000만 원이 보증금으로 들어왔습니다. 취득세와 수리비 6,500만 원을 지불해도 자기 투자금은 5,000만 원에 불과했습니다. 한 달에 받는 월세 700만 원에서 대출이자 134만 원을 빼도 매달 566만 원을 받을 수 있으니 5,000만 원을 투자해 그 정도 수입이면 아주 좋은 거지요. 다가구주택을 살 때도 그냥 사지 말고 경매로 사십시오. 그러면 훨씬 더 저렴하게 구매할 수 있습니다.

이번에는 상가를 봅시다. 상가는 고정적인 임대수입이 있고, 건물 수리를 할 필요가 없으며 권리금 수입도 노릴 수 있지만, 만약 임대가 나가지 않아 공실이 되면 죽음입니다. 이 경우 관리비에다 대출이자까지 이중으로 부담해야 하지요. 더구나 일단 상가가 죽으면 고객이 다시는 찾지 않습니다. 특히 상가는 시세가 없는데 고수들은 시세가 없는 것이 오히려 장점이라고 합니다. 내가 시세를 만들면 되니까요. 임대를 많이 놓으면 상가의 가치평가는 올라갑니다.

《서른 살 청년백수 부동산경매로 50억 벌다》를 쓴 차원희 씨(닉네임 족장, 블로그 jjcwh.co.kr/221182598651)는 전직 국가대표 유도선수였습니다. 그런데 이분은 유도 대신 경매로 한판승을 거두었습니다. 이분이 사는 곳이 인천 송도인데 가까운 지하상가에 물건이 나왔습니다. 최저가 2억 100만 원짜리 지하상가를 2억 2,300만 원에 낙찰받았지요. 문제는 건물 안이 엉망이라 철거하는 데만 500만 원이 들었답니다.

그런 다음 요즘 한창 인기가 좋은 만화카페를 들였습니다. 시세는 보증금 3,000만 원에 월세 180만 원이고요. 낙찰가 2억 2,300만 원에 수리비 500만 원, 취득세·등록세 1,500만 원이 들었습니다. 대

상가 투자 성공 사례

낙찰금액	2억 2,350만 9,000원
취득세·수리비	1,500만 원
대출금액	1억 5,400만 원
월세보증금	3,000만 원
실투자액	5,450만 9,000원
월세	180만 원
대출이자 3.7%	51만 3000원
연수익율	236%

아파트형공장 투자 성공 사례

낙찰금액	1억 7,700만 원
취득세	700만 원
대출금액	1억 5,900만 원
월세보증금	1,500만 원
실투자액	1,000만 원
월세	120만 원
대출이자 3.3%	44만 원
월수익	76만 원
연수익율	84%

출 1억 5,400만 원을 받았지만 월세를 받으니 수익률이 무려 236퍼센트입니다. 이분은 이 상가를 1년 만에 3억 3,000만 원에 팔았습니다. 1년 만에 팔아도 괜찮으냐고요? 낙찰받은 물건의 소유자가 법인이어서 법인은 양도차익 2억 원까지는 세율이 10퍼센트 밖에 되지 않습니다.

이제 아파트형공장을 봅시다. 아파트형공장은 대출이 90퍼센트까지 가능하고 공실률이 낮습니다. 요즘에는 여기에 투자하는 사람이 늘어나 가격이 많이 오른 탓에 수익률이 보통 5~7퍼센트입니다. 물론 대출을 활용하면 약 20퍼센트도 가능합니다. 그리고 무엇보다 관리가 아주 편합니다. 인테리어를 하지 않고 공실상태로 임대를 놓으면 나머지는 임차인이 다 알아서 합니다.

아파트형공장이 궁금하면 지원서원아빠 님의 블로그(blog.naver.com/dreamvision74)에 들어가 보기 바랍니다. 이분은 2015년 성남에서 감정가 2억 700만 원짜리 아파트형공장을 1억 7,700만 원에 낙찰받았어요. 그런데 대출을 무려 3.3퍼센트 이율로 90퍼센트나 받았습니다. 이후 그는 보증금 1,500만 원에 월세 120만원으로 임대를 해줍니다. 자기 돈은 고작 1,000만 원이 들어갔는데 한 달에 월세가 76만 원이 들어오는 것입니다. 물론 지금은 아파트형공장 분양가와 낙찰가가 많이 올랐습니다. 하지만 그 와중에도 틈새물건은 항상 있으니 이를 잘 찾으시면 됩니다.

투자할 때는 다음 사항을 꼭 기억하십시오.

- 항상 리스크를 제거해야 합니다. 예를 들면 공동투자는 가급적 피하십시오.
- 투자하기 전에 재테크 서적을 10권 이상 읽으십시오. 30권 정도 읽으면 내공이 많이 쌓입니다.
- 재테크 강의를 들으십시오. 6개월 정도 들으면 좋습니다.
- 재테크 모임에 참석하고 함께할 투자 친구를 사귀십시오.
- 투자 멘토를 만드십시오.
- 공인중개사 사무실을 마트처럼 방문하십시오.

부동산 투자 꿀팁 3가지

이제 부동산 투자에 필요한 꿀팁을 세 가지만 알려드리겠습니다.

먼저 종자돈이 없는 신혼부부일 경우 앞으로 3~5년간 고생할 각오를 하십시오. 종잣돈을 마련하기까지 자동차를 구입하지 마십시오. 자동차가 있으면 직접비와 간접비를 포함해 한 달에 80만 원이 들어갑니다. 1년이면 960만 원, 3년이면 약 3,000만 원이 들어가지요.

그 다음으로 주말 중 하루는 무조건 재테크에 올인하십시오. 그러면 여러분의 재산 상태는 무언가 달라질 것입니다.

마지막으로 제대로 된 강의를 듣고 열정을 기울이십시오. 관심을 기울여 정보를 찾고 자신에게 적합한 방법부터 차근차근 도전하면 정말로 경제적 자유를 맘껏 누릴 수 있을 것입니다.

고종완

한국자산관리연구원장. 국내 최고의 도시부동산 자산관리의 융복합 전문가로 현재 한양대 도시융합 대학원 특임교수. 매일경제신문 명예기자 등으로 다양한 활동을 펼치고 있다. 저서로 《부동산 투자는 과학이다》 등이 있다. 2018년은 집을 사야 할 때가 아니지만 수익성이 좋은 '슈퍼부동산'으로 교체할 기회를 잡아야 한다고 조언한다.

4장

가격 하락
걱정 없는
알짜 부동산 찾기

고종완, 한국자산관리연구원장

부동산에도 이기는 전략이 있다

집값이 내려가도 걱정할 필요가 없는 알짜 투자처를 알고 싶다고
요? 이것은 모든 투자자의 바람일 텐데 이 주제를 위해 제가 준비한
내용은 두 가지입니다.

첫 번째는 부동산 경기가 앞으로 어떻게 바뀔까 하는 부분입니다.
이것을 판단하려면 1~2년이 아니라 적어도 5~10년 후를 내다보는
장기적인 안목과 혜안이 필요합니다. 사람들이 아파트를 구매하면 얼
마나 오래 보유하는지 아십니까? 국토교통부 통계에 따르면 10.6년
입니다. '10년 법칙' 혹은 '10년 주기설'만 보아도 한국의 부동산 경
기가 10년 단위로 상승과 하락을 반복한다는 것을 알 수 있습니다.
10년이라는 숫자에는 굉장한 의미가 담겨 있지요.

부동산 시장에 대한 근원적 질문들

지금 집을 살까? 말까? 팔까?

내 집값이 오를까? 내릴까?

어느 지역 어떤 집을 사고 팔아야 할까?

나는 왜 부동산 투자에 계속 실패하는가?

나의 미래와 노후를 지키는 '슈퍼부동산'은 무엇인가?

결국 지금 집을 살까 말까 고민하는 분들이 많습니다. 당연히 살기(Live) 좋고 사기(Buy) 좋은 집을 선택해야 한다는 전제가 붙지만 어렵더라도 10년 앞을 내다보고 행동에 옮겨야 합니다. 이를 위해 제가 과학적 지식과 고급 정보를 알려드리겠습니다.

두 번째는 '가치투자 전략'으로 첫 번째보다 훨씬 더 중요한 내용입니다. 가치투자 하면 세계적인 투자자 워런 버핏이 생각나지 않나요? 사실 이것은 제가 독창적으로 만든 게 아니라 워런 버핏의 투자 기법을 차용한 것입니다.

부동산 투자에 성공하는 특별한 비법이나 성공법칙이 있을까요? 물론 있습니다. 성공학은 성공하는 사람과 실패하는 사람을 연구하는 학문인데 성공자와 실패자에게는 근본적인 차이가 있다고 합니다. 그 차이가 뭘까요? 우선 실패하는 사람은 늘 변명과 핑계를 찾습니다. 이런저런 이유가 많은 겁니다. 반면 성공하는 사람은 핑계를 대거나 변명하기보다 새로운 방법과 창의적 전략을 찾습니다.

이것이 경영학과 성공학의 연구 결과지요.

저는 4차 산업혁명시대를 맞아 4~5년 동안은 부동산시장이 어두울 것으로 봅니다. 사이클 원리도 그렇고 시장의 입장에서 여러 악재가 생겼기 때문입니다. 8.2 부동산대책을 시작으로 대출을 규제하고 있고 금리가 인상되었습니다.

2017년 말 현재 강남이 계속 오르고 있습니다. 재건축 위주로만 오르는 것일까요? 사실 이것은 규제의 부작용입니다. 지금 오르는 재건축은 조합원 지위 양도가 금지되니 그것을 피해 재건축 초기단계인 압구정이나 잠실의 아파트가격이 오히려 수혜를 보고 있는 것입니다.

정책은 긍정적 측면도 있고 부정적 측면도 있는데 사람들은 그 틈새를 따라 움직입니다. 이것은 돈의 속성이기도 하지요. 무엇보다 2018년부터 신 DTI(총부채상환비율)를 비롯해 대출 규제를 강화하고 금리가 오르자, 실수요자들이 지금이라도 사자는 분위기가 형성되었습니다. 그래서 저는 지금 집값이 오르는 것은 지속적인 상승세가 아니라 일시적인 현상으로 봅니다.

그 이유 중 하나는 2017년 9월과 10월에 주택거래량이 40퍼센트 이상 급감했기 때문입니다. 거래량은 가격의 1~2분기를 선행하는 선행지표이자 예고지표입니다. 여기에는 거짓이 없어요. 그럼 지금 집을 사는 사람은 누구일까요? 그들은 막바지 추격 매수 수요자입니다.

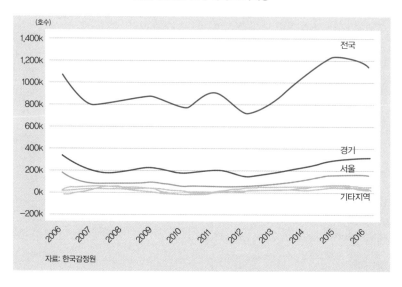

최근 10년간 전국 아파트 거래량

(호수)

자료: 한국감정원

따라서 지금 강남은 살 때가 아닙니다. 비록 가격이 급락하지는 않겠지만 3~4년 혹은 4~5년 쉬었다 가는 지지부진한 하향 안정세가 나타날 겁니다. 물론 시장 예측 견해는 전문가마다 다릅니다. 그 이유는 딱 하나지요. 그들은 5대 변수, 즉 호재·악재, 실물경기, 금리, 수급, 정책을 보고 판단하는데 이것이 그리 정확치 않습니다. 가령 실물경기라는 변수로 집값 변동이라는 또 다른 변수를 예측하는 것은 경험적으로 그 정확도가 낮습니다.

우리는 종종 일기예보가 맞지 않는다고 불만을 터트리죠. 왜 맞지 않을까요? 우리도 성층권 아래의 일, 그러니까 대기권 안에서 일어나는 일은 잘 예측합니다. 하지만 성층권 밖에서 일어나는 일의 정보는 거의 없습니다. 이는 한마디로 그만한 과학기술과 첨단 정보가 없다는 얘기입니다.

그러면 부동산 중에서도 '슈퍼부동산의 비밀'로 들어가 봅시다. 성공하는 사람들이 그토록 갈망하고 찾는 새로운 방법은 무엇일까요? 부동산 투자에서 이기는 전략이 있을까요? 그 해답은 가치투자 전략입니다.

서울이 성장하는 한 집값 상승은 멈추지 않는다

주택은 삶을 유지하기 위한 필수 재화라 10년 법칙, 10년 주기설을 따릅니다. 더구나 아파트는 일물일가(一物一價, 동일한 상품은 어떤 시장에서든 그 가격이 같아야 한다는 것) 법칙이 적용되므로 그만큼 표준화·획일화되어 있고 투명합니다.

집값은 5~6년 상승하면 4~5년 하락합니다. 그렇지만 우리 역사상 하락한 적은 딱 두 번밖에 없습니다. 그것은 1997년 말 IMF 한파가 몰아쳤을 때와 2008년 금융위기가 닥쳤을 때입니다. 이 두 번의 시기 외에는 집값이 내린 적이 없어요. 그래서 저는 '하락'이라는 말 대신 '하향 안정'이라는 말을 씁니다. 이 말을 기억하면 시장 전망을 예측하는 데 크게 도움이 됩니다.

아파트 평균 매매가격과 변동률

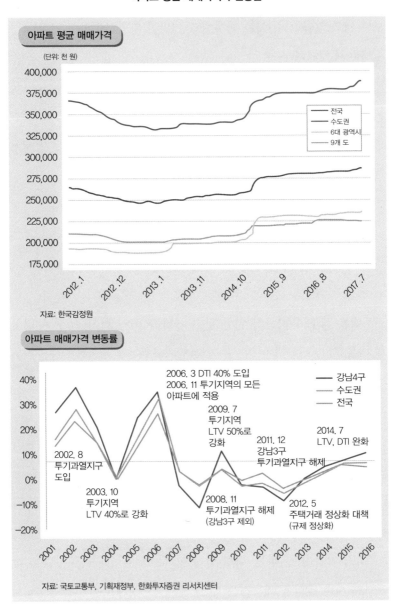

아파트 평균 매매가격

(단위: 천 원)

- 전국
- 수도권
- 6대 광역시
- 9개 도

자료: 한국감정원

아파트 매매가격 변동률

2006. 3 DTI 40% 도입
2006. 11 투기지역의 모든
아파트에 적용

2009. 7
투기지역
LTV 50%로
강화

2014. 7
LTV, DTI 완화

2011. 12
강남3구
투기과열지구 해제

2002. 8
투기과열지구
도입

2003. 10
투기지역
LTV 40%로 강화

2008. 11
투기과열지구 해제
(강남3구 제외)

2012. 5
주택거래 정상화 대책
(규제 정상화)

- 강남4구
- 수도권
- 전국

자료: 국토교통부, 기획재정부, 한화투자증권 리서치센터

통계를 보면 서울 집값은 2013년부터 오르기 시작했어요. 강남은 정확히 2012년 하반기부터 올랐지요. 여기에 더하기 5를 하면 서울의 집값 고점은 언제일 확률이 높아요? 바로 2018년입니다. 그렇다면 이미 고점에 왔거나 임박했다는 합리적인 추정이 가능하지요. 강남은 어떨까요? 그 1년 전부터 올랐으므로 2017년 말 현재 고점을 지나고 있거나 적어도 고점이 임박했다는 것입니다.

상승기는 하락기보다 1~2년 더 깁니다. 그리고 상승할 때는 확실히 상승하는데, 하락할 때는 뚜렷하게 하락하지 않는 것이 지난 30~40년 동안 나타난 집값의 특징입니다. 그래서 시간이 갈수록 집값은 우상향하는 모습을 보입니다.

여기서 중요한 것은 지금 강남의 많은 사람이 앞으로 5년만 버티면 된다고 말한다는 점입니다. 왜 5년이냐고요? 아무리 규제 정책을 쏟아내도 5년 후에는 정권이 끝난다는 얘기입니다. 과연 그 생각은 옳을까요? 객관적 근거가 있을까요?

10년 법칙에 따르면 정치, 경제, 사회, 문화 등 세상의 모든 변화는 10년 단위로 옵니다. 사실 미국에는 지금까지 주택경기에 20년 주기설이 존재했어요. 그런데 변화가 워낙 빨라지다 보니 이젠 미국도 7~10년 단위로 주택시장이 변한다는 연구 결과를 내놓고 있습니다. 이것을 신뢰한다면 우리는 문재인 정부의 임기가 끝나서가 아니라 10년 법칙에 따라 5년을 버텨야 합니다.

그러면 집값은 언제까지 오를까요? 우리 경제, 대한민국 수도 서울이 성장하는 한 집값 상승은 멈추지 않습니다. 2030~2040년까지 집값 상승 추세는 이어질 것입니다. 우리가 주택에 관심을 기울이고 은퇴준비와 노후설계를 위해 집 한 채를 가져야 한다면 지금 이 말이 정답입니다.

성장도시, 성장지역, 소형 새 주택에 주목하라

문재인 정부 내내 금리나 정책, 실물경기가 어떻게 변할지도 중요하지만 솔직히 저는 그 변수가 어떤 영향을 미칠지 잘 모르겠습니

우리나라 인구 전망

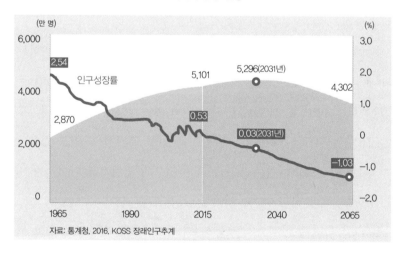

자료: 통계청, 2016, KOSS 장래인구추계

다. 아무튼 10년 주기설을 신뢰하는 관점에서 성장도시 서울의 집값은 끝나지 않습니다. 언제까지 끝나지 않을까요?

미래의 성장 여부를 판단하는 성장지표를 보면 한국의 집값이 언제까지 오를지, 사상 고점은 언제일지 합리적인 주장이 가능합니다. 그 성장지표란 세 가지, 즉 인구, 국민소득, 인프라를 말합니다. 대한민국 인구는 2031년까지 증가합니다. 또한 2040년까지 대한민국은 완만하지만 경제가 성장합니다. 마지막으로 한국의 인프라는 지금보다 훨씬 더 확충됩니다. 이는 제 주관적인 생각이 아니라 성장지표에 따른 것입니다.

적어도 대한민국 인구는 2031년에 고점에 이릅니다. 그리고 기획재정부는 2017년 말 현재 2만 8,000달러인 국민소득이 2040년에 약 4만 달러로 늘어난다고 발표했습니다. 지금의 일본 정도로 성장한다는 얘기지요. 성장 데이터를 보면 일본은 한국보다 약 20년 앞서 있습니다.

저출산 고령화 시대에는 인구대이동이 예상됩니다. 앞으로 자금력을 갖춘 1차 베이비붐 세대가 어떤 지역을 선택하는가, 어떤 주택을 선호하는가가 시장의 방향을 가를 것입니다. 우선 뜨는 지역은 성장도시입니다.

지금은 시장의 불확실성이 높아져 투자자뿐 아니라 실수요자마저 불안감이 고조되고 있습니다. 불확실성이 높다는 것은 이제 부동산 투자로 자산을 많이 축적할 수 있는 시대는 아니라는 의미입니다.

인구 및 도시 부동산의 새로운 트렌드

인구와 소득구조 변화

- 인구구조의 변화: 저출산, 고령화, 소가구화 현상
  도심회귀, 직주의문(직장, 주거지, 의료시설, 문화시설 가까운 곳) 근접화, 저층주택, 에코주택, 소형주택 선호 등
  비교) 일본의 인구정점 2005년, 가구수 정점 2020년, 부동산 정점 91년.
  한국의 인구정점 2030년, 가구수 정점 2045년, 부동산 정점은?

- 소득구조의 변화: 저성장, 저금리, 저물가 소득양극화 현상
  한국은 2014년 2만 6,000달러, 2016년경 3만 달러, 2035년경 3만 8,000달러로 증가

- 주거의 변화: 인당 주거면적 33.1㎡, 평균거주기간 7.7년(자가 11.2, 전월세 3.5)

연령별 인구 및 주거이동 변화

- 20~30대: 도심권, 소형, 저가, 임대주택

- 40~50대: 외곽, 신도시, 중형, 중가, 새주택, 자가주택

- 60~70대: 중간 소득층─도심권, 소형, 고급주택 혹은
  　　　　　　　 도심근교 중저가 생태주택
  　　　　 저소득층─20~30대와 유사

- 소득양극화로 고급주택과 저급주택 수요 이원화

그럼 우리의 답은 무엇일까요? 답은 가치투자 비법에 있습니다.

　우선 성장도시를 꼽고 그다음으로는 주택의 크기를 봐야 하는데 '소형 새 주택'이 대세입니다.

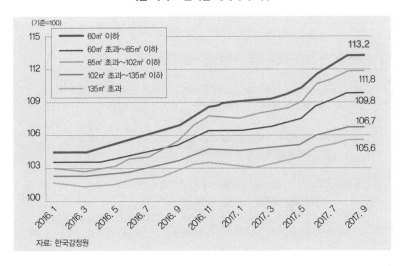

서울 아파트 면적별 매매가격 지수

(기준=100)

범례:
- 60㎡ 이하
- 60㎡ 초과~85㎡ 이하
- 85㎡ 초과~102㎡ 이하
- 102㎡ 초과~135㎡ 이하
- 135㎡ 초과

113.2
111.8
109.8
106.7
105.6

자료: 한국감정원

저는 세상의 모든 부동산은 '좋은 부동산'과 '나쁜 부동산' 오직 두 종류뿐이라고 생각합니다. 우선 좋은 부동산에는 '슈퍼부동산'이 라는 이름을 붙였습니다. 슈퍼부동산은 자본수익과 임대수익이 높 은 부동산을 말합니다. 반대로 나쁜 부동산은 좀비부동산입니다. 놀 랍게도 제가 연구한 바에 따르면 세상에 슈퍼부동산의 비중은 20~ 30퍼센트에 불과합니다. 나머지 70~80퍼센트는 좀비부동산이거나 그저 그런 부동산입니다.

제가 이 말을 하는 이유는 앞으로 1~2년간 기회가 오기 때문입니 다. 다시 말해 2018년에는 거래는 줄어도 가격이 안정을 이루 는 부동산 안정기가 옵니다. 그때 우리는 무얼 해야 할까요?

슈퍼부동산 투자법칙

- 제1법칙 : 대지지분이 넓은 부동산(주택)을 매입하라.

- 제2법칙 : 토지가치(즉, 자본수익)가 꾸준히 상승하는 부동산(주택)에 투자하라.
  땅값이 올라야 집값이 오른다.

- 제3법칙 : 임대수익이 물가상승률보다 꾸준히 상승하는 부동산(주택)에 투자하라.
  실질자산가치가 하락하는 부동산은 피하라.

- 제4법칙 : 미래가치가 높은 부동산(주택)에 투자하라.
  성장이 멈추면 시장도 멈춘다.
  인구증가, 소득증가, 인프라확충, 행정계획 존재지역을 선택하라.
  지방의 약 60%, 수도권의 약 40% 지역은 쇠퇴 혹은 축소도시다.

많은 전문가가 부동산 전망이 어렵거나 이미 많이 올라 있으면 관망하라고 말합니다. 경기가 불확실하고 좋은 것 같지 않으니 관망하라는 말이 답일까요? 이것은 매우 소극적인 자세일 뿐 답이 아닙니다.

관망하지 말고 교체하십시오. 이것을 실행하면 내 자산이 4~5년 후에는 쑥쑥 오르는 기쁨을 맛볼 겁니다. 제가 몇 년 전에 삼성과 잠실, 수서는 신트라이앵글이니 재건축을 사라는 말을 숱하게 했습니다. 그때 샀다면 얼마쯤 올랐을까요? 가령 은마아파트의 경우 3억 원을 정도 투자했다면 3~4년 만에 5억~6억 원이 올랐을 겁니다. 삼성동의 풍림은 6억 원이던 것이 12억 원이 넘어갑니다.

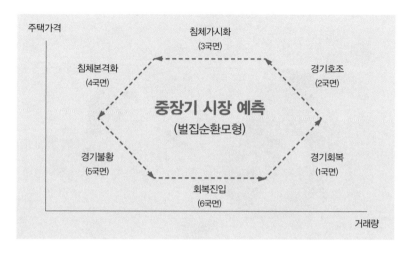

벌집순환모형에 의한 주택 경기 전망

주택가격

침체가시화
(3국면)

침체본격화
(4국면)

경기호조
(2국면)

중장기 시장 예측
(벌집순환모형)

경기불황
(5국면)

경기회복
(1국면)

회복진입
(6국면)

거래량

2017년에 부동산 경기가 뜨거웠는데 그럼 시계를 4~5년 전으로 돌려봅시다. 당시 모든 전문가가 다 어둡다고 전망했습니다. 심지어 강남은 끝났다는 말까지 했지요. 한국의 집값이 일본처럼 앞으로 20년간 하락한다는 말이 대세였을 때 저는 그 반대로 전망했습니다. 제가 왜 그렇게 말할 수 있었을까요? 그것은 계속 강조하지만 10년 법칙, 10년 주기설, 벌집순환모형을 신뢰하기 때문입니다.

가치투자 기법에 따라 여러분의 자산을 진단해보고 2018년에 가만히 있으면 안 돼요. 부동산 안정기에 좀비부동산은 버리고 슈퍼부동산으로 갈아타야 합니다. 아파트의 경우 슈퍼부동산은 살기 좋고 사기 좋으며 투자가치가 높은 부동산을 의미합니

성장률과 고령화로 본 투자 유망 지역

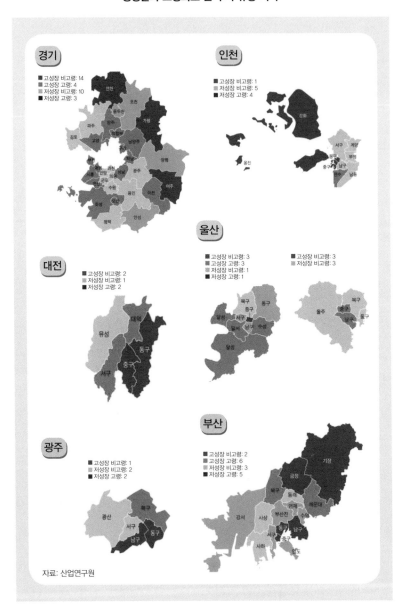

경기
- 고성장 비고령: 14
- 고성장 고령: 4
- 저성장 비고령: 10
- 저성장 고령: 3

인천
- 고성장 비고령: 1
- 저성장 비고령: 5
- 저성장 고령: 4

대전
- 고성장 비고령: 2
- 저성장 비고령: 1
- 저성장 고령: 2

울산
- 고성장 비고령: 3
- 고성장 고령: 3
- 저성장 비고령: 1
- 저성장 고령: 1

- 고성장 비고령: 3
- 저성장 비고령: 3

광주
- 고성장 비고령: 1
- 저성장 비고령: 2
- 저성장 고령: 2

부산
- 고성장 비고령: 2
- 고성장 고령: 6
- 저성장 비고령: 3
- 저성장 고령: 5

자료: 산업연구원

다. 이런 곳으로 갈아타십시오.

2018년 여러분은 몹시 바빠야 합니다. 2018년 봄까지 그냥 관망하면서 경기가 어떻게 될지, 집을 사야 할지 말아야 할지 고민할 필요가 없어요. 답은 성장도시에 있으니까요. 성장도시, 성장지역으로 갈아타십시오. 여기에 더해 부동산은 내재가치와 미래가치를 충족시켜야 합니다. 내재가치란 대지지분이 넓고 땅값이 오르는 것을 말하지요. 부동산은 토지와 건물로 구성되어 있고 위치성이 있는 독특한 재화입니다. 그러므로 부동산은 토지가치가 증가해야 집값이 오른다는 법칙을 이해해야 합니다.

그럼 미래가치란 무얼 말하는 것일까요? 건물은 시간이 가면 낡아집니다. 그러면 감가상각이 일어나 경제적 가치가 감소합니다. 이 경우 시장가격은 당연히 하락하지요. 이처럼 건물은 사람의 육신과 같아서 시간이 갈수록 감가상각이 일어난다는 것을 기억해야 합니다. 결국 새 아파트도 10년 후에는 건물의 가치가 감소할 수밖에 없습니다.

그럼 내 부동산이 10년 후에도 오르려면 땅값이 올라야 할까요, 건물값이 올라야 할까요? 땅값입니다. 토지를 핵심가치이자 근본가치이며 내재가치라고 말하는 이유가 여기에 있습니다. 그런데 자신이 사는 아파트의 평수는 알아도 대지지분이 몇 평인가는 모르는 사람이 많습니다. 대지지분을 물었을 때 정확히 답변하는 사람은 10퍼센트도 채 안 됩니다.

땅값이 오르지 않으면 부동산 가치는 하락한다

노후를 불안하게 보내고 싶지 않다면 현재의 자산을 정확히 알고 대응해야 합니다. 실제로 일본에서는 지금 노후파산이 일어나고 있습니다. 한국도 5년 후면 노후파산이 본격화할 것이라는 전망이 나오고 있지요. 1차 베이비부머가 파산하는 시기가 5년 앞으로 다가와 있다는 얘기입니다.

무엇보다 집 없는 무주택자가 파산합니다. 그러므로 무주택자는 집을 사야 합니다. 집을 사되 성장도시, 성장지역에 사야 합니다. 그런 지역은 놀랍게도 20퍼센트에 불과하니 주의해야 합니다. 부동산 경기가 불확실하므로 집을 사지 말아야 한다는 것은 답이 아닙니다. 여기에다 가치 있는 부동산을 선택하면 여러분은 4~5년 후는 물론 10년 후에도 웃을 수 있습니다.

일본은 세 가지의 경우에 노후파산을 합니다. 그것은 무주택자, 아픈 사람 그리고 축소도시나 쇠퇴도시에 사는 사람입니다. 도쿄의 경우 지난 5년 동안 인구가 29퍼센트 증가했는데 그 영향으로 집값도 많이 올랐습니다.

정리하면 부동산의 미래가치란 지리적 위치는 고정되어 있지만 사회적, 경제적, 행정적 가변성을 지니고 있는 것을 말합니다. 사회적 위치 변화는 인구증가를 말합니다. 인구밀도가 높아지면 땅값이 오르고 그러면 집값도 오릅니다. 그래서 좋은 아파트는 이유를 불문하고 대지지분이 넓어야 합니다.

5~10년 후 땅값이 오르지 않으면 여러분의 아파트가 아무리 살기 좋더라도 그 아파트는 슈퍼 아파트가 아닐 가능성이 큽니다. 안타깝게도 국민의 80퍼센트가 우리 동네는 살기는 좋은데 집값이 오르지 않는다며 고민합니다. 그것은 부동산의 비밀, 즉 토지가치의 비밀을 몰라서 그럽니다. 땅값이 올라야 집값이 오르는 것이고, 땅값이 오르려면 성장도시여야 합니다.

이러한 조건을 충족시키지 않으면 토지는 마음처럼 숨은 가치, 근본가치, 내재가치라서 쉽게 오르지 않습니다. 우리 동네 아파트가 오르지 않는 것은 살기 나빠서가 아니라 땅값이 오르지 않아서입니다.

그럼 땅값은 왜 오르지 않을까요? 그 답은 네 가지입니다.

첫째는 인구가 증가하지 않아서입니다. 즉, 인구밀도가 높아야 땅값이 오르는데 그중에서는 특히 생산인구가 증가해야 합니다.

둘째는 소득이 증가하지 않기 때문입니다. 우리 지역에 생산성

2016년 전국 개별 공지시가 상승률

	2015년	2016년	2017년
수도권	3.62%	3.82%	4.36%
광역시	5.73%	7.46%	7.51%
시·군	6.81%	7.23%	6.77%

자료: 국토교통부

일본과 한국의 생산가능인구 비중 및 주택가격 비교

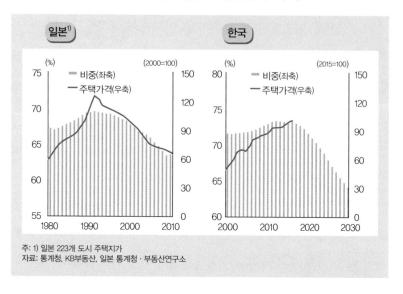

주: 1) 일본 223개 도시 주택지가
자료: 통계청, KB부동산, 일본 통계청·부동산연구소

이 늘어나면 생산인구가 증가하고 덩달아 구매력이 증가하면서 땅값이 오릅니다. 이것을 인구의 상향이동이라고 합니다.

제가 상담해준 사례인데 홍대입구에서 단독주택에 살던 분이 고성방가에다 쏟아지는 오물을 견디다 못해 남산의 조용한 곳으로 이사를 갔습니다. 공기도 좋고 새소리도 들려서 살기가 정말 좋은데 딱 하나 불만이 생겨 저를 찾아온 것입니다. 자기가 팔아버린 단독주택은 2배 오르고 새로 산 집은 많이 오르지 않았다는 얘기였지요. 그러면서 자꾸만 왜 더 살기가 좋은데 새로 산 집은 오르지 않느냐고 묻더라고요. 새소리가 들리는 것과 땅값, 집값은 아무 상관이 없어요. 살기 좋으면 집값이 오를 거라는 고정관념을 버려야 합니다. 이분이 사람과 돈이 몰리는 복잡한 부동산을 세를 주고 조용한 곳에 가서 전세로 살았다면 아마 돈을 벌었을 것입니다.

셋째는 인프라, 즉 기반시설이 부족해서입니다. 지하철과 고속도로, 경전철 같은 교통시설이 대표적입니다. 조금만 관심을 기울이면 지하철을 연장하는 상황을 확인할 수 있는데 개통 2~3년 전에 부동산을 사는 것이 적기입니다.

넷째는 행정계획 부재입니다. 행정계획이란 특정지역을 개발, 장려, 촉진하는 것으로 앞으로는 도시재생지구에 주목하십시오. 또한 국토계획, 도시계획, 개발계획이 존재하는 지역인지 확인하십시오.

다시 한 번 강조하지만 인구와 소득, 인프라가 증가하고 행정계획이 있는 지역에만 부동산을 투자해야 합니다.

마지막으로 2018년은 투자가치가 낮은 '좀비부동산'은 버리고 '슈퍼부동산'으로 갈아타기 적기라는 점을 거듭 강조합니다.

서울시 슈퍼 아파트 베스트 10

새 아파트

No.	지역		아파트명	입주년도	총세대수	용적률	내재가치				미래가치	투자가치 판단
							종합	입지	수익	희소		
1	마포구	상수동	래미안밤섬리베뉴 I	2014	429	242	★★★	★★★	★★★	★★	★★★	높음
2	마포구	아현동	공덕자이	2015	1,164 (임대201)	230	★★★	★★★	★★★	★★	★★★	높음
3	마포구	서강동 (창전동)	해모로	2007	447	235	★★★	★★★	★★★	★★	★★★	높음
4	마포구	대흥동	마포자이 2차	2014	558 (96)	247	★★★	★★★	★★★	★★	★★★	높음
5	마포구	서강동 (창전동)	서강예가	2007	635	232	★★★	★★★	★★★	★★	★★★	높음
6	서초구	방배동	롯데캐슬아르떼	2013	744 (임대61)	247	★★★	★★★	★★★	★★	★★★	높음
7	서초구	방배동	서리풀e편한세상	2010	496	206	★★★	★★	★★★	★★	★★★	높음
8	송파구	장지동	송파파인타운9단지	2008	796 (임대636)	234	★★★	★★★	★★★	★★★	★★	높음
9	송파구	장지동	송파파인타운8단지	2008	700 (임대542)	238	★★★	★★★	★★★	★★★	★★	높음
10	은평구	녹번동	북한산푸르지오	2015	1,230 (임대155)	222	★★★	★★★	★★★	★	★★★	높음

일반 아파트

No.	지역		아파트명	입주년도	총세대수	용적률	내재가치				미래가치	투자가치 판단
							종합	입지	수익	희소		
1	강남구	일원동	푸른마을 (719)	1994	930	249	★★★	★★★	★★	★★	★★★	높음
2	강남구	일원동	목련타운	1993	650	249	★★★	★★★	★★★	★★	★★★	높음
3	강남구	수서동	신동아	1992	1,162	203	★★★	★★★	★★★	★★	★★★	높음
4	강남구	수서동	수서한아름	1993	498	249	★★★	★★★	★★	★★	★★★	높음
5	강남구	수서동	삼익	1992	645	224	★★★	★★★	★★	★★	★★★	높음
6	강남구	일원동	샘터마을	1994	628	249	★★★	★★★	★★	★★	★★★	높음
7	강남구	일원동	가람	1993	496	110	★★★	★★★	★★	★★	★★★	높음
8	마포구	염리동	상록	1997	678 (임대178)	217	★★★	★★★	★★	★★	★★★	높음
9	서초구	반포동	반포미도2차	1989	435	200	★★★	★★★	★★	★★	★★★	높음
10	송파구	거여동	현대1	1992	497	239	★★★	★★★	★★★	★★	★★	높음

No.	지역		아파트명	입주년도	총세대수	용적률	내재가치				미래가치	투자가치판단
							종합	입지	수익	희소		
1	강남구	삼성동	홍실	1981	384	172	★★★	★★★	★★★	★★	★★★	높음
2	강남구	개포동	주공1	1982	5,040	69	★★★	★★★	★★★	★★	★★★	높음
3	강남구	일원동	우성7	1987	802	157	★★★	★★★	★★	★★	★★	높음
4	강동구	둔촌동	주공1(저층)	1980	1,372	87	★★★	★★★	★	★★	★★★	높음
5	강동구	둔촌동	주공4(고층)	1980	2,180	87	★★★	★★★	★★	★★	★★★	높음
6	강동구	상일동	주공3	1983	2,580	71	★★★	★★★	★★	★★	★★	높음
7	동작구	상도동	상도대림	1981	400	97	★★★	★★	★★	★★	★★	높음
8	송파구	방이동	대림	1985	480	192	★★★	★★★	★★★	★★★	★★	높음
9	송파구	신천동	장미2	1979	1,302	201	★★★	★★★	★★★	★★★	★★★	높음
10	송파구	신천동	진주	1981	1,507	168	★★★	★★★	★★★	★★★	★★★	높음

No.	지역		아파트명	입주년도	총세대수	용적률	내재가치				미래가치	투자가치판단
							종합	입지	수익	희소		
1	마포구	신공덕동	펜트라우스	2011	476	487	★★★	★★★	★★★	★★	★★	높음
2	송파구	신천동	롯데캐슬골드	2005	400	646	★★★	★★★	★★★	★★★	★★★	높음
3	용산구	원효로동 (문배동)	아크로타워	2007	208	538	★★★	★★★	★★	★★	★★★	높음
4	용산구	한강로동 (한강로3가)	시티파크 (1단지)	2007	421	548	★★★	★★	★★★	★★	★★★	높음
5	은평구	수색동	수색자이 1단지	2009	209	498	★★★	★★★	★★	★	★★★	높음

서울시 주요 구별 슈퍼 아파트 베스트 10

강남구

No.	지역	아파트명	구분	입주년도	총세대수	용적률	내재가치 종합	입지	수익	희소	미래가치	투자가치판단
1	일원동	푸른마을(719)	일반아파트	1994	930	249	★★★	★★★	★★	★★	★★★	높음
2	일원동	목련타운	일반아파트	1993	650	249	★★★	★★★	★★★	★★	★★★	높음
3	개포동	주공1	재건축	1982	5,040	69	★★★	★★★	★★★	★★	★★★	높음
4	수서동	신동아	일반아파트	1992	1,162	203	★★★	★★★	★★★	★★	★★★	높음
5	수서동	수서한아름	일반아파트	1993	498	249	★★★	★★★	★★	★★	★★★	높음
6	일원동	우성7	재건축	1987	802	157	★★★	★★★	★★	★★	★★	높음
7	수서동	삼익	일반아파트	1992	645	224	★★★	★★★	★★	★★	★★★	높음
8	개포동	주공5	재건축	1983	940	151	★★★	★★★	★★	★★	★★	높음
9	일원동	샘터마을	일반아파트	1994	628	249	★★★	★★★	★★	★★	★★★	높음
10	압구정동	구현대6	재건축	1978	1,288	210	★★★	★★★	★★★	★★	★★	높음

서초구

No.	지역	아파트명	구분	입주년도	총세대수	용적률	내재가치 종합	입지	수익	희소	미래가치	투자가치판단
1	방배동	롯데캐슬아르떼	새아파트	2013	744(임대61)	247	★★★	★★★	★★★	★★	★★★	높음
2	잠원동	신반포8	재건축	1980	864	161	★★★	★★★	★★	★★	★★	높음
3	잠원동	신반포10	재건축	1980	876	179	★★★	★★★	★★	★★	★★	높음
4	방배동	서리풀e편한세상	새아파트	2010	496	206	★★★	★★	★★★	★★	★★★	높음
5	반포동	반포 주공1단지(1127)	재건축	1973	3,590	89	★★★	★★★	★★	★★★	★★★	높음
6	반포동	반포리체	새아파트	2011	1,119	243	★★★	★★★	★★	★★	★★★	높음
7	반포동	한신2-3차(신반포2-3차)	재건축	1978	2,712	189	★★★	★★	★★	★★	★★★	높음
8	반포동	반포미도1차	재건축	1986	1,260	177	★★★	★★	★★	★★	★★★	높음
9	잠원동	신반포5	재건축	1980	555	210	★★	★★	★★	★★	★★	높음

송파구

No.	지역	아파트명	구분	입주년도	총세대수	용적률	내재가치				미래가치	투자가치판단
							종합	입지	수익	희소		
1	방이동	대림	재건축	1985	480	192	★★★	★★★	★★	★★★	★★	높음
2	신천동	장미2	재건축	1979	1,302	201	★★★	★★★	★★★	★★★	★★★	높음
3	신천동	진주	재건축	1981	1,507	168	★★★	★★★	★★★	★★★	★★★	높음
4	거여동	현대1	일반아파트	1992	497	239	★★★	★★★	★★★	★★★	★★	높음
5	잠실동	주공5	재건축	1978	3,930	152	★★★	★★	★★★	★★★	★★★	높음
6	잠실동	아시아선수촌	재건축	1986	1,356	152	★★★	★★★	★★★	★★★	★★★	높음
7	잠실동	우성1-2-3차	재건축	1981	1,842	190	★★★	★★	★★★	★★★	★★★	높음
8	장지동	송파파인타운9단지	새아파트	2008	796 (임대636)	234	★★★	★★★	★★★	★★★	★★	높음
9	장지동	송파파인타운8단지	새아파트	2008	700 (임대542)	238	★★★	★★★	★★★	★★★	★★	높음
10	풍납동	현대1 (풍납현대)	일반아파트	1995	708	249	★★★	★★★	★★★	★★★	★★	높음

강동구

No.	지역	아파트명	구분	입주년도	총세대수	용적률	내재가치				미래가치	투자가치판단
							종합	입지	수익	희소		
1	둔촌동	주공1(저층)	재건축	1980	1,372	87	★★★	★★★	★	★★	★★★	높음
2	둔촌동	주공4(고층)	재건축	1980	2,180	87	★★★	★★★	★★	★★	★★★	높음
3	상일동	주공3	재건축	1983	2,580	71	★★★	★★★	★★	★★	★★	높음
4	둔촌동	주공2(저층)	재건축	1980	908	87	★★★	★★★	★★★	★★	★★★	높음
5	명일동	신동아	재건축	1986	570	179	★★★	★★★	★	★★	★★★	높음
6	상일동	주공6	재건축	1983	880	79	★★★	★★★	★★	★★	★★	높음
7	명일동	삼익그린1차	재건축	1982	1,560	173	★★★	★★★	★★	★★	★★	높음
8	상일동	주공7	재건축	1983	890	72	★★★	★★★	★★	★★	★★	높음
9	둔촌동	주공3(고층)	재건축	1980	1,480	87	★★★	★★	★★★	★★	★★★	높음
10	상일동	주공5	재건축	1983	890	83	★★★	★★★	★	★★	★★	높음

종로구, 중구

No.	지역		아파트명	구분	입주년도	총세대수	용적률	내재가치				미래가치	투자가치판단
								종합	입지	수익	희소		
1	종로구	숭인동	종로센트레빌	새아파트	2008	416	187	★★★	★★★	★★	★★★	★★	높음
2	종로구	창신동	쌍용1차	일반아파트	1992	585	245	★★★	★★★	★★	★★★	★★	높음
3	종로구	무악동	현대	일반아파트	2000	964	218	★★★	★★★	★	★★★	★★	높음
4	중구	중림동	삼성사이버빌리지	일반아파트	2001	712	251	★★★	★★★	★★	★★	★★	높음

용산구

No.	지역	아파트명	구분	입주년도	총세대수	용적률	내재가치				미래가치	투자가치판단
							종합	입지	수익	희소		
1	이태원동	청화1	재건축	1982	578	196	★★★	★★★	★	★★	★★★	높음
2	이촌동	한강맨숀	재건축	1971	660	101	★★★	★★★	★★	★★	★★★	높음
3	이태원동	남산대림	일반아파트	1994	400	106	★★★	★★★	★★	★★	★★	높음
4	서빙고동	신동아	재건축	1983	1,326	223	★★★	★★★	★★★	★★	★★★	높음
5	이촌동	현대맨숀	재건축	1975	653	210	★★★	★★★	★	★★	★★★	높음
6	신계동	용산e편한세상	새아파트	2011	867 (임대168)	250	★★★	★★★	★★	★★	★★	높음
7	원효로동	산호	재건축	1977	554	239	★★★	★★★	★★★	★★	★★	높음

배용환

'서울휘'라는 닉네임으로 성공하는 상가투자에 관한 정보를 나누기 위해 온오프라인을 넘나들며 활동하고 있다. 상가를 대하는 다양한 관점과 트렌드를 예리하게 분석하며, 자신만의 노하우를 나누는 '상가투자 전문가'다. 월급쟁이의 삶을 정리하고 본격적인 상가투자에 뛰어들면서 꾸준히 월급을 벌어다 줄 상가를 고르는 데 성공했다. 생생한 경험을 바탕으로 알토란 같은 상가를 골라낼 수 있도록 다수의 재테크 카페에 칼럼을 연재하는 한편 강연 활동을 이어가고 있다. 현재 대한민국 부동산 1등 팟캐스트 〈부동산 클라우드〉를 운영하고 있다. 저서로 《나는 상가에서 월급 받는다》, 《서울휘의 월급받는 알짜상가에 투자하라》가 있다.

5장

5,000만 원으로
시작하는
수익형 부동산 경매

배용환,《나는 상가에서 월급 받는다》저자

작은 상가부터 시작하면 누구나 건물주가 될 수 있다

우리가 삶에서 흔히 저지르는 실수가 두 가지 있는데 혹시 알고 계시나요? 하나는 아예 시작하지도 않는 것이고 다른 하나는 끝까지 하지 않는 것입니다. 이것은 《연금술사》로 유명한 파울로 코엘류가 한 말입니다. 한데 이것은 재테크에도 그대로 적용됩니다.

많은 사람이 투자에 성공하는 비결을 궁금해 하는데 제가 내린 결론은 '남들이 하지 않는 것을 하는 것'입니다. 그게 뭘까요? 제가 보기에 기회는 항상 있습니다. 지금 이 순간에도 기회는 흘러가고 있지요. 그러면 경매로 상가를 매입하는 방법을 살펴봅시다.

어찌 보면 상가 경매는 최고로 가성비가 좋은 투자일지도 모릅니다. 그런데 사람들이 상가투자를 어렵게 여기는 이유는 매각

포인트를 고민하지 않고 상가를 매입하기 때문입니다. 즉, 상가는 언제 팔 것인지 심사숙고해서 투자해야 합니다. 이것을 충분히 고려하면 실수할 확률은 대폭 줄어듭니다.

여기서 살펴볼 내용은 크게 나눠 세 가지입니다. 상가투자의 세계와 꼬마상가에 투자하기 그리고 상가투자의 트렌드가 그것입니다.

요즘 건물주가 되는 것이 소원인 사람들이 아주 많죠? 상가투자를 제대로 하면 정말로 건물주가 될 수 있습니다. 당장 20억~30억 원이 나가는 건물을 사지는 못해도 경매를 활용해 작은 상가부터 계속 매입하면 충분히 가능합니다. 저도 처음에 상가투자는 위험하니 하지 말라는 말을 많이 들었습니다. 이것은 그저 선입견에 불과하므로 그런 생각은 버리는 것이 좋습니다.

상가투자는 운전과 비슷합니다. 운전은 처음엔 어려워도 익숙해지면 내가 원하는 목적지까지 즐기면서 갈 수 있지요. 그런데 그렇게 되기 전까지는 그것만큼 위험한 것도 없잖아요. 단순히 상가투자가 위험한 것이 아니라 준비하지 않고 뛰어드는 투자가 위험한 것입니다.

상가에는 임대인과 임차인 포지션이 있습니다. 임대인으로서 점포를 임차해주면 관리하는 데 변수가 몇 가지밖에 없습니다. 그것은 임차인이 월세를 잘 낼 것인가와 임차인이 언제까지 장사를 하다가 나갈 것인가입니다. 반면 장사를 하는 임차인에게는 아주 많은 변수가 있습니다. 장사가 잘될지, 갑자기 예상치 못한 사건이 터져 장사에 영향을 받는 것은 아닌지 등 이런저런 고민거리가 많지요. 결국 임대인의 포지션이 훨씬 더 유리합니다. 이걸 알기에 사람들이 너도나도 건물주를 꿈꾸는 것이지요.

아무리 장사가 잘되어도 임대료가 계속 오르면 결국 임대인에게 갖다 바치는 꼴이 됩니다. 사람들이 '장사' 하면 가장 먼저 떠올리는 것이 바로 치킨집입니다. 2017년 말 현재 치킨집이 서울 4,500개, 경기도 6,400개, 경북 2,000개 등 전국적으로 3만 6,000개에 달합니다. 전 세계 맥도날드를 다 합해도 3만 5,429개인데 말입니다. 치킨집 숫자가 너무 많은 것도 리스크지만 임대료가 비싼 것도 엄청난 압박을 줍니다. 사실 상가투자의 최고봉은 자신의 상가에서 비싼 임대료를 지불하지 않고 마음 편하게 장사할 수 있다는 점입니다.

우리가 투자하는 상가는 일반적으로 점포, 학원, 사무실, 병원 등으로 구성되어 있습니다. 우선 상가에 투자할 때는 1층 상가를 5개 정도 가져야겠다는 식으로 목표를 세우는 것이 좋습니다. 지상층에 있는 상가는 판매 타이밍을 놓치지 않도록 주의해야 합니다. 반면 1층 상가는 시간이 지나도 그 가치가 떨어지지 않고 가격이 서서히 상승하는 경우가 많습니다. 그래서 기본적으로 상가는 1층 상가에 투자하는 것이 좋습니다. 경매로 받으면 더 좋고요. 물론 분양시장에 가면 가장 비싸게 분양하는 상가가 바로 1층입니다.

상가투자를 할 때는 기본적으로 상권을 알아야 합니다. 상권이란 간단히 말해 매장이 고객을 흡수할 수 있는 공간적 범위를 말합니다. 상권에서 가장 중요한 세 가지 요소는 유동인구, 배후세대, 교통시설입니다. 이 중 하나라도 변수가 발생하면 상권에 변화가 일어납니다. 흥미롭게도 요즘에는 온라인 영역 확대로 상권에 중요한 변화가 일어나기도 합니다. 가령 인스타그램이 상권 변화 요소로 작용하기도 합니다.

아무튼 상가는 부동산에 기반을 두고 투자하는 것이기 때문에 결국 입지에 수렴합니다. 따라서 상가에 투자할 때는 가시성, 접근성, 인지성이 무엇보다 중요합니다. 눈에 잘 띄고 가기 쉽고 기억하기 좋아야 한다는 얘기지요. 이 세 가지 포인트에 딱 들어맞는 것이 1층 상가라 가격이 비싼 겁니다.

상가투자 방법에는 분양, 일반매매, 경매가 있는데 어떤 것이 가장 쉬울까요? 저는 분양보다 경매를 추천합니다. 예전에 세종시에서 분양한 단지 내 상가가 있었는데 예정가격이 4억 2,800만 원이었고, 낙찰가격은 약 11억 원이었습니다. 이곳에는 슈퍼, 부동산, 세탁소, 소규모 커피숍이 들어왔지요. 김포 신도시에서도 640세대가 사는 단지 내 상가가 예정가격이 2억 9,000만 원인데 낙찰가격은 7억 원에 가까웠습니다.

사실 저는 단지 내 상가를 별로 권하지 않습니다. 단지 내 상가의 중요한 포인트는 대형마트가 잘되는 것이지만 요즘에는 마트 경기가 시원치 않습니다. 택배 시스템이 워낙 발달하다 보니 대형마트에 손님이 별로 오지 않기 때문이지요. 대형마트가 잘되지 않으면 그것이 미용실이나 세탁소에도 영향을 미칩니다. 이것은 하나의 커다란 흐름으로 봐야 합니다.

제 지인 중에 임대아파트 앞에 있는 상가에만 투자하는 분이 있습니다. 그 이유를 물어보니 매출이 안정적이기 때문이라고 하더군요. 임대아파트에는 국민임대와 영구임대가 있는데 이왕이면 국민임대 쪽 단지 내 상가나 근린상가 위주로 투자하는 것이 좋습니다.

상가에 투자하면 기본적으로 주거용보다 30퍼센트 높은 임대수익을 올린다는 장점이 있습니다. 그리고 일단 계약하면 임차인과 2년 동안 연락할 일이 없습니다. 임대료만 잘 세팅할 경우 '나중에 얼마에 팔 수 있겠구나' 하는 견적이 나옵니다. 즉, 상가는 임대수익과 매각차익 두 가지를 동시에 얻을 수 있는 투자입니다.

소액으로 투자할 수 있는 상가 경매

임대사업을 할 때 무엇보다 중요한 것은 임대료 수준입니다. 저는 보통 월세 200만~500만 원을 목표로 합니다. 너무 낮으면 임대료가 밀릴 확률이 높아지므로 최소한 200만 원 이상 받을 수 있는 종목을 공략하는 것이 좋습니다.

그리고 매입할 때는 가급적 경매로 하십시오. 일단 경매를 하면 대출을 최대한 활용할 수 있습니다. 상가를 매입할 때 분양은 50퍼센트, 경매는 80퍼센트까지 대출받을 수 있습니다. 덕분에 적은 자본으로 물건을 다양하게 섭렵할 수 있지요. 또 경험을 쌓고 돈이 되는 물건을 열심히 검색하다 보면 어떤 물건을 선택해야 할지 판단하는 안목이 생깁니다.

이처럼 꾸준히 기회를 살피면서 준비하면 1년에 최소한 두세 번은 기회가 옵니다. 잘 보고 있다가 1년에 한두 개나 두세 개만 낙찰받는 것으로 목표를 삼으십시오.

지금까지는 분양시장이 성장해왔으나 최근에는 판교, 광교, 세종, 위례, 마곡 같은 분양시장이 어떻게 될지 예측하기 어렵습니다. 반면 경매는 과거의 상권 흐름을 알 수 있습니다. 덕분에 내가 어떤 물건을 선택해야 할지 충분히 파악할 수 있지요. 그런 의미에서 저는 상가 경매가 가장 안전한 투자 시스템이라고 생각합니다.

일단 상가 경매는 소액으로 투자가 가능합니다. 가령 5,000만 원을 투자하면 1억 5,000만 원이나 2억 원 정도의 물건을 시도해볼 수 있습니다. 또한 분양은 임대료를 예측하기가 어렵지만 경매는 그것이 다 노출됩니다.

경매를 분석할 때 가장 중요한 것은 대항력의 유무입니다. 이것은 임차인의 보증금을 내가 인수하느냐 마느냐의 문제인데 10개 중에서 9개는 인수하지 못합니다. 왜냐하면 상가를 매입할 때는 대부분 은행대출을 받습니다. 그러다 보니 그 뒤에 들어오는 임차인의 권리

상가 경매 전에 알아야 할 것들

상가 경매 분석 요소

- 권리분석: 말소기준권리, 대항력
- 상권분석: 유동인구, 입점 아이템, 배후세대, 이동동선, 소득수준
          가치가 점진적으로 상승하는 곳에 주목
- 물건분석: 현재가치, 임대료, 매출액, 미래 증대가치

상가 경매의 장점

- 공실 부담 최소화
- 시장패턴 예측
- 대출 활용 용이
- 검증된 시장에서 구입
- 권리금 없이 구입 가능

는 뒤로 밀립니다. 결국 상가는 권리분석을 크게 신경 쓸 필요가 없는 편입니다.

 기본적으로 해야 할 것은 상권분석이고 그중에서도 특히 고객들의 소득수준을 봐야 합니다. 가령 요즘에는 대학가 상권이 별로 좋지 않습니다. 그만큼 대학생들에게 쓸 돈이 별로 없다는 얘기겠지요. 특히 직접 장사를 하는 사람에게 상권분석은 매우 중요한 포인트입니다.

 그다음으로 물건분석을 해야 하는데 이것은 현재가치, 임대료, 매

출액, 미래증대가치를 말합니다. 이 중에서 가장 중요한 것은 임대료지요. 임대료를 많이 받고 싶으면 현재의 임차인보다 더 많이 낼 임차인에게 임차해주면 됩니다. 즉, 장사를 잘해서 임대료를 더 지불할 수 있는 사람을 구하는 것이지요.

분양은 내가 직접 공실을 사는 것이지만 경매는 현재 임차인이 있는 경우도 있어서 쉽게 재계약하는 이점을 누립니다. 또한 상권이 과거에 흘러온 패턴을 충분히 예측할 수 있습니다. 여기에다 대출을 최대한 활용하면 80~90퍼센트까지 가능합니다. 그것도 내가 좋아하는 검증된 시장에 들어갈 수 있습니다.

특히 권리금이 있는 상가를 경매로 낙찰받으면 권리금은 모두 정리됩니다. 따라서 목이 좋고 권리금이 2억~3억 원대에 이르는 물건을 낙찰받으면 임차인을 구하기가 쉽습니다.

저는 주로 1층 상가를 공략하는데 어떤 동네에 반드시 하나쯤은 있어야 할 업종이 나오면 더욱 적극적으로 공략합니다. 또한 대기업 임차인이 노릴 만한 곳, 권리금이 있는 곳, 재계약 가능성이 높은 곳은 공실 리스크를 줄이면서 투자할 수 있습니다. 지상층의 경우에는 항상 빠져나올 타이밍을 보고 들어가야 합니다. 가령 대기업 임차인이나 병원 같은 우량업종이 들어간 물건들 위주로 접근해야 합니다.

장사하는 사람은 보통 5~7년을 내다보고 인테리어를 합니다. 만약 임차인이 장사를 시작한 지 2년밖에 되지 않았는데 경매가 나왔다면 재계약할 확률이 높습니다. 공실 리스크만 줄여도 상가투자는 그리 어렵지 않습니다.

예전에 제가 파주 금촌에서 지상층에 있는 학원을 1억 7,000만 원에 낙찰받았는데 곧바로 대기업 임차인이 보증금 2,000만 원, 월세 240만 원에 들어왔지요. 그 물건을 3년 6개월 보유했다가 1억 원 정도 남기고 정리했습니다. 제가 월 240만 원을 받았는데 위층과 아래층의 임대료를 보니 150만 원이더군요. 결국 시간이 지나도 더 오를 가능성이 보이지 않아 적당한 시기에 팔고 나왔습니다.

경매로 상가를 취득하는 감각을 익히려면 신문광고를 눈여겨 볼 필요가 있습니다. 신문광고에는 주로 안정적인 임차인이 있는 물건이 매물로 나옵니다. 그런 것을 보면 상가매매의 흐름을 감지할 수 있지요. 이때 시중금리가 오르면 상가의 기대수익률도 오른다는 것을 기억해야 합니다.

상가 경매 매입자금은 초기 30퍼센트면 충분합니다. 다음은 제가 2014년 3억 7,000만 원에 낙찰받고 2년 반을 보유했다가 매각한 물건입니다. 그때 대출을 2억 9,600만 원을 받고 잔금 7,400만 원을 냈는데 보증금을 6,500만 원 받았습니다. 그럼 실제로 들어간 돈은 900만 원인데 왜 30퍼센트가 필요한가 하면 세금 때문입니다.

이 물건을 정리할 때 〈매일경제〉에 광고를 냈는데, 광고를 내면 보통 일반인보다 공인중개사가 사거나 중개를 합니다. 이때 저는 1억 4,000만 원 정도의 수익을 내지요. 제가 이 물건을 정리한 이유는 지

상가 매매 신문광고 예시

광교신도시 1층 단지내 상가

배후 1,370세대 아파트단지 5개점포가 있는 단층 건물중 39㎡상가이다. 상가를 분할하여 보3천 월165만원 두개 업종으로 임대중. 융1억2천,실투자1억7천 매가3억2천. 031)○○○-○○○○

목동역 역세권 로데오빌딩(A동, B동) 급매

목동역 3분거리, 보증금5억 월2,800만원이 나오며, 융자20억 총매가 45억원 실수익11.5%이다. A동, B동 별도 매각 가능하다.
주인직접 010)○○○○-○○○○

가산동 연10% 수익용 고급빌딩 초급매

대241㎡ 건720㎡ 보10.38억 월1,500만 5층 E/V1대 내·외관준수 입지가 정말 좋아 365일 공실전혀無 교통편리, 유동인구가 꾸준한 왕성한 최상의 임대상권 수익및투자용 빌딩 최적 입지조건, 시세대비 초급매24억원
02)○○○○-○○○○

상가 경매 투자 사례

낙찰금액	3억 7,000만 원
대출금액	2억 9,600만 원(대출 80% 실행)
잔금	7,400만 원(20%)
보증금	6,500만 원
실제투자금	900만 원

· 취득세+법무비용(10%) 지출
· 초기 투자금 30%로 충분히 가능

상층이기도 했지만 재개발 이슈가 있는 물건이라 장기적으로 갈 수 없다는 것을 고려했기 때문입니다.

수익을 내는 상가는 따로 있다

이제 관심 있게 볼 것은 병원입니다. 1층 상가는 누구나 좋아합니다. 누구에게나 접근성이 좋기 때문이죠. 기본적으로 1층 상가를 지켜보면서 지상 상가를 선별적으로 공략해야 합니다.

저는 2010년에 4층에 있는 치과 병원을 경매로 구매한 적이 있습니다. 실제 건물을 보러 갔는데 동네 초입에 있는 가장 눈에 띄는 건물이었습니다. 입지가 괜찮다는 판단이 섰고 경매로 구매한 후 보증금 3,000만 원, 월세 250만 원에 재임대를 했습니다. 이 물건은 1억

병의원 입점 상가 투자 사례 1

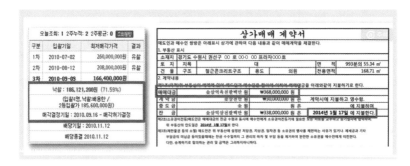

병의원 입점 상가 투자 사례 2

8,600만 원에 낙찰받았습니다. 시세보다 저렴하게 받은 것이죠. 그리고 3년 반 후에 3억 6,800만 원에 정리를 했습니다. 상가는 매매가 되는 물건들이 다 정해져 있습니다.

이런 물건들은 계속 나옵니다. 이제 임대는 기존에 있던 상가를 재계약하는 데 그쳐서는 안 됩니다. 어떤 새로운 업종들을 잘 집어넣느냐가 중요해지고 있습니다. 임대업이 진화해야 하는 겁니다. 위의 그림을 보면 안과가 있던 상가로 1층에 약국이 있습니다. 그런데 3층에는 병원들이 굉장히 많이 있습니다. 그렇다면 3층 안과 자리를 낙찰받아서 약국으로 임대할 수도 있는 겁니다. 이런 생각으로 상가에 접근한다면 상가를 보시는 눈이 넓어질 겁니다.

상가 물건 중 조심해야 할 3가지

다시 한 번 강조하지만 기본적으로 1층 상가는 무조건 좋습니다. 여기에다 지하와 지상상가에 들어오는 업종에 관심을 기울여야 합니다. 최근 몇 년 동안 지하상가에 골프존이 많이 들어오고 있습니다. 유행은 돌고 도는 것이지만 이 업종은 한 번 계약하면 기본적으로 7~10년은 갑니다. 따라서 이런 물건이 경매에 나올 경우 재계약할 확률이 높습니다.

부동산에 관심을 갖다 보면 더러 위법 물건을 만나기도 합니다. 당연히 위법 물건은 손대지 않아야 하지만 때론 고민스런 경우도 생깁니다.

몇 년 전에 사당역 5번 출구 부근에 죠스떡볶이가 있었는데 어느 날 킹콩떡볶이로 바뀌었습니다. 약 1.5평에 아르바이트생이 네 명이나 있을 정도로 장사가 잘되었고 권리금 1억 원에 월세는 80만 원이었지요. 그런데 어느 순간 146쪽의 그림처럼 바뀌었어요. 가게가 없어지고 창고처럼 공간을 가렸습니다. 그러니까 원래 창고로 쓸 수밖에 없는 공간을 상점으로 임대했던 것입니다. 누군가가 신고를 해서 본래의 모습으로 돌아간 것이지요.

안타깝게도 이런 물건이 종종 나옵니다. 다음 물건도 그런 사례 중 하나입니다.

1층 모퉁이 가게가 경매에 나왔는데 6.5평에 감정가가 2억 7,000

영업을 할 수 없는 공간을 임대한 경우: 사당역 5번 출구 부근

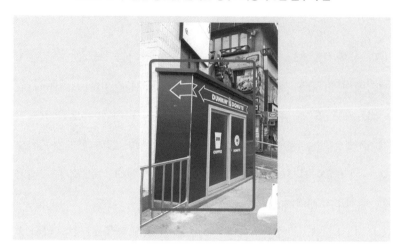

만 원이었습니다. 이곳은 전용면적이 좁아 사용료 30만 원을 내고 건물 앞 공용면적까지 쓰고 있었지요. 이럴 때 불법인지 아닌지 고민스럽습니다. 실은 전용면적에서만 장사하는 것이 맞고 공용면적을 쓰면 나중에 철거당할 수 있습니다.

조심해야 할 또 다른 물건 중 하나는 지상상가인데 사우나가 위에 위치한 것입니다. 그 아래층에 있는 물건은 정말 조심해야 합니다. 시간이 지나면 거의 100퍼센트 누수가 일어나거든요. 흔히 사우나를 지하에 만드는 이유는 나중에 물의 무게를 감당하기가 어렵기 때문입니다.

상가투자, 트렌드 분석이 필수다

이제 상가투자의 트렌드를 살펴봅시다. 상가투자를 할 때 입지와 트렌드만 알아도 성공 가능성이 높아집니다. 그렇다고 관심이 있는 기사를 모두 받아보긴 어려우니 저는 구글알리미를 추천합니다. 여기에 등록하면 자신의 관심 키워드를 이메일로 다 받아볼 수 있습니다. 저는 상가 경매, 권리금, 프랜차이즈가 관심 키워드입니다.

1년에 한 번 열리는 프랜차이즈박람회도 가볼 만합니다. 물론 프랜차이즈는 아주 신중하게 접근해야 합니다. 최근 4~5년 동안 은행이 많이 사라졌습니다. 한데 은행이 있던 자리는 접근성이 좋아서 스타벅스나 투썸플레이스 등 커피 브랜드가 많이 들어옵니다. 그러므로 은행이 있다 나간 자리를 경매로 접근할 때는 이들 업체 담당자를 미리 만나 얘기를 들어보는 것이 좋습니다. 앞으로 은행은 더 사라질 것이고 그 와중에 살아남는 은행은 더욱 가치가 올라갈 겁니다.

상가투자를 하면 여러 가지 빅데이터를 알 수 있습니다. 예를 들면 신용카드 데이터를 활용한 빅데이터나 예체능계 학원이 어떤 업종과 상관관계를 맺고 있는지 알게 되지요.

제가 예전에 학원 입찰에 들어갔다가 떨어진 곳이 있습니다. 당시 현장조사를 갔더니 2층 가구, 3층 병원, 4층 학원으로 되어 있었지요. 149쪽 평면도에서 명암 처리한 부분이 경매에 나왔는데 학원이 있

업종간 매출 상관관계

업종	상관관계 높은 업종
닭·오리고기	한식, 고기요리, 분식 간이주점, 별식·퓨전요리 중식 취미·오락, 패스트푸드, 미용서비스, 일식·수산물, 제과·제빵·떡·케이크, 종합소매점, 양식, 화장품 소매, 사무·교육용품, 의약·의료품, 유흥주점
유아교육	광고·인쇄·인화, 예체능계학원, 세탁·가사서비스, 외국어학원, 입시학원, 사무·교육용품, 독서실·고시원, 수의업, 주유소·충전소, 일반스포츠, 차량관리, 의약·의료품, 사우나·휴게시설, 음·식료품소매, 요가·단전·마사지
한식	닭·오리요리, 고기요리, 분식, 간이주점, 일식·수산물, 중식, 커피·음료, 별식·퓨전요리, 취미·오락, 종합소매점, 일반병원, 유흥주점, 요가·단전·마사지
분식	한식, 닭·오리요리, 커피·음료, 중식, 별식·퓨전요리, 미용서비스, 고기요리, 양식, 패스트푸드, 일식·수산물, 화장품 소매, 사무·교육용품, 특화병원
예체능계학원	세탁·가사서비스, 중식, 유아교육, 제과·제빵·떡·케이크, 일반병원, 입시학원, 외국어학원, 독서실·고시원, 수의업, 일반스포츠, 차량관리, 음·식료품소매
별식·퓨전요리	닭·오리요리, 분식, 중식, 커피·음료, 제과·제빵·떡·케이크, 예체능학원, 양식, 패스트푸드, 종합소매점, 일반병원, 일반스포츠, 서적·도서
중식	분식, 별식·퓨전요리, 예체능계학원, 양식, 일식·수산물, 종합소매점, 사무·교육용품, 수의업, 일반스포츠
세탁·가사서비스	예체능계학원, 제과·제빵·떡·케이크, 종합소매점, 패스트푸드, 유아교육, 수의업, 자동차학원, 차량관리
간이주점	고기요리, 닭·오리요리, 취미·오락, 한식, 커피·음료, 특화병원, 유흥주점
패스트푸드	제과·제빵·떡·케이크, 세탁·가사서비스, 유아교육, 자동차학원, 서적·도서, 사우나·휴게시설
고기요리	간이주점, 한식, 닭·오리요리, 취미·오락, 한식, 커피·음료, 특화병원, 유흥주점
화장품소매	미용서비스, 특화병원, 패션잡화, 의약·의료품, 의복·의류
커피·음료	분식, 간이주점, 별식·퓨전요리, 미용서비스, 사무·교육용품
미용서비스	특화병원, 화장품소매, 일반병원, 패션잡화, 의복·의류

• 출처: 나이스비즈앱

동일 업종 간 시너지 효과를 내는 경우: 학원

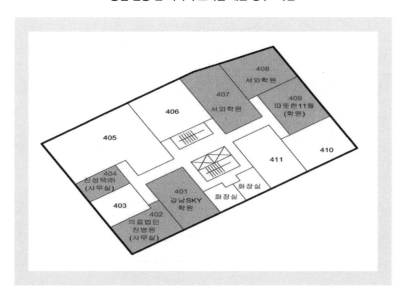

는 4층의 분위기가 어찌나 좋은지 경매 후에도 나간 곳이 하나도 없더군요. 이는 건물에 입주한 업종끼리 서로 시너지 효과를 냈기 때문입니다.

다소 의아할지도 모르지만 상가투자를 할 때는 대형 상권을 주의해야 합니다. 제가 판교 현대백화점을 보고 놀란 적이 있는데 사람들이 워낙 그곳을 좋아하다 보니 주위 상권이 모두 위축되었습니다. 고양 스타필드도 마찬가지입니다. 대형 상권은 거의 블랙홀처럼 주변 상권을 흡수합니다. 그러므로 만약 내가 투자하려는 상가와 대형 상권이 겹치는 종목이면 조심해야 합니다.

상가에 투자할 때는 좋은 입지를 우선시하는 것이 맞지만 그런 자리는 대개 비쌉니다. 그래서 입지가 조금 떨어지는 곳을 경매로 공략하는 게 좋은데 이럴 경우에는 업종 연구를 많이 해야 합니다. 요즘의 가장 큰 트렌드는 동물병원입니다. 설령 내가 공실을 낙찰받더라도 동네에 동물병원이 없고 1인가구가 많이 살면 동물병원이 들어올 확률이 높습니다.

또 다른 트렌드는 무인 시스템입니다. 인건비가 오르다 보니 점포에서 사람을 아예 쓰지 않으려고 하는 겁니다. 여기에다 무인이면 인테리어도 거의 필요가 없습니다. 대표적으로 인형뽑기나 셀프 빨래방, 코인 노래방, 무인 독서실이 있지요.

저는 초기자금이 많이 들어가는 것을 좋아하지 않습니다. 초기자금이 적게 들어가야 리스크를 최대한 줄일 수 있으니까요. 1층 상가는 비교적 잘나가는 편이라 임차해주기가 편한데 지상상가는 그렇지 않아 독특한 업종을 시도하는 경우가 많습니다. 그래서 제가 요즘 관심을 기울이는 분야가 VR, 즉 가상현실입니다. 많은 나라에서 VR이 인기를 끌고 있으니 가능성은 충분합니다.

스크린야구는 이제 막 한국에 도입되었는데 사업설명회에 가보니 비용이 어마어마하더군요. 창업비용도 만만치 않은데 별도 금액으로 냉난방기, 공조시설, 소방시설, 전기증설, 철거, 전자제품 등이 있어서 최소 5억 원은 넘는 듯합니다.

복합업종도 하나의 트렌드입니다. 이것은 비싼 임대료를 피하기 위해 업종끼리 협업하는 일종의 콜라보네이션입니다. 대표적으로 우리은행과 폴바셋처럼 은행과 카페가 협업하는 사례가 있습니다. 앞서 약국 자리가 부족하다고 했는데 앞으로 약국을 편의점 안에 넣을 수 있도록 법안이 통과되면 편의점의 위상이 더 올라가리라고 봅니다. 또한 낮에는 돈가스, 밤에는 치킨집으로 활용하는 숍인숍 개념도 눈여겨볼 필요가 있습니다.

다음 그림은 교대에 있는 30평짜리 1층 상가 음식점으로 임대료가 좀 비쌉니다. 그러자 한쪽 옆으로 2평을 커피점으로 운영하도록 내준 것입니다. 보증금 없이 월세가 50만 원 정도라고 합니다. 평수

상가 공간을 나눠쓰는 숍인숍 사례

는 작지만 장사가 꽤 잘되기 때문에 이런 곳에 들어오려고 하는 사람이 아주 많습니다.

또 다른 트렌드로는 책 읽는 카페, 술 파는 서점처럼 음료와 책이 결합하는 경우도 있습니다. 일본에서는 호텔과 서점이 결합하는 것이 유행입니다.

한편 경매에 도전할 때는 물건 검색을 생활화하는 것이 무척 중요합니다. 경매는 절대 어렵지 않습니다. 저는 과거에 3년간 주식투자를 해봤는데 그것의 4분의 1만 공부하면 충분히 가능합니다. 사실 경매는 대법원 사이트에서 다 볼 수 있습니다. 그래도 많은 사람이 유료 사이트를 이용하는 이유는 물건을 좀 더 편하게 볼 수 있기 때문입니다.

공부를 너무 많이 하면 오히려 겁이 많아집니다. 30퍼센트 정도 준비를 갖추면 실행하십시오. 나머지는 시행착오로 30퍼센트를 채우고 40퍼센트는 피드백으로 메우면 됩니다. 내가 실행하지 않으면 아무 일도 일어나지 않습니다.

주식 펀드

02

김교란

KB국민은행 경서지역영업그룹대표. 2017년 12월까지 KB국민은행 강남PB센터장을 지냈다. 자산관리는 물론 부동산, 국제 금융 등에도 정통한 만능 PB로 국제공인재무설계사(CFP), 부동산공인중개사, 국제금융역 등 분야별 전문 자격들을 보유하고 있다. 또 PB센터는 물론 본점, 영업점 등에 두루 근무한 경력을 바탕으로 고객에게 최적화된 자산배분 포트폴리오를 제공한다.

박경희

증권업계 최초로 오픈한 삼성증권 초대형금융센터 센터장. 리테일 자산관리의 혁신을 시도하고 있는 대한민국 PB 1세대이다. 현재 삼성타운금융센터의 관리자산 규모는 중소형 증권사에 육박하고, 최우수 PB 100여명 및 자산관리 스페셜리스트(세무, 부동산, 포트폴리오, 기업금융)팀과 함께 패밀리오피스부터 법인의 재무지원까지 토탈 자산관리서비스를 제공하며 자산관리 업계를 이끌고 있다.

유현숙

NH투자증권 프리미어블루 강남센터장(이사)은 자산관리 업무 경력이 20년에 달하는 베테랑 PB다. 과거 우리투자증권(NH투자증권 전신)에서 최초 여성 지점장을 지냈다. '공부벌레'로 통하는 그가 보유한 자격증만 증권 금융자산관리사, 은행 금융자산관리사, 한국재무설계사, 국제공인재무설계사 등 10개에 달하며 외부 강연 활동도 활발히 하고 있다.

6장

2018년 유망 금융상품, 강남 스타 PB 여성 3인방의 돌직구 추천

사회　　**김재곤**, 조선일보 경제부 기자

패널　　**김교란**, 전 KB국민은행 강남PB센터장

　　　　　박경희, 삼성증권 삼성타운금융센터장

　　　　　유현숙, NH투자증권 프리미어블루 강남센터장

2018년 주식시장, 어떻게 접근할 것인가

사회자　이제부터 업력 20년이 넘는 PB 3인방과 함께 '금융상품에 어떻게 투자할 것인가'를 놓고 대화를 나눠보겠습니다. 사실 저는 얼마 전에 세 분을 만나 개인적으로 투자 팁을 얻었는데, 문제는 제게 돈이 없어서 그걸 활용하지 못했습니다. 저와 여건이 다른 분들은 PB 3인방에게 얻은 정보로 실제 투자를 해보시기 바랍니다.

　코스피지수가 사상 최고치를 경신한 가운데 많은 사람이 국내 주식에 관심이 많을 텐데 2018년에는 어떻게 될까요? 일부에서는 활황세가 당분간 이어질 거라고 보는데 박경희 사업부장님 증시 트레드를 감안할 때 투자자가 어떤 식으로 접근하는 것이 좋을지 조언해 주세요.

박경희 　2017년에는 한국 주식시장이 상당히 좋아 2,200에서 2,500까지 뚫고 올라갔어요. 중요한 것은 한국 시장뿐 아니라 선진국과 이머징 국가도 다 같이 올랐다는 점입니다. 결론부터 말하면 전 세계 주식시장은 2017년 골디락스(저물가 속 경기호황)였고 2018년에도 골디락스를 유지할 것이라고 봅니다.

2017년 주식시장이 다 같이 좋았던 이유는 2008년 금융위기와 2011년 유럽재정위기 이후 전 세계 중앙은행에서 경기가 회복될 때까지 무한정 돈을 푸는 정책을 시행했기 때문입니다. 실제로 경기가 회복될지 의심하는 사람도 많았으나 2017년 전 세계의 모든 지표가 경기가 회복되고 있음을 선명하게 보여주고 있습니다. 오랫동안 돈을 풀었는데 경기가 회복되지 않으면 버블이 꺼져 주가가 하락하겠지만, 2017년에는 전 세계 시장이 올랐습니다.

경기회복과 물가안정이 동시에 나타나는 골디락스 지속될 것

●

2018년에도 증시 상승세 이어져

더 중요한 것은 경기가 회복될 때 물가가 얼마나 따라오느냐 하는 점인데 물가는 아직 안정적입니다. 경기회복과 물가안정을 동시에 이루는 상황을 골디락스라고 하며 그때 투자수익이 가장 높은 것이 주식입니다. 한마디로 2017년에는 전 세계 주식시장에 하나의 교과서 같은 일이 일어난 셈입니다.

그렇다면 2018년에도 골디락스를 유지할 수 있을까요? 2018년에는 경기회복을 넘어 경기가 확장될 전망입니다. 우리가 주목해야 할 것은 물가 역시 점진적으로 오르고 금리도 오를 거라는 점입니다. 금리는 2017년 12월 현재 이미 오르고 있는데 그 속도가 경기회복과 확장 국면을 넘어서지 않는다면 2018년에도 골디락스가 유지될 것입니다.

2018년을 상반기와 하반기로 나누면 상반기에는 금리가 그리 많이 오르지 않을 것이므로 주식에 유리합니다. 하반기에는 금리 상승 속도에 따라 변동성이 올 수 있다고 봅니다.

김재곤　네. 유현숙 센터장님도 증권사에 종사하는 분으로서 하고 싶은 말이 있을 것 같은데요.

유현숙　저도 결론은 박 사업부장님과 같습니다. 뜨겁지도 차갑지도 않은 장을 골디락스장이라고 하는데, 2018년에 그것이 연출된다면 그 정점이 언제일지 고민해봐야 합니다. 그 기준은 미국 금리입니다. 이제 한국도 금리인상이 시

미 금리인상 시기와 수준에 따라 증시의 정점이 결정될 것

작되어 2017년 12월 초 현재 1.5퍼센트입니다. 전 세계적으로 금리인상이 이뤄질 텐데 미국 금리 기준으로 3~3.5퍼센트면 골디락스의 마지막이 아닐까 합니다. 2017년 12월 말 현재 미국 금리는 1~1.25퍼센트입니다.

당장 2018년 1월부터 미국이 네 차례 금리를 인상해도 2018년 내에 3퍼센트대에 도달하기는 힘들 겁니다. 하지만 2018년이 그리 녹록치는 않을 것입니다. 미국을 비롯한 선진시장에서 경기회복을 위해 풀었던 돈이 2018년 상반기부터 빚으로 돌아오기 시작하거든요. 당연히 미국 연준은 빨리 금리를 인상해 그 빚을 회수할지 아닐지 고민하겠죠. 사실 금리인상은 경기가 확신할 정도로 개선된 것이 아니라 개선 조짐이 보일 때 시작한 거예요.

주식형 자산에 비중을 두고 수익 추구

중요한 포인트는 자산 이동입니다. 자산을 안전자산에서 위험자산으로 옮기는 것이죠. 2018년에는 채권형 안전자산보다 주식형 자산 쪽에 더 비중을 두는 게 수익에 도움이 되지 않을까 합니다.

금리가 오르면 금융주가 가장 먼저 움직인다

사회자 네. 증권사에 종사하는 두 분의 말씀 잘 들었습니다. 그러면 은행업에 종사하는 김교란 센터장님께 지금 같은 금리인상기의 좋은 투자 팁을 부탁해보도록 하지요.

김교란 2017년 12월 1일 한국은행이 6년 5개월 만에 금리를 인상했습니다. 이렇게 금리를 인상한 이유는 한국의 3퍼센트대 성장률과 미국 연방공개시장위원회(FOMC)에서 2017년 12월 14일(한국시간) 금리인상을 예고했기 때문입니다. 한마디로 선제대응을 한 것이지요.

한국이 2018년에도 추가로 금리를 인상할 가능성도 있습니다. 이주열 한은총재는 추가로 금리를 인상할 때는 신중을 기하겠다고 말했습니다. 이는 한국의 경제성장률이 오르고 물가상승률은 낮은 상태지만 가계부채라는 뇌관이 존재하기 때문입니다. 1,400조가 넘는 가계부채를 감안할 때 한은에서 시장에 부담을 주면서까지 금리를 빠르게 인상하지는 않을 겁니다.

일반적으로 금리상승기에 자산을 운용할 때는 가급적 금리는 회전만기를 짧게 하고 채권 듀레이션(채권에 투자된 원금이 회수되는 데 걸리는 기간)도 짧게 하는 전략이 필요합니다. 채권은 금리와 역의 관계에 있습니다. 금리가 오르면 채권가격은 떨어지고 채권을 포함한 펀드수익률 역시 떨어집니다. 그러므로 방향을 잘 보고 투자해야 합니다.

특히 대출운용 시에는 변동금리에서 고정금리로 전환하는 것을 고려해볼 필요가 있습니다. 이 경우에도 변동금리와 고정금리의 차이를 잘 고려해 일정 정도 차이가 있을 때 전환하는 게 맞습니다. 고정금리는 실행 당시부터 금리가 높으므로 무조건 갈아타면 안 됩

대출은 변동금리에서 고정금리로 전환하는 것을 고려

●

금리가 오를 때 금융주가 수혜

니다. 투자상품 중에는 금리인상 시 변동금리에 연동하는 것도 있는데 그런 상품에 관심을 기울여도 좋습니다. 대표적으로 뱅크론상품이 있지요.

박경희 　주어진 시간이 짧아 수학공식처럼 얘기하다 보니 좀 위험하긴 하지만 금리인상은 그만큼 경기가 좋아 금리를 인상할 여력이 있음을 의미합니다. 우리도 그런 전제 아래 이야기하는 것이고요. 경기가 좋아지기 전에 금리를 올리면 지난 8년 동안 쏟아 부은 돈이 버블로 돌아오고 맙니다. 미국이 금리를 올리는 것은 전반적으로 관계자들이 경기지표를 확신한다는 의미입니다. 전 세계 경기가 좋아져 금리를 올리는 것이라면 주식의 경우 경

금리인상 시 경기에 민감한 주식이 수혜를 입는다

기에 민감한 주식이 좀 더 수익이 날 수 있습니다. 금리가 오를 때 대표적인 수혜주는 금융주입니다. 은행의 예대마진이 늘어나고 보험회사가 보유한 채권 자산 평가가 올라가므로 금리가 오르면 금융주가 가장 먼저 움직입니다. 경기가 좋을 경우 그 이익을 반영하는 민감주들이 오르므로 여기에 주목할 필요가 있습니다.

부동산대출펀드로 4%대 수익 가능 전망

사회자 　세 분 모두 거액 자산가들을 상대하고 있는데 아무래도

돈이 많을수록 여유자금을 어떻게 굴릴지 고민하고 더 다양한 상품을 찾을 거라고 봅니다. 유 센터장님 평소 다양한 대안상품을 접하고 있을 텐데 일반인도 쉽게 투자할 만한 대안상품이 있나요?

유현숙 고액 자산가는 대기 금액이 크기 때문에 분산을 합니다. 즉, 포트폴리오 자산관리를 하는데 그중 한 분야가 대안상품입니다. 그런데 그동안 대안상품은 장기적으로 10년을 놓고 봤을 때 수익이 플러스가 아니라 오히려 정체되거나 마이너스였습니다. 거액 자산가가 장기 투자한 의미가 없었던 거

1년 안에 받을 수 있는 절대 수익을 고려한 대안상품을 찾아야

죠. 대안상품을 딱 두 단어로 표현하자면 안전하면서 내가 1년 안에 받을 수 있는 금액, 즉 절대수익을 그리는 것입니다. 그래서 고수익이 아니라 중수익 중에서 주로 위험상품을 대안상품으로 많이 선택합니다.

훌륭한 대안상품 중에 최근 비과세상품을 거둬들이는 정부가 해외주식을 권장하기 위해 2017년 12월 31일까지만 허용한 비과세상품이 있었지요. 대안상품은 그때그때 금융 트렌드에 따라 달라지므로 늘 관심을 기울이며 지켜볼 필요가 있습니다.

팁을 하나 드리자면 미성년자에게 세금 없이 줄 수 있는 증여금액이 2,000만 원입니다. 일단 미성년자에게 2,000만 원을 주고 세무서에 신고하세요. 그것을 4퍼센트든 10퍼센트든 해마다 10년 동안 비과세로 장기 운용하면 10년 뒤 성년이 되었을 때 5,000만 원까지 비

과세로 줄 수 있습니다. 그 5,000만 원에다 10년 뒤 5,000만 원을 얹어 증여하면 1억 원을 세금 없이 증여할 수 있지요. 요즘은 거액 자산가도 대안상품으로 비과세상품을 많이 선택합니다.

박경희 우리가 은행에 정기예금을 들면 은행은 그 돈을 운용해 우리에게 2퍼센트의 이자를 줍니다. 그런데 은행이나 증권사 같은 금융기관이 돈을 운용하는 분야 중 하나가 주택담보대출입니다. 그러

**부동산 투자 대안으로 부동산펀드
에 대한 관심 높아**

다 보니 2017년 대안상품으로 부동산펀드가 상당히 각광을 받았지요. 부동산에 직접 투자한다고 반드시 이익을 보는 것도 아니고 이런저런 신경 쓸 것이 많다 보니 그 대안으로 금융기관의 부동산펀드에 관심을 보이는 사람이 많았던 거지요.

예를 들어 1,000억 원짜리 부동산이 있는데 금융기관이 인수자금으로 부동산가격의 30퍼센트인 300억 원을 대출해준다고 해봅시다. 이때 대출금은 은행이나 증권사 자금이 아니라 관련 상품에 투자하는 투자자의 돈입니다. 물론 선순위 투자자는 은행금리의 2배 정도인 4퍼센트의 대출 금리를 가져갑니다.

과거처럼 부동산 매각 시세차액과 연동한 부동산펀드는 사실 주식형으로 분류합니다. 여기에 그동안 금융기관이 하던 대출을 엮어 안전하게 상품으로 만든 것을 부동산대출펀드라고 합니다. 이 상품 투자자는 2017년 4~5퍼센트의 금리를 가져갔지요. 요즘 금융기관

대출이 BIS비율(자기자본비율)이나 다른 여건으로 인해 약해지고 있으므로 2018년에도 펀드자금으로 대처하는 대출 영역이 확산될 것으로 보입니다.

김재곤   부동산펀드는 일반인도 공모 형식으로 살 수 있나요?

박경희   부동산대출펀드는 대출을 인수해온 금융기관이 펀드를 기관에 줄지, 리츠(REITs, Real Estate Investment Trusts, 투자자들의 자금으로 부동산에 전문적으로 투자하는 뮤추얼펀드)에 줄지 결정합니다. 리츠의 경우 사모펀드 형태로 '49명 이하'라는 제한을 받지만 아직까지는 그런 형식을 취합니다.

김재곤   아직 일반인에게 기회가 많지는 않군요. 하지만 2018년 신한BNP파리바자산운용 등에서 부동산 리츠상품을 출시할 예정이므로 부동산과 관련해 다양한 상품을 눈여겨보는 것이 좋습니다. 김 센터장님 이어서 말씀해주시죠.

김교란   지금 박 사업부장님이 말씀하신 상품은 대개 사모펀드로 구성됩니다. 한국인의 전체 자산 중에서 부동산이 많은 비중을 차지함에도 불구하고 사실 국내에 부동산 간접상품은 많지 않습니다. 부동산 간접상품은 국내보다 해외에 많이 발달해 있는데, 일반 투자자가 쉽게 소액으로 가입할 수 있는 해외 공모형 리츠가 시중에 나와 있습니다. 그 상품은 달러베이스로도 투자가 가능하므로 통화 분산 차원에서 환율이 떨어질 때 조금씩 투자해 포트폴리오 안정성을 높이는 것도 좋은 전략입니다.

환율 1,150원 이상 오를 수 있어

사회자　방금 환율 얘기가 나왔는데요. 해외투자 쪽 전문가인 김 센터장님이 2018년 환율을 어떻게 전망하는지, 어떻게 해외자산에 투자하는 것이 좋을지 설명해주시지요.

김교란　2018년에도 글로벌성장률 회복이 계속 이어질 전망입니다. 특히 2018년에는 미국의 성장률 대비 글로벌성장률이 더 높을 가능성이 커서 달러약세 기조가 이어질 것으로 예상하고 있지요. 달러가 언제쯤 오를지 궁금해 할 수도 있는데 전문가도 예측만 할뿐 정확히 맞힐 수는 없습니다. 물론 달러가 오를 요인은 분명 존재합니다.

무엇보다 미국의 금리인상이 환율인상을 유발할 겁니다. 그러나 2017년 말 현재 한국 정부의 재정이 건전성을 유지하고 있고 수출도 호조를 보이고 있으며 외국인이 국내 주식시장에 많이 투자하고 있습니다. 그 자금이 주식시장에 유입되면 원화강세 요인으로 작용합니다. 결국 달러약세가 당분간 지속될 전망입니다. 아무튼 2018년에는 미국 금리가 어느 정도 인상되므로 우리는 미국과 한국의 금리역전 현상이나 미국의 장단기 금리차 역전을 유의해서 관찰해야 합니다.

미국의 금리인상이 환율 인상을 유인할 가능성 있음

2018년 환율은 '상저하고'로 보고 있습니다. 즉, 상반기에는 환율 약세가 이어지고 하반기에는 약간 반등할 것으로 예상합니다. 따라서 2018년 상반기의 경우 포트폴리오를 점검해볼 필요가 있습니다. 개인투자자들의 포트폴리오를 보면 대개 통화 분산에 약합니다. 달러는 대표적인 안전자산이므로 시장에 충격이 올 때를 대비해 방어 수단으로 갖고 있는 게 좋습니다.

과거 IMF 때와 2008년 금융위기 당시 글로벌 주식이 폭락했죠. 그때 미국 달러가 폭등했고 달러자산을 보유한 투자자와 그렇지 않은 투자자의 희비가 엇갈렸습니다. 참고로 국민연금은 전체 포트폴리오의 30퍼센트를 외화자산으로 운용하는데 글로벌 금융위기 당시 글로벌 주식 하락폭이 60퍼센트에 달했습니다. 당시 국민연금의 포트폴리오 운용수익률이 몇 퍼센트였을까요?

> **달러는 대표적인 안전자산, 시장 충격을 대비한 방어수단으로 준비해야**

사회자 마이너스 15퍼센트쯤 가지 않았을까요?

김교란 당시 국민연금의 포트폴리오 운용수익률은 마이너스 0.2퍼센트 정도였습니다. 글로벌 금융위기 속에서도 거의 원금을 잃지 않고 지켜낸 것은 통화 분산의 효과입니다. 주식 폭락장은 아무도 예측할 수 없습니다. 그러므로 충격에 대비하기 위해 달러가 약세일 때 외화자산을 확대하는 것은 포트폴리오의 안전성을 높이는 좋은 전략입니다.

박경희 사람들은 보통 달러를 두 가지 시각으로 바라봅니다. 하나는 환차익을 노리는 투자수단이고 다른 하나는 통화 분산 차원이지요. 사실 우리는 대부분 원화자산을 갖고 있는데 이것의 구매력이 떨어지거나 여러 가지 이유로 리스크에 빠졌을 때, 달러는 내 자산을 보완해주는 일종의 보험 역할을 합니다. 예를 들어 북한의 핵위기가 불거지거나 글로벌시장이 충격을 받을 때, 이머징 국가에 속하는 한국 국민이 원화만 갖고 있으면 좀 불안하기도 하지요. 그래서 내가 보유한 자산의 리스크를 줄이기 위해 혹은 통화를 분산하기 위해 달러를 보유하는 사람이 꽤 있습니다.

2017년 12월 현재 달러가 1,050원이고 심지어 1,000원 이하로 갈 때도 있는데 이럴 경우 분산 차원에서 달러의 포지션을 확보하는 것이 좋습니다. 수출기업이 70퍼센트가 넘는 대한민국은 어느 정도 환율을 유지해야 하므로 쉽지는 않겠지만 1,150원 위로 올라가지 않을까 싶습니다. 여하튼 사람들은 달러를 살 때 1,100원 이하, 특히 1,000원 이하에서 구입하는 경우가 많습니다.

사회자 저도 그렇지만 사실 달러에 투자하고 싶어도 투자방법을 몰라서 못하는 경우도 있어요. 은행에 달러화예금 같은 상품이 있나요?

보수적인 투자자에게는 달러외화 예금 추천

김교란 달러외화예금이 있는데 보수적인 투자자라면 안전하게 예금으로 하는 게 좋습니다. 물론 달러로 투자하는 투자상품도 있어요. 보다 높은 수익을 기대한다면 대안상품과 해외주식형에 달러베이스로 들어가는 투자상품도 눈여겨볼 만합니다.

유현숙　우스갯소리로 환율은 신의 경지라 아무도 모른다는 말이 있습니다. 환율에 온갖 변수가 영향을 주기 때문이지요. 결국 여기서 말할 수 있는 것은 환율밴드(환율의 최고치와 최저치를 예상해 그 범위 내에서 매수와 매도를 결정하는 지표)인데, 환율을 예측하기는 힘들지만 밴드 내에서 크게 벗어나지는 않습니다. 보통 해외채권에 투자할 때는 기대수익률이 결과로 나옵니다. 해외채권은 두 가지 방법으로 투자가 가능한데 그중 하나가 채권쿠폰을 받는 방법입니다. 가령 1,100원선에서 쿠폰을 지급하는 채권을 샀다면, 1,150원으로 갔을 때 매매가 가능합니다. 쿠폰이 3~4퍼센트의 수익을 내도 환차액이 있어서 단기에 5퍼센트의 수익이 나기 때문이지요.

브라질채권을 제외하고 해외채권은 보통 1억 원 이상으로 금액이 정해져 있고 펀드도 환을 헤지한 것과 열려 있는 것이 있어요. 내가 직접 환에 투자하는 것은 아니지만 환을 헤지했느냐 하지 않았느냐에 따라 수익률은 달라집니다. 예를 들어 유로화 강세를 예상한다면 환헤지를 할지 말지 판단해 간접적인 환투자를 할 수 있습니다.

위험과 기회가 존재하는 사모펀드

사회자　달러에도 이렇게 다양한 투자 팁이 있네요. 소위 거액 자산가들은 사모투자를 많이 하는 걸로 아는데 사실 그 세계에 접근하기가 힘들어요. 유 센터장님, 거액 자산가들이 특히 사모펀드를 선호하는 이유는 무엇입니까?

유현숙   거액 자산가라서 사모펀드를 선호하는 것이 아니라 사모펀드는 공모펀드와 달리 법적으로 계좌가 49개로 정해져 있어요. 그러다 보니 목표가 100억 원이나 200억 원이면 1인당 2억 원 이상이라는 최저치가 형성됩니다. 사모상품이 등장한 이유는 대안상품의 경우와 똑같습니다. 비록 고수익은 아니어도 리스크를 내가 감내할 정도로만 지겠다는 사람들이 늘어났기 때문입니다. 보통의 투자성향을 보이는 사람들이 중수익, 중위험을 바라고 사모펀드에 많이 투자합니다.

보통의 투자성향을 보이는 경우, 중수익 · 중위험을 감당하는 사모펀드에 투자

사모펀드의 가장 큰 특징은 펀드매니저가 자신의 운용 능력을 극대화할 수 있다는 점입니다. 공모펀드는 불특정다수가 가입하는 것이라 투자자 보호 차원에서 규제가 아주 많습니다. 이를테면 공모펀드에서는 한 자산에 10퍼센트 이상을 담지 못합니다. 만약 삼성전자가 좋아서 20퍼센트를 담고 싶어도 제한을 받지요. 반대로 사모펀드는 삼성전자가 좋으면 100퍼센트를 담아 수익률을 극대화할 수 있습니다.

최근에는 사모펀드가 채권과 주식의 중간 위험단계에 있는 상품에 투자하는 메자닌펀드를 선호합니다. 이것은 주식시장이 좋을 때 주식으로 전환할 수 있는 채권이라 거액 자산가들이 아주 좋아합니다. 어찌 보면 메자닌펀드가 사모펀드의 시작이라고 할 수 있지요.

두 번째로 잘나가는 것이 앞서 말한 부동산펀드입니다. 부동산은 국내에 국한된 것이 아니라 해외 부동산도 있습니다. 그 밖에 아트펀드와 글로벌후순위채펀드, 글로벌전환사채펀드가 최근 사모상품으로 인기가 있습니다.

박경희 최근 정부가 온라인에서 소액으로 가입하는 사모펀드를 허가했기 때문에 앞으로 사모펀드가 많이 확산될 전망입니다. 사모펀드는 운용자산의 종류가 다양하고 운용자에게 상대적으로 규제가 적기에 수익을 극대화할 수 있지만, 그만큼 우리가 잘 모르는 운용 위험도 따릅니다. 사실 사모펀드는 위험과 기회가 공존하는 펀드입니다.

유 센터장님이 말씀하신 사모펀드에 이어 하나 더 예를 들자면 비상장주식펀드가 있습니다. 뭐든 투자할 때는 쌀 때 하는 것이 좋은데 주식은 상장되는 순간부터 싸게 사기가 쉽지 않습니다. 그래서 이 펀드는 상장하려고 주관사를 선정한 기업이나 조만간 상장

상장 예정 기업 중 공모가보다 싸게 살 수 있는 비상장주식펀드도 확대되고 있어

할 기업 중 공모가보다 싸게 살 수 있는 비상장기업을 타깃으로 합니다. 다시 말해 안전마진을 충분히 확보할 수 있는 투자대상을 찾

아 비상장 단계에서 펀드를 만들면 상장할 때 비과세에다 시장에 따라 싸게 산 덕분에 차액이 생깁니다. 여기에 시장에서 밸류에이션(Valuation, 기업가치를 판단해 적정 주가를 산정하는 기업가치평가)이 올라가면 공모가도 오릅니다. 사모펀드로 비상장주식을 운용해 수익률을 기대보다 높게 실현하는 것도 하나의 전략입니다.

사회자 그러니까 상장되기 전에 한 번 싸게 사고, 그게 상장되면 공모주로 또 한 번 크게 수익이 나니 양쪽으로 번다는 거로군요.

박경희 네. 2017년 국내 주식시장이 활성화되면서 공모주펀드들이 수익을 많이 올렸습니다. 일반 공모주펀드는 공모주 청약 단계 이전, 그러니까 정보가 오픈되기 이전에 가져와야 하는데 너무 일찍 가져오면 상장에 성공하지 못할 경우 위험을 떠안아야 합니다. 그런 비상장시장에 투자할 때 상장을 1~2년 앞두고 주관사가 선정되었을 경우 위험을 최대한 배제하고 안전하게 투자하는 방법이 2017년에 많이 등장했습니다.

3인이 말하는 나만의 중장기 필승 투자 팁

사회자 결국 요점은 어떻게 돈을 벌 것인지, 어떻게 내 돈을 잃지 않을 것인지로 압축되네요. 그렇다면 '중장기적으로 최소 4~5년을 투자하면 그래도 돈은 잃지 않더라' 하는 투자 팁이 있지 않을까요? 혹시 나만의 중장기 필승 투자 팁이 있으면 김 센터장님부터 들려주시지요.

김교란 투자에서 가장 중요한 것은 '잃지 않는 투자'라고 생각합니다. 이를 위해서는 무엇보다 금리 흐름을 읽어야 합니다. 금리 흐름을 읽고 투자 국면을 정확히 진단해 거기에 역행하지 않게 투자하는 것이 잃지 않는 투자입니다. 예를 들어 경기가 회복세에 접어들어 금리가 인상되는 시점에 주식형을 팔아 채권을 사는 것은 수익을 내기보다 손실을 보겠다는 뜻이죠. 금리인상기에는 채권가격이 떨어지거든요. 참고로 인터넷에 들어가면 코스톨라니 달걀모델이 나옵니다. 그 모델을 살펴보면 자산운용에 도움이 될 것입니다.

> 금리 흐름을 읽어야 '잃지 않는 투자' 가능해

그다음으로 중요한 것은 포트폴리오 투자입니다. 아무리 뛰어난 사람도 시장과 상품의 미래를 100퍼센트 맞힐 수는 없습니다. 결국 투자금을 한곳에 몰아넣으면 리스크가 커질 수밖에 없으므로 성향에 따라 분산 투자하길 바랍니다.

마지막으로 사후관리를 잘해야 합니다. 대다수 투자자가 투자할 때는 굉장히 관심과 노력을 기울이지만 투자한 후에는 사후관리를 소홀히 합니다. 특히 투자상품은 시장 흐름에 따라 변동이 아주 심하므로 투자 현황을 주기적으로 점검해야 합니다. 적어도

> 투자 현황을 주기적으로 점검해야

1년에 한 번은 전체적인 자산 포트폴리오를 점검하세요. 투자 당시와 상황이 많이 달라졌을 수도 있으므로 그때마다 적절하게 조절해나가야 합니다.

박경희 　제가 오랫동안 거액 자산가들을 관찰해왔는데 그들은 정부 정책 변화에 굉장히 민감하게 반응합니다. 예를 들어 1999년과 2000년에 국가에서 자금을 충당하기 위해 무려 4조 원어치나 묻지마 채권을 발행했습니다. 당시 정부는 이 채권의 자금출처를 묻지 않겠다고 했지요. 쉽게 말해 그 돈을 자식에게 줘도 증여세를 물지 않는 엄청난 혜택이 주어지는 채권이었죠. 그때 늘 포트폴리오에 분산 투자한 많은 사람이 그 채권을

자산가들은 세제 관련 정책 변화에 민감하게 움직인다

샀습니다. 자산가들은 국가의 세제 관련 정책 변화에 정말 민감합니다. 세금은 확실한 비용이고 수익률은 미지의 상태이기 때문이지요.

　그뿐 아니라 정부 정책은 코스닥시장에도 상당한 영향을 미칩니다. 사실 정부는 미래산업을 개발하고 고용을 창출하기 위해 늘 신성장 동력을 찾습니다. 그처럼 신성장 동력과 관련된 기업이 코스닥시장에 많이 존재하지요. DJ정부 때는 코스닥에 있는 네이버나 새롬기술 같은 IT기업이 2년 동안 무려 7배가 올랐습니다. 노무현 정부 때도 인터넷이라는 신성장 전략 덕분에 2년 동안 7배가 올랐지요. 이명박 정부와 박근혜 정부 때도 약 2.5배로 올랐습니다.

　이처럼 역사적인 기록이 있지만 한국의 개인투자자는 생각보다

이득을 못 봤어요. 이제 문재인 정부 들어 신성장 동력을 '코스닥을 중심으로 한 자본시장 활성화 방안'에서 찾고 있습니다. 미래의 먹거리를 위해 국가자금, 기업자금, 민간인의 투자모험자금을 투자하면 그 자금을 회수하고자 벤처를 육성하고 코스닥을 활성화해야 합니다.

사실 코스닥시장은 그동안 소외되어 있었고 거래소에서 2,000, 2,500으로 올라갈 때도 개인투자자는 별로 혜택을 못 봤습니다. 코스닥시장에 투자하는 투자자의 85퍼센트가 한국인 개인투자자입니다. 외국인은 8퍼센트고 기관투자자는 7퍼센트에 불과합니다. 결국 코스닥시장이 잘되면 투자 과실은 한국인 투자자에게 돌아갑니다.

그러나 지금까지 쓴맛을 본 투자자가 많기에 주식시장을 불신하는 사람이 꽤 있습니다. 제가 좀 팁을 드리자면 코스닥 기업은 애널리스트 리포트를 내지 않는 기업이 많기 때문에 자칫 묻지마 투자가 될 수 있습니다. 만약 정부 정책이 코스닥시장 안에서 많이 구현될 거라고 예상한다면 알지 못하는 특정 기업보다 코스닥지수를 보는 것이 낫습니다. 가령 코스닥지수가 770에서 800 혹은 900이 된다면 그 안에서 가장 안전한 투자방법은 코스닥150 대표기업이 편입된 코스닥150지수를 중심으로 신뢰성이 높은 종목에 투자하는 것입니다.

코스닥 투자는 특정 기업보다 코스닥 지수를 보고 투자

유현숙 제가 가장 중요하게 생각하는 것은 자신만의 투자 철학이 있어야 한다는 점입니다. 제 1년 목표 기대수익률은 4퍼센트입니다. 2017년에는 결과가 좋아 10퍼센트를 넘겼지요. 복리의 마술에 따르면 1억 원을 30년 동안 투자한 사람과 29년간 투자한 사람은 30년 뒤 얻는 수익에 3억 2,000만 원 정도 차이가 납니다. 고작 1년 늦게 투자한 것인데 말이지요.

복리의 마술을 보여주는 대표적인 숫자는 '72'입니다. 가령 제 자산이 2배로 불어나는 기간은 기대수익률을 10퍼센트로 잡았을 때

**1년 먼저 시작하고,
1퍼센트 수익률도
눈여겨 보는 투자자세가 중요**

72 나누기 10으로 7.2년입니다. 기대수익률이 4퍼센트라면 18년이 걸리는 거지요. 한 해, 한 해가 쌓여 10년이 가고 20년이 갑니다. 시간이 가면 1퍼센트 차이가 나중에 어마어마한 액수차로 돌아옵니다.

그다음으로 중요하게 여기는 것이 분산 투자입니다. 저는 한 바구니에 담지 말라는 말을 철저하게 지킵니다. 결국 투자는 확률게임입니다. 욕심 부리지 않고 자신의 투자 철학을 잘 지키면 10년, 20년 뒤 남부럽지 않은 슈퍼리치가 될 것입니다.

어느 광고 카피처럼 순간의 선택이 평생을 좌우합니다. 특히 지금과 같은 100세 시대에 돈 없는 노후는 그야말로 재앙입니다. 삶을 여유롭게 살고 싶다면 1퍼센트의 수익률도 소홀히 하지 말고 가입할 때뿐 아니라 가입 후에도 지속적으로 관리해야 합니다.

전격 추천! 2018 투자 포트폴리오

사회자 이제 지금까지 여러 정보를 들려주신 투자전문가 세 분의 투자 포트폴리오를 공개하겠습니다. 먼저 김교란 센터장님부터 시작하겠습니다.

김교란 제가 포트폴리오를 구성하기 전에 염두에 둔 것은 글로벌 경기 전망입니다. 이에 따라 채권보다 주식 비중을 높였지요. 또

글로벌 경기 전망에 주목한 투자포트폴리오

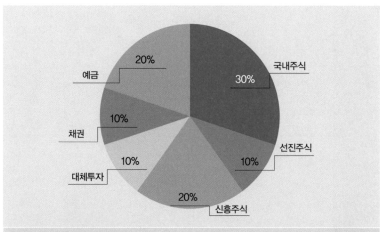

비과세 해외주식형펀드 투자 TIP
- 최소 가입금액 1만 원 이상
- 2018년부터는 비과세 가입 불가
- 대한민국 국민이면 누구나 가입 가능(미성년자 포함)
- 총 투자한도는 최대 한도(3,000만 원)로 설정

김교란 KB국민은행 강남스타PB센터장 추천 포트폴리오

자산구분	상품명	비중	내용	추천이유
국내주식	맥쿼리 VIC 히스토리	15%	대/중/소형주와 가치/성장주 균형 잡힌 포트폴리오 구성 대형 40%, 중소형주 60%(코스닥44%)	장기간의 꾸준한 투자성과 철저한 리서치를 통한 종목 발굴 중소형주에 우호적인 대외 환경
	KB액티브 배당	15%	시가총액, 업종내 경쟁력, 브랜드를 고려한 핵심 고배당주 투자 종목선택 효과로 초과수익을 추구하는 대형주 포트폴리오(대형주 75% 내외)	저금리시대에 배당수익률이 상대적으로 높은 주식군과 고성장하는 경쟁력 있는 기업에 병행 투자하여 자본이득과 배당 수익을 동시에 추구
선진주식	교보악사 로보테크 (해외비과세)	10%	구현기술, 산업자동화, 교통분야, 의료장비분야 등에 투자 철저한 상향식 종목선정, 총 40~60개 종목투자	로보틱스 시장의 초기단계에 참여하여 장기적으로 우수한 수익 추구 10년간 글로벌테크놀로지 전략을 운용해온 AXA IM의 위탁운용
신흥주식	KB통중국 (해외비과세)	10%	홍콩, 중국본토, 미국상장 중국기업에 분산투자 성장+배당 기업투자를 통한 장기수익 추구	시진핑 2기체제 경제, 정책 모멘텀 강화 자본시장 개방 등으로 유동성 증가
	피델리티 아시아 (해외비과세)	10%	한국과 일본을 제외하고 호주와 뉴질랜드를 포함하는 아시아 태평양지역 기업에 투자 펀더맨탈에 기초한 철저한 상향식으로 25~35개의 압축 포트폴리오 구성 개별종목과 상관관계를 고려한 포트폴리오로 리스크 관리	아시아 시장은 선진국에 비해 매력적인 벨류에이션 수준 주요 아시아 신흥국들의 기업이익은 빠르게 회복하여 성장 중

대체투자 (부동산)	Blackstone Mortgage Trust	10%	미국 상업용 부동산의 상장 리츠 뉴욕거래소 상장	높은 배당 수익률(연 7.5%) 선순위 담보(LTV 60%수준) 대출 투자로 안정성 우수 변동금리부 대출로 미국 금리 인상시 수혜가능
채권	단기채 펀드랩	10%	3개월 만기 전단채 위주로 편입하는 채권형 랩	높은 안정성을 추구하며 시 중금리 대비 높은 수익과 편리한 단기자금 운영가능
예금	단기채 펀드랩	20%	1개월~36개월	유동성 확보 및 리스크 관리 (금리 상승기 회전 만기 짧게)

2018년에는 선진시장보다 신흥시장의 전망이 더 밝아 보여 신흥시장 비중을 높였습니다.

국내시장은 정부의 정책 수혜주가 많이 들어간 상품으로 전체 포트폴리오의 약 30퍼센트를 구성했습니다. 선진시장은 4차 산업혁명에 투자하는 로봇테크를 일부 구성했고, 신흥시장은 아시아 신흥국의 전망이 밝아 그쪽에 20퍼센트를 구성했습니다.

저는 대체투자상품으로 10퍼센트를 구성했는데 이는 미국 상업용 부동산에 투자하는 공모형 리츠입니다. 이 상품은 달러로도 투자가 가능합니다. 20퍼센트를 구성한 예금은 앞으로 달러약세 기조가 지속될 것으로 보기 때문입니다. 달러가 추가 하락할 때 이것을 분할 매수해 외화자산을 확대하는 전략을 선택하는 것이 좋을 듯합니다.

사회자 | 다음으로 박경희 센터장님의 설명을 듣겠습니다.

박경희 | 결론을 말하자면 2018년에도 2017년처럼 글로벌 경기가 좋을 것이므로 주식 비중을 유지하거나 확대하는 것이 좋을 겁니다. 저 같은 경우 2017년과 2018년에 변화가 있다면 위험자산이라 불리는 주식을 그대로 유지하거나 좀 더 확대한다는 것입니다. 지역적으로는 일본을 확대하고 스타일별로는 대형주 일변도에서 중소형주로 갑니다. 제 투자습관 중 하나는 투자노트를 꼼꼼히 기록하는 일입니다. 그때그때 기록을 해야 투자원칙을 놓치지 않고 실수를 줄일

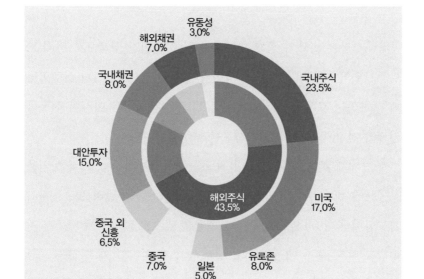

주식을 확대하는 추천 포트폴리오(초고위험기준)

박경희 삼성증권 삼성타운금융센터장 추천 2018년 유망 금융상품

상품명	내용	추천 이유
삼성 우량주장기	시총 상위 100위 이내 대형우량주에 집중투자해 KOSPI 대비 고수익 추구	IT를 중심으로 한 수출호조와 소재, 산업재 등 경기민감주 주도의 대형주 모멘텀 지속 전망
NH-AmundiAllset 성장중소형	KOSPI 시총 기준 100위 밖 종목 및 KOSDAQ 종목 포함 중소형주에 투자	IT 관련 기업 및 중국 관련 기업에 대한 비중 확대 운용 등 성장산업 내 저평가된 높은 이익성장률 기업에 투자
AB 미국 그로스	미국 성장주에 투자하는 펀드	대형 우량기업에 주로 투자하며 EPS 성장률 등 성장성에 초점
피델리티재팬	Topix 지수를 BM으로 하며 펀더멘털에 기반 둔 상향식 접근방식으로 이익성장 잠재력 큰 종목에 투자	경기 개선 모멘텀 유효하고 글로벌 주식 대비 상대 밸류에이션 저평가
삼성CHINA2.0 본토(UH)	본토 대표기업과 대형주 중심의 운용으로 A주시장 성과를 장기적으로 추구	중국 성장률 회복 및 내수중심 성장으로의 회귀 기대
삼성아세안(UH)	아세안 6개국의 성장성 높은 저평가 기업 투자	수출모멘텀 회복 및 환율 등 대외부문 안정성 강화로 중장기 투자매력 향상
AB 글로벌 고수익채권	신흥 및 하이일드채권 등 고금리채권에 주로 투자하여 꾸준한 수익 창출	경기회복되는 금리상승기 이자수익에 초점

수 있거든요. 저는 2017년 상반기에는 반도체를 끝없이 기록했고, 하반기에는 바이오를 많이 적었습니다. 2017년 11월부터는 한국의 중소형주가 과연 코스닥에 신성장 동력으로 올 것인가에 집중하고 있습니다. 여러분도 관심 있는 분야에 집중해 투자노트를 만들어 기록하면 아주 유용할 것입니다.

사회자 참고로 박경희 센터장님의 포트폴리오는 초고위험군,

안정적 수익추구를 위한 추천 포트폴리오

포트폴리오 구성

- 예금보다 높은 수익을 기대하고 일정수준의 위험을 감수할 수 있는 투자자에게 적절합니다.
- 고수익 상품: 국내주식 15%, 선진국 10%, 유럽 10%, 이머징 10%, 중국 10%, 원자재 및 부동산 5%
- 중수익 상품: 해외 대안상품 10%, 해외채권 15%
- 안정수익 상품: 국내 단기채 15%
- 투자자의 재무목표를 달성할 수 있도록 지속적인 리밸런싱을 수행하여야 합니다.

포트폴리오 제안

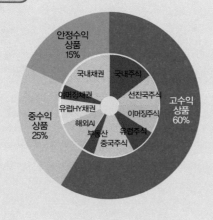

그러니까 주식 비중이 많은 위험도 높은 투자자에게 적합합니다. 이제 마지막으로 유현숙 센터장님의 설명을 듣겠습니다.

유현숙   전체적으로 두 분과 크게 다르지 않습니다. 고수익상품

유현숙 NH투자증권 프리미어블루 강남센터장 추천 2018 유망 금융상품

2018년 투자테마	글로벌 경기회복	이머징 두각 지속	4차 산업혁명	채권금리 점진상승	중위험 중수익 추구

금융상품	내용	추천 이유
NH-Amundi Allset 성장중소형주펀드	새로운 성장동력인 우량 중소형주 선별 투자 업종 내 글로벌 경쟁력을 보유한 대형주도 동시 투자	글로벌 경기 회복 속에 실적 가시화 및 성장 모멘텀 지속 4차 산업혁명 관련 대기업 대비 중소형 기업에게 유리한 환경
피델리티아시아펀드(H)	중국, 인도, 호주, 대만, 인도네시아, 태국 등 아시아 지역의 유망종목 압축투자(한국, 일본 제외)	경기회복기에 선진국 대비 주가 상승탄력이 높은 이머징아시아
한화중국본토펀드(H)	정책수혜주 및 저평가 기업 등 중국의 장기 성장스토리에 부합하는 본토 우량기업에 투자	19차 당대회 이후 혁신적인 경제개혁 추진으로 경제 성장 전망
슈로더유로펀드(H)	독일, 프랑스, 네덜란드, 이탈리아 등 유로존 지역의 유망종목 선별 투자(영국제외)	양호한 경기 회복으로 통화긴축정책을 앞두고 있어 증시 상승 기대
피델리티글로벌테크놀로지펀드(H)	4차 산업혁명 관련 글로벌 주식 투자	혁신을 창출하는 글로벌 IT산업 중심으로 패러다임 변화
미래에셋QV솔루션펀드	당사 QV포트폴리오 모델에 의거한 지속적인 글로벌 분산투자	당사 QV포트폴리오의 성과는 업계 1위 장기 유지 중 시황에 맞는 적극적 자산 배분으로 효율적인 자산관리 추구
NH-Amundi Allset 글로벌 후순위채펀드(H)	투자등급의 글로벌 기업이 발행한 후순위 채권에 투자해 상대적으로 낮은 부도위험 하에 높은 수익 추구	글로벌경기의 회복세를 동반한 금리인상 국면 적절한 투자 대안, 현재 원-유로 헤지 프리미엄을 통해 추가수익 가능

으로 60퍼센트를 잡았지만 대안상품까지 포함하면 전체 주식자산에 투자하는 부분이 80~85퍼센트입니다. 그리고 안정자산이 15퍼센트 정도입니다. 한마디로 골디락스장이 열릴 2018년에 주식 비중을 많이 늘립니다.

주식도 2016년이나 2015년과 트렌드가 달라졌고 이제 해외상품이 많이 들어옵니다. 해외상품은 선택이 아니라 필수인 시대이므로 내 성향에 맞게 비중을 조절해야 합니다. 2018년에는 적극적으로 자산을 운용하는 것이 좋습니다.

한병기

트리니티자산운용 대표이사. 그가 대표로 있는 트리니티자산운용은 운용업계의 중견회사로 1호 헤지펀드가 1년 수익률 102%를 기록하며 한국형 헤지펀드 시장에서 주목받고 있다. 메리츠화재 자산운용팀장 출신으로 운용철학의 일괄성과 자산배분의 중요성을 중시하며 향후 투자 자산 및 포트폴리오 다각화를 목표로 활동하고 있다

1년 수익률 80%,
여의도 황금손이 알려주는
사야 할 주식

한병기, 트리니티자산운용 대표이사

2018년 세계 주가 전망은 긍정적

　운용사는 증권사와 달리 다른 사람에게 종목을 공식적으로 추천하지 않아야 합니다. 따라서 저도 정도를 해치지 않는 범위 내에서 설명할 생각입니다. 2017년 말 현재 제가 몸담고 있는 운용사는 수익률이 100퍼센트를 기록했지만 그렇다고 2018년에도 잘하리라는 보장은 없습니다.

　2017년 자산수익률을 보면 주식이 가장 좋았고 그다음으로 농산물을 제외한 코모디티(commodity, 원자재)가 수익률이 높았습니다. 글로벌 증시 성과는 이머징마켓이 선진국보다 좋았고 그중에서도 한국이 속한 아시아존 이머징마켓이 대체로 좋은 편입니다. 남미시장도 좋았고요. 눈에 띄는 것은 테크놀로지 중심의 나스닥시장이 아주 좋

2018년 IMF 성장률 전망치 변화 추이

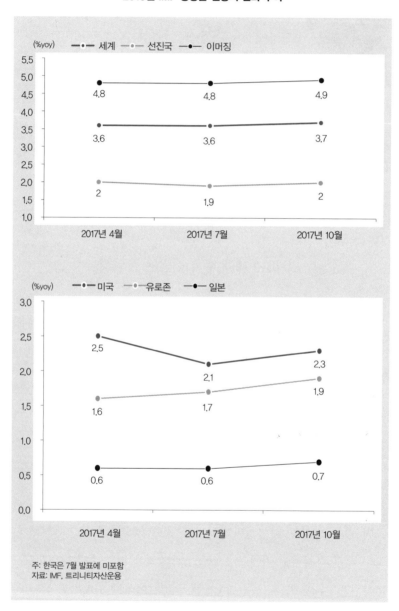

주: 한국은 7월 발표에 미포함
자료: IMF, 트리니티자산운용

았다는 점입니다.

한국 증시는 2017년 3분기까지 대형주 중심으로 많이 올랐습니다. 즉, IT, 금융, 화학, 정유 중심으로 많이 오르다가 추석 이후 사드의 영향을 받은 주들의 반전이 있었습니다. 이어 11월 들어 코스닥 활성화 정책이 알려지면서 헬스케어 중심으로 급등했지요. 2017년 말 현재 코스피와 코스닥은 수익률 면에서 별반 차이가 없습니다.

증시는 2018년에도 시장이 좋을 거라고 봅니다. 그럼 이를 뒷받침하는 거시경제지표를 먼저 살펴봅시다. 가장 권위가 있으면서도 경제지표 발표는 제일 늦는 IMF가 2017년 4월, 7월, 10월에 2018년 성장률 전망치를 내놓았습니다. 왼쪽 그래프가 보여주듯 IMF는 세 차례 모두 이머징을 상향조정했습니다.

이와 달리 아래 그래프는 미국의 경우 하향조정했다가 다시 상향조정했고 유로존과 일본은 상향조정했습니다. 나머지 인도를 제외한 이머징마켓도 상향조정했고요. 한마디로 2018년 경제전망을 긍정적으로 보고 있는 것입니다.

다음으로 살펴봐야 할 것은 통화정책입니다. 증시에는 경기는 물론 유동성 환경, 즉 중앙은행의 통화정책도 큰 영향을 줍니다. 미국은 2017년 10월부터 자산축소를 시작했고 12월에 금리를 인상했습니다. 모두 다섯 번의 금리인상을 진행했으나 금리인상 기준은 점진적입니다. 2018년 2월 제롬 파월이 연준(FRB) 의장으로 취임하는데 재닛 옐런과 마찬가지로 점진적 금리인상 기준을 유지할 것으로 보

코스피와 수출, GDP의 관계

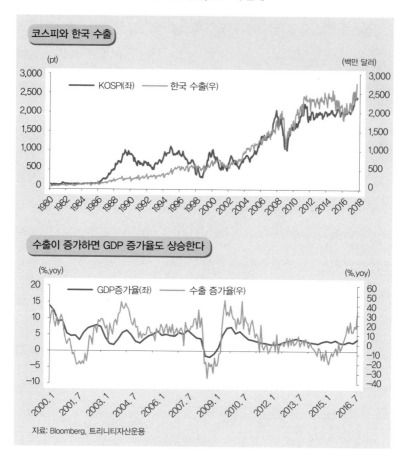

코스피와 한국 수출

수출이 증가하면 GDP 증가율도 상승한다

자료: Bloomberg, 트리니티자산운용

입니다. 그는 금융규제 완화를 추진해 미국 월가에서 선호하는 사람이기도 합니다. 따라서 미국 쪽 통화정책은 우려할 요인이 아니라고 봅니다.

코스피200 연간 순이익과 영업이익

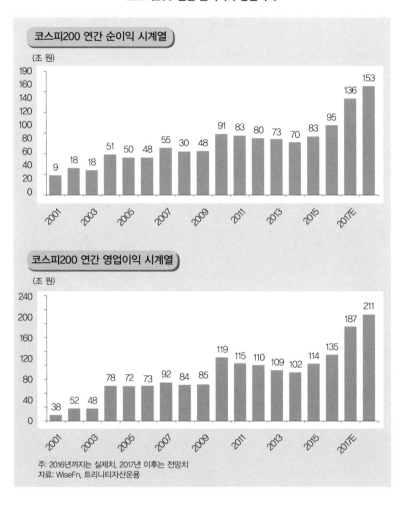

코스피200 연간 순이익 시계열

(조 원)

코스피200 연간 영업이익 시계열

(조 원)

주: 2016년까지는 실제치, 2017년 이후는 전망치
자료: WiseFn, 트리니티자산운용

유로존의 경우 2017년 9월 자산매입 규모를 월 300억 유로로 축소했습니다. 그러나 완화 기준은 그대로 유지하고 있지요. 양적완화

정책에 아직도 가장 적극적인 나라는 일본입니다. 구로다 하루히코 일본은행(BOJ) 총재는 매번 물가상승률이 2퍼센트에 미달하면 적극적으로 나서겠다고 밝히고 있는데, 2019년 4월이면 그의 임기가 끝납니다. 그러므로 그때 그가 연임되는지 주목할 필요가 있습니다.

한국은 수출을 보면 주가와 경제 펀더멘털(기초여건)이 보입니다. 특히 장기시계열 데이터로 보면 종합주가지수인 코스피와 수출액이 같은 계정을 그리고 있습니다.

데이터는 매달 1일 발표하는데 2017년 12월을 보면 수출이 9.6퍼센트 증가했습니다. GDP도 마찬가지입니다.

대한민국은 수출을 해서 먹고사는 나라입니다. 그래서 GDP 증가율에서도 수출증가율 기여도가 가장 크게 나옵니다. 실적의 경우 2017년 코스피200 종목을 기준으로 영업이익이 약 180조 원입니다. 이는 2016년 대비 약 40퍼센트 증가한 수준이지요. 2018년 전망치는 약 211조 원입니다.

순이익은 2017년과 2018년을 각각 136조 원과 153조 원으로 전망하고 있습니다.

밸류에이션이 증가는 강력한 주가 상승 요인

이제 과거의 증시를 살펴봅시다. 주가는 기업이익의 함수입니다.

주가가 기업가치보다 고평가되거나 저평가될 때도 있으나 결국 그것은 기업가치에 수렴하지요. 기업가치는 기업이익에 좌우되는데 그럼 기업이익은 어디에 의존할까요? 기업이익은 바로 거시경제 전망, 환율, 금리 등이 결정합니다.

주가는 대체로 기업이익 증감율에 민감하게 반응합니다. 2004년의 경우 코스피 순이익이 전년의 18억 원에서 51억 원으로 늘었는데 이때 주가가 큰 폭으로 올랐습니다. 이후 모멘텀은 별로 없었어도 주가가 4년 동안 계속 올랐습니다. 그 덕분에 2,000포인트를 넘어섰죠.

2008년 금융위기 이후인 2009년과 2010년도를 볼까요? 그때도 기업이익이 엄청나게 뛰어올랐습니다. 당시 일본 대지진 같은 악재

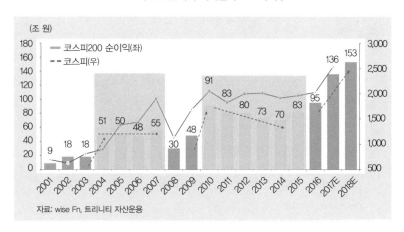

코스피200 순이익 시계열과 코스피지수

자료: wise Fn, 트리니티 자산운용

도 있었지만 2,200까지 갔었지요. 오히려 유럽 재정위기와 미국 신용등급 강등이 주가가 더 오르지 못하는 데 영향을 주었습니다. 실적이 어느 정도 뒷받침을 해주었어도 주식은 오르지 못하고 그냥 박스권에서 행보했죠.

2017년에도 기업이익이 많이 늘어났습니다. 이 추세대로라면 2018년에도 기업이익이 큰 폭으로 증가할 전망입니다. 기업의 입장에서도 2018년 증시 전망은 괜찮은 편입니다.

밸류에이션(가치평가)을 보면 한국 증시는 늘 저평가되어 있었습니다. 다른 이머징 국가나 선진국에 비해 늘 저평가되어 가장 쌌지요. 2017년에도 주식시장이 다 좋았지만 한국은 밸류에이션이 그다지 오르지 않았습니다. 실제로 EPS(주당순이익) 증가율 정도도 따라

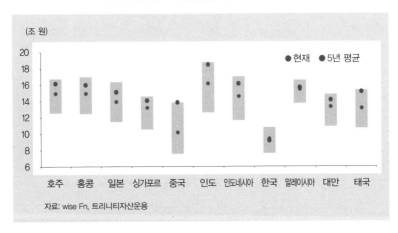

아시아 국가별 12개월 선행 목표 주가수익비율

자료: wise Fn, 트리니티자산운용

2018년 EPS 증가율 기준 코스피 시뮬레이션

구분		2018년 EPS 증가율(%)									
		8.0	8.0	8.0	8.0	8.0	8.0	8.0	8.0	8.0	8.0
12F PER (x)	8.0	2,147	2,167	2,187	2,207	2,227	2,246	2,250	2,266	2,286	2,306
	8.5	2,281	2,302	2,324	2,345	2,366	2,387	2,391	2,408	2,429	2,450
	9.0	2,415	2,438	2,460	2,483	2,505	2,527	2,532	2,550	2,572	2,594
	9.5	2,550	2,573	2,597	2,620	2,644	2,688	2,672	2,691	2,715	2,739
	9.6	2,577	2,600	2,624	2,648	2,672	2,696	2,701	2,720	2,744	2,767
	10.0	2,684	2,709	2,734	2,758	2,783	2,808	2,813	2,833	2,858	2,883
	10.5	2,818	2,844	2,870	2,896	2,9222	2,949	2,954	2,975	3,001	3,171
	11.0	2,952	2,980	3,007	3,034	3,062	3,089	3,094	3,116	3,144	3,171
	11.5	3,086	3,115	3,144	3,172	3,201	3,229	3,235	3,258	3,286	3,315
	12.0	3,221	3,250	3,280	3,310	3,340	3,370	3,376	3,400	3,429	3,459

자료: Thomson Reuters, 트리니티자산운용   현재 EPS 증가율 추정치   현재 PER

가지 못한 것 같습니다.

다른 나라는 보통 12~16배 수준입니다. 반면 우리는 9~10배, 잘해야 11배 수준입니다. 기업이익과 현재 밸류에이션 수준만 놓고 보면 2017년 말 현재 PER(주가수익비율: 주가가 그 회사 1주당 수익의 몇 배를 나타내는 지표) 수준이 대략 9.6퍼센트입니다. 2018년 EPS 증가율을 13.2퍼센트로 추정하면 2,701포인트는 갈 것으로 보입니다. 만약 한국의 밸류에이션이 1배 높아져 PER 수준이 10.5가 되면 2,954 포인트로 가겠지요. 그러다 보니 증권사마다 2018년 전망치를 2,800에서 3,000 사이로 내놓고 있습니다.

주가수익률은 EPS 증가율과 멀티플 PER 밸류에이션 증감률로 나눠볼 수 있습니다. 그런데 한국 증시는 늘 저평가되어 있지요.

그 이유는 EPS 상승에 대한 신뢰 부족, 높은 이익변동성 때문입니다. 한국이 상대적으로 수출 의존도가 높으니 이 부분은 어느 정도 이해가 갑니다. 또한 지배구조 문제, 낮은 배당성향, 분단국이라는 국가 리스크도 영향을 줍니다. 개인적으로 저는 배당성향이 낮은 게 가장 큰 저평가 요인이라고 봅니다.

2008년 금융위기 이후 2010년에 밸류에이션이 가장 많이 올랐을 때도 11배를 채 넘지 못했습니다. 지금도 10배가 되지 않습니다.

배당수익률을 올릴 수 밖에 없는 기업들

한국은 OECD 국가 중에서 배당성향과 배당수익률이 가장 낮습니다. 한국의 배당성향을 보면 2016년 말을 기준으로 1.8퍼센트였고 2017년에는 약 2퍼센트입니다. 그마저도 삼성전자가 앞으로 3년간 9.6조 원을 배당하겠다고 발표하면서 시장배당수익률이 올라간 것입니다.

문재인 정부 들어 추진하는 정책 중 하나가 기업의 지배구조 개선 노력과 스튜어드십 코드(Stewardship Code, 연기금과 자산운용사 같은 기관투자가들이 기업의 의사결정에 적극 참여하도록 유도하는 의결권 행사 지침) 도입을 요구하는 일입니다. 이것은 한마디로 기업이 배당정책을 세우고 배당수익률을 올릴 수밖에 없는 정책입니다.

주요국 중 가장 낮은 배당성향을 기록 중인 한국

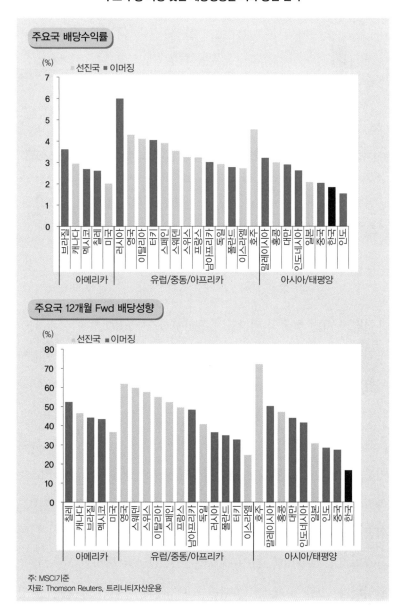

주요국 배당수익률

(%) 선진국 ■ 이머징

아메리카 / 유럽/중동/아프리카 / 아시아/태평양

주요국 12개월 Fwd 배당성향

(%) 선진국 ■ 이머징

아메리카 / 유럽/중동/아프리카 / 아시아/태평양

주: MSCI기준
자료: Thomson Reuters, 트리니티자산운용

194

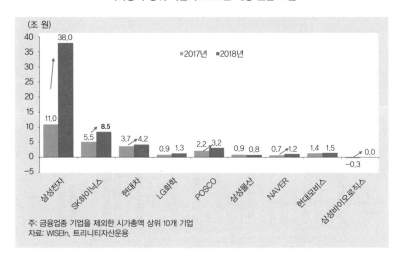

시가총액 상위 기업의 2018년 예상 현금 흐름

어떻게 하면 한국의 멀티플이 올라갈까요? 2017년 말 현재 배당 수익률이 2퍼센트인데 국고채 10년짜리가 2.5퍼센트에 조금 미치지 못합니다. 우리가 배당성향을 10퍼센트 높이면 배당수익률이 대략 2퍼센트대 후반으로 나올 겁니다. 이 경우 수익률이 역전되지요.

그러면 어떤 일이 벌어질까요? 제가 볼 때는 장기투자자금들이 이동할 것 같습니다. 많은 사람이 3년 원금보장을 각오하고 ELS를 하고 있는데 배당수익률이 약 2.5퍼센트일 경우 10퍼센트만 빠져도 원금은 건질 수 있습니다. 어쩌면 퇴직연금계정 쪽 자금들이 많이 움직일지도 모릅니다. 2016년 기준으로 한국의 퇴직연금은 147조 원입니다. 그중 90퍼센트는 원리금 보장형에 들어가 있지요. 그 탓에 연간수익률이 1.58퍼센트에 불과합니다.

미국의 퇴직연금 401K는 주식 비중이 50~60퍼센트에 이릅니다. 물론 당장 2018년에 정착되지는 않겠지만 한국도 배당수익률이 꾸준히 오르면 장기투자자금들이 많이 이동할 겁니다. 그중 3분의 1인 50조만 움직여도 주식시장이 많이 오르겠지요. 이 경우 당연히 밸류에이션과 멀티플도 올라갑니다. 저는 장기적으로 봤을 때 그 방향으로 가는 게 맞는다고 봅니다.

물론 기업이 배당을 주려면 배당 재원이 있어야 합니다. 2018년에는 기업이익이 좋을 전망이므로 배당 재원도 계속 확대될 것입니다.

지배구조개선과 관련해 정부 정책을 보면 집중투표제, 다중대표소송, 감사위원 분리선출 같은 내용이 있습니다.

이 중 집중투표제는 바로 추진하지 않고 전자투표제를 추진하는 것으로 알려져 있습니다. 이런 것을 도입하면 소액주주 권리가 강화됩니다. 한마디로 의결권 프리미엄이 생깁니다. 그렇다면 기업은 여기에 무엇으로 보상을 해줄까요? 배당을 올려 보상을 하겠지요. 또한 스튜어드십 코드를 도입하면 기관투자자들이 기업경영 활동을 감시하게 됩니다. 이것 역시 기업에 배당 압력을 가하지요.

이러한 요인으로 볼 때 구조적으로 배당수익률은 올라갈 것입니다. 199쪽 표는 〈조선일보〉의 위클리비즈에서 행동주의펀드와 관련해 2017년의 주요 경영 개입 사례를 정리한 것입니다.

지배구조개선에 대한 정부 정책

■ 집중 투표제
주주총회에서 신임 이사 선임시, 특정 이사후보에게 표를 집중해 투표할 수 있도록 허용한 제도
소액주주들이 여러 이사 후보들의 개별 찬반 표결이 아닌 후보수만큼의 투표권을 제공하여 한 후보에게 집중 투표 가능

■ 다중대표소송
모회사 주주가 불법행위를 한 자회사 및 손자회사 임원을 상대로 손해배상 소송을 낼 수 있게 한 제도

■ 감사위원 분리 선출
최대주주의 의결권을 제한하기 위해서 감사위원이 될 이사를 분리 선출
감사위원 선임시 최대 주주와 그 특수관계인은 합하여 3% 이내로 의결권을 제한하는 제도 추진

■ 스튜어드십 코드 도입
스튜어드십 코드 도입은 지수의 바닥가치를 높이는 요인
수탁자 책임을 보다 명문화하고자 한 것이 스튜어드십 코드

배당 증가

행동주의펀드는 어떤 기업을 타깃으로 할까요? 우리가 기억하는 대표적인 사례로 미국 헤지펀드 엘리엇이 삼성물산을 공격한 일이 있었지요. 이런 일은 언제든지 가능합니다. 이들이 노리는 기업은 성장률과 주식이 부진한 기업, 뚜렷한 주인이 없는 기업, 주주관리가 소홀한 기업입니다. 한국은 뚜렷한 주인이 없는 기업은 존재하지 않으므로 사실상 지배구조가 불안정한 기업이 대상일 겁니다. 만약 지

행동주의펀드의 2017년 주요 경영 개입 사례

펀드	트라이언(미국)	아리스테이아캐피털(미국)	서드포인트(미국)	RBR(스위스)
대상 기업	제너럴일렉트릭(GE)	중국판 트위터인 '웨이보'의 모기업 시나코프	유럽 시총 1위 네슬레	크레딧스위스
약점	실적 부진, 주가 부진, 경영권 방어 수단 부족	모회사 실적 부진	실적 부진, 대주주 지분 너무 낮아 경영권 방어 취약	실적 부진, 경영권 방어 수단 부족
조치	25억 달러(약 1%) 주식 매입 10대 주주 지위 확보 추가 차입 등으로 자사주 매입 자회사 상장, 전략적 M&A권고	지분 3.5%로 4대 주주 지위 확보 웨이보를 시나코프에 합병시키라고 권고, 이사직 2석 요구	35억 달러 지분 매입해 8대 주주지위 확보 네슬레가 보유한 로레알 주식 매각, 차입 확대해 자사주 매입 등으로 주가 부양 요구	10억 스위스프랑 투자해 주식 매입 계획 밝힘 자산 관리, 소매금융, 법인 및 투자은행 등 3개 사업부로 분할 권고
결과	**트라이언의 승리** 에드 가든 트라이언 공동(창업자 GE 이사로 신규 선임)	**진행 중** 시나코프 측은 "단기 실적주의"라고 펀드 비난	**진행 중** 네슬레는 200억 스위스프랑 사주 매입 계획 발표 및 로레알 지분 매각 거부	**진행 중** 크레딧스위스, 3년 목표로 구조조정 작업 중이라고 방어 중

배구조와 관련된 법이 입법화되면 한국에서도 행동주의펀드가 설 땅이 더욱 넓어질 것입니다.

정리하자면 2018년 증시 여건은 계속 우호적일 전망입니다. 즉, 거시적으로는 골디락스가 지속되고 기업이익은 모멘텀이 다소 둔화되지만 그래도 상승 국면이 이어질 것으로 보입니다. 밸류에이션과 멀티플도 여전히 매력적이면서 상향 가능성이 충분하다고 봅니다. 저는 업사이드(Upside, 상승 경향)가 10~20퍼센트로 충분히 오를 수 있다고 내다보고 있습니다.

다만 2017년 종합지수가 많아야 5퍼센트 남짓 빠져 다른 해에 비해 변동성이 많이 줄었습니다. 이것은 미국 시장도 마찬가지지요. 이에 따라 미국 시장이 18배, 19배가 되면서 밸류에이션이 비싼 게 걱정거리 중 하나입니다. 사실 세제개혁을 하지 않으면 정당화할 수 없는 것이 밸류에이션입니다.

2017년 말 현재 미국 경제는 좋은 국면에 놓여 있습니다. 고용자수가 계속 증가하면서 실업률이 4.1퍼센트까지 하락했지요. 이 정도면 인플레이션지표가 개선되어야 하는데 공교롭게도 시간당 임금, 소비자물가는 기대에 미치지 못합니다.

미국은 인플레이션지표가 개선될 것으로 보고 점진적으로 금리를

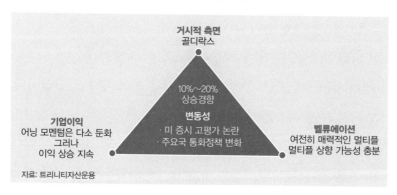

2018년 증시여건 전망

거시적 측면
골디락스

10%~20%
상승경향

변동성
· 미 증시 고평가 논란
· 주요국 통화정책 변화

기업이익
어닝 모멘텀은 다소 둔화
그러나
이익 상승 지속

밸류에이션
여전히 매력적인 멀티플
멀티플 상향 가능성 충분

자료: 트리니티자산운용

인상하고 있지만 채권시장은 다른 신호를 보내고 있습니다. 그러다 보니 금리가 단기금리만 오를 뿐 장기금리는 오르지 않아 장단기 금리 스프레드가 줄고 있지요. 이는 지표 중에서 가장 잘 맞는 지표가 경기침체 신호를 보낸다는 얘기입니다.

사실은 연준도 왜 이렇게 인플레이션이 오르지 않는지 모르겠다고 말합니다. 그러니 누가 2018년을 장담할 수 있겠습니까. 2018년 하반기에 갑자기 잠재되어 있던 인플레이션 압력이 폭발할 수도 있지요. 그것이 실제로 나타나면 장기금리가 폭등하면서 채권가격이 떨어지고 자산시장은 뒤죽박죽이 될 것입니다. 당연히 주식시장도 크게 영향을 받고요.

매일 새로운 뉴스가 쏟아져 나오는데 그것을 경기와 연관지어 살펴보기 바랍니다.

혁신성장과 4차 산업혁명이 이끌 2018년

이제 전망이 좋은 종목과 관심 업종을 살펴봅시다.

우선 주목해야 할 것이 혁신성장과 4차 산업혁명입니다. 문재인 정부는 왜 혁신성장을 들고 나왔을까요? 이제 한국경제에 낙수효과는 없습니다. 아무리 수출이 잘 이뤄지고 대기업이 잘나가도 경제적인 낙수효과가 과거만 못합니다. 여기에다 한국의 경쟁력 있는 기업은 대개 자본주의적이라 별로 고용을 일으키지 않는 사업입니다. 고용을 일으키는 사업은 거의 다 해외에 가서 하지요.

결국 청년실업률이 IMF 이후 최고치를 기록하고 체감실업률이 20퍼센트가 넘습니다. 여기에다 저성장, 양극화, 대기업과 중소기업 간의 임금격차 같은 또 다른 키워드가 한국경제를 힘들게 하고 있습니다.

그런데 이제 대기업이 고용을 크게 늘릴 일은 없습니다. 고용창출을 원한다면 중소기업, 벤처, 스타트업을 육성하는 수밖에 없지요. 4차 산업혁명과 맞물려 정부가 혁신정책을 들고 나온 이유가 여기에 있습니다. 2017년 11월 정부는 혁신창업생태계 조성 방안을 발표해 제2의 벤처붐을 일으키겠다고 했습니다. 4차산업혁명위원회도 산업정책을 주도하겠다고 했고요. 다음 표는 현 정부의 구상이 일자리 중심 경제, 소득주도 성장, 공정경제, 혁신성장이라는 것을 보여주고 있습니다.

이 정책대로라면 공정경제와 혁신성장 부분에서는 중소기업, 중견기업, 벤처기업 들이 큰 수혜를 받을 겁니다. 물론 당장은 소득주도 성장 면에서 최저임금 인상, 근로시간 단축 등으로 피해를 보는 중소기업이 있을 것입니다. 그러나 종합적으로 보면 현 정부에서는 중소기업과 벤처 쪽이 많은 수혜를 받으리라고 봅니다.

그뿐 아니라 정부는 코스닥시장 활성화에도 관심을 집중하고 있습니다. 왜 그럴까요? 가령 정부가 연금을 동원해 코스닥 쪽 주식을 사게 하면 군불을 피울 수 있습니다. 정책자금으로 중소기업과 벤처를 돕되 그것으로 선순환을 일으키려면 코스닥시장이 좋아야 합니다. 그래야 투자한 자금도 엑시트(Exit, 투자금 회수)가 잘 이뤄지고 더불어 신규 투자금이 몰려듭니다. 예를 들면 신규 벤처캐피털 자금이 늘어나고 엔젤투자(신생 벤처기업에 자본을 투자하는 개인투자자 모임)와 크라우드펀딩(crowd funding, 기부, 투자, 후원 등을 위해 수요자가 온라인 플랫폼을 기반으로 대중에게 자금을 모으는 방식)도 활성화될 겁니다. 사실상 코스닥시장을 살리려 하는 이유가 여기에 있습니다.

한국 고용 규모별 기업 비중

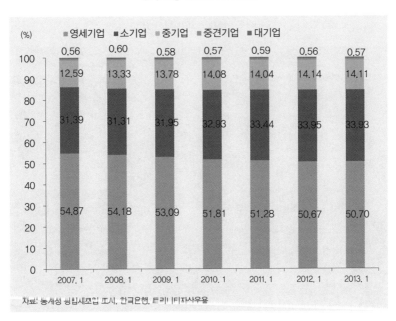

7장 1년 수익률 80%, 여의도 황금손이 알려주는 사야 할 주식

설령 시장 전체가 살지 않고 일부 좋은 기업만이라도 기업공개(IPO)를 해서 알릴 수만 있어도 괜찮은 거지요. 자동차에 비유하면 혁신성장과 코스닥시장 활성화는 앞바퀴와 뒷바퀴라고 할 수 있습니다.

2018년에는 코스피보다는 코스닥 기업들의 어닝 모멘텀(Earning Momentum, 향후 기업의 사업성이 개선되어 실적이 기대치보다 높은 것)이 더 좋을 전망입니다. 가령 205쪽에 정리한 매출액과 영업이익 증가율을 보면 중소형주, 즉 코스닥 쪽에 좀 더 우호적입니다.

정부의 사회보장체계 혁신 방향

목표	사람 중심 경제	
정책 방향	**일자리 중심 경제** 고용친화적 시스템 구축 노동시장 제도·관행 개선 적극적 노동시장 정책	**소득 주도 성장** 가계 가처분소득 증대 사회안전망 확충 인적자본 투자 확대
	사회보장체계 혁신	
	공정 경제 불공정 거래관행 근절 기업 지배구조 개선 대·중소기업 동반 성장	**혁신 성장** 중소기업 성장 동력화 4차 산업혁명 대응 대외개방·전략적 해외진출
이행 기반	리스크 관리 등 경제 안정+인프라 혁신	

2018년 주식시장, 코스피보다 코스닥 기업 실적 상승 기대

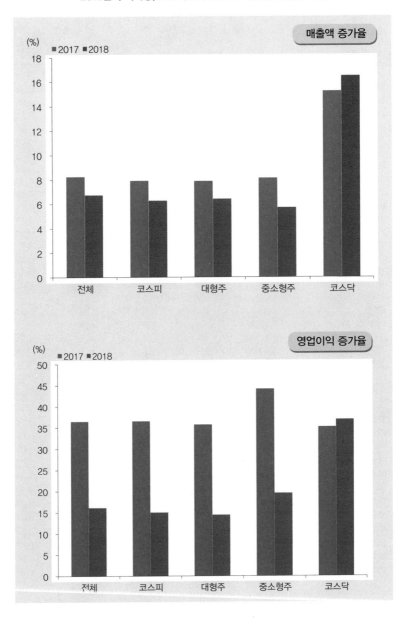

2017년 중 영업이익이 성장하여 이익전망치가 상향된 종목

코드	이름	업종	가격 (십억 원) 시가총액	시장구분	영업이익 상승률 (%YOY)				비율(%) EPS 상향
					17.2Q	17.3Q	17.4Q	18.1Q	
001820	삼화콘덴서	전기전자	380	KS	325.7	137.4	199.1	61.4	16.9
066970	엘앤에프	전기전자	1,041	KQ	117.2	105.9	63.7	172.2	13.45
058470	리노공업	반도체	911	KQ	30.0	31.2	25.5	14.2	1.08
064760	티씨케이	반도체	774	KQ	57.4	93.2	132.4	94.5	8.29
003220	대원제약	제약	360	KS	8.0	4.1	17.8	33.2	13.58
005500	삼진제약	제약	517	KS	15.4	17.0	13.0	10.3	1.66
033270	유나이티드제약	제약	476	KS	26.6	81.8	28.1	27.2	14.22
069620	대웅제약	제약	1,645	KS	97.2	188.7	23.8	122.4	5.33
243070	휴온스	제약	487	KQ	99.5	11.4	10.1	18.3	17.24
004710	한솔테크닉스	디스플레이	422	KS	26.0	44.1	95.1	40.1	9.43
040910	아이씨디	디스플레이	261	KQ	75.8	39.7	94.0	37.0	5.33
046890	서울반도체	디스플레이	1,799	KQ	144.8	53.5	32.7	18.0	2.38
213420	덕산네오룩스	디스플레이	652	KQ	937.0	698.4	494.8	88.3	1.96
064960	S&T모티브	자동차	651	KS	12.7	8.1	2,912.3	1.6	1.39
004000	롯데정밀화학	화학	1,264	KS	36.8	192.8	28.3	22.7	18.2
011790	SKC	화학	1,573	KS	4.8	109.6	20.0	48.1	3.45
178920	SKC코오롱PI	화학	1,167	KQ	62.2	105.9	63.1	17.5	9.57
005880	대한해운	해운	627	KS	251.0	276.1	126.7	18.8	24.95
007810	코리아써키트	하드웨어	422	KS	39.4	5,714.3	2.3	35.4	87.83
020150	일진머티리얼즈	하드웨어	1,734	KS	82.1	125.7	72.9	13.8	0.13
052710	아모텍	하드웨어	491	KQ	97.0	68.7	96.2	42.5	0.13
122990	와이솔	하드웨어	344	KQ	13.6	8.4	14.5	22.6	3.19
001430	세아베스틸	철강	1,099	KS	21.1	74.9	54.6	15.2	3.21
003030	세아제강	철강	585	KS	5.6	280.4	48.7	50.0	1.82
006040	동원산업	음식료	1,095	KS	4.2	68.3	17.9	26.2	22.65
035810	이지바이오	음식료	374	KQ	45.8	4.2	150.5	4.7	2.81
136490	선진	음식료	243	KS	105.7	6.4	21.8	19.4	3.62
042670	두산인프라코어	기계	1,892	KS	23.8	36.1	45.6	14.7	7.25
210540	디와이파워	기계	229	KS	169.1	173.4	91.5	24.1	4.88
089600	나스미디어	미디어	616	KQ	151.2	126.6	105.6	16.2	2.17
093050	LF	의류	833	KS	8.3	47.6	21.0	15.7	3.78
194370	제이에스코퍼레이션	의류	199	KS	75.3	38.0	38.7	59.4	2.15
241590	화승엔터프라이즈	의류	754	KS	0.7	172.7	21.4	75.7	13.29
175330	JB금융지주	은행	916	KS	23.1	43.0	298.1	14.1	9.33
192530	광주은행	은행	611	KS	25.7	26.8	188.3	1.3	2.92
057050	현대홈쇼핑	소매	1,482	KS	2.6	35.7	2.7	9.5	0.87
071840	롯데하이마트	소매	1,669	KS	50.0	21.8	7.3	9.6	4.93
031440	신세계푸드	호텔레저	548	KS	6.3	52.9	30.4	68.1	0.39

자료: fn.WISE 트리니티자산운용

왼쪽 표는 추천종목은 아니지만 코스피 중소형주와 총 2조 원 이하의 코스닥 종목 중에서 근래 어닝이 상향 조정된 기업을 필터링한 것입니다. 공개된 자료는 물론 직접 기업을 탐방해서 얻은 자료를 바탕으로 구성한 것이지요. 이것은 이미 시장에 많이 반영되어 있습니다.

펀드매니저는 어떤 부분을 주목하는가?

그럼 기관투자가들은 중소형주를 사거나 코스닥주를 살 때 무얼 기준으로 삼을까요? 사실 기관투자가들은 개인플레이를 합니다. 그래도 주가지수를 따라야 하므로 크게 문제가 없으면 시가총액이 큰 회사, 유동성이 좋은 회사를 선호합니다. 그중 모멘텀 투자가나 성장주를 좋아하는 펀드매니저는 매출액증가율, 영업이익증가율을 놓고 고민을 많이 합니다.

2017년 말 현재 중소형주 펀드의 상당 부분은 중소형 가치주 쪽입니다. 그 이유는 코스닥 기업은 이익 변동성이 크고 재무구조가 열악하기 때문입니다. 여기에다 경영 신뢰도가 상대적으로 떨어지는 편이라 가치주를 찾는 것입니다. 또 PER, PBR(주가순자산비율: 주가가 1주당 순자산의 몇 배로 매매되고 있는가를 나타내는 지표)을 따져 저평가된 주식을 찾기도 하고요. 이것은 시장에 잘 반영되지 않은

크기 – 코스닥150 ETF 내 시총 비중 상위 기업군

종목명	분야	가격		어닝 모멘텀			밸류에이션		퀄리티		
		시가총액 (억 원)	주가 (원)	매출액 증가율 (12M Fwd) (%)	영업이익 증가율 (12M Fwd) (%)	순이익 증가율 (12M Fwd) (%)	'18년 PER (배)	'18년 PER (배)	ROE (3년평균) (%)	영업 이익률 (3년 평균) (%)	부채 비율 (%)
셀트리온	의료	268,394	218,800	33.7	43.7	45.2	50.3	9.2	9.4	40.7	37.4
신라젠	의료	65,171	98,000	N/A	N/A	N/A	N/A	N/A	N/A	-933.6	36.6
CJ E&M	경기소비재	35,750	92,300	10.0	33.2	-60.6	23.7	1.7	7.8	1.7	72.9
바이로메드	의료	26,791	167,900	N/A	N/A	N/A	N/A	N/A	0.3	7.9	3.2
메디톡스	의료	26,422	467,100	18.2	20.2	20.9	30.2	8.2	48.0	59.4	119.4
포스코켐텍	소재	22,388	37,900	7.6	10.9	43.3	15.6	2.9	9.6	6.4	27.1
파라다이스	경기소비재	22,326	24,550	39.1	흑전	흑전	47.2	2.1	6.7	10.2	76.2
코미팜	의료	21,489	39,100	N/A	N/A	N/A	N/A	N/A	-4.1	0.2	50.9
SK머티리얼즈	IT	21,296	201,900	24.7	28	29	14.8	4.1	17.5	29	106.6
셀트리온제약	의료	21,171	63,500	N/A	N/A	N/A	N/A	N/A	2.2	8.9	48.0
휴젤	의료	21,060	488,900	19.6	20.2	21.8	23.9	3.0	23.8	42.0	7.4
서울반도체	IT	17,288	29,650	8.7	20.6	29.9	20.2	2.3	3.5	3.6	67.3
컴투스	IT	16,263	126,400	11.9	9.6	11.5	9.4	1.7	32.5	38.9	12.1
에스에프에이	IT	16,105	44,850	6.6	7.4	6	9.50	1.9	8.6	9.9	94.1
원익IPS	IT	15,725	38,100	22.5	33.9	36.1	12.9	3.6	10.3	11.8	28.2
에이치엘비	산업재	14,814	41,000	N/A	N/A	N/A	N/A	N/A	-7.7	-25.2	50.5
GS홈쇼핑	경기소비재	14,739	224,600	6.8	7.6	10.6	12.7	1.2	11.2	11.2	39.4
이오테크닉스	IT	12,121	98,700	23.6	41.6	63.7	13.5	2.7	10.1	12.1	26.8
제넥신	의료	11,806	61,700	N/A	N/A	N/A	N/A	7.1	-10.4	-45.4	16.7
고영	IT	11,378	83,200	21.7	27.9	32.2	24.8	4.8	20.0	18.4	24.1

자료: Dataguide, 트리니티자산운용

펀드매니저가 투자 시 고려하는 점: 퀄리티

퀄리티 – 상대적으로 퀄리티가 높은 기업군

종목명	분야	가격		어닝 모멘텀			밸류에이션		퀄리티		
		시가 총액 (억원)	주가 (원)	매출액 증가율 (12M Fwd) (%)	영업이익 증가율 (12M Fwd) (%)	순이익 증가율 (12M Fwd) (%)	'18년 PER (배)	'18년 PER (배)	ROE (3년평균) (%)	영업이익률 (3년 평균) (%)	부채비율 (%)
컴투스	IT	16,263	126,400	11.9	9.6	11.5	9.4	1.7	32.5	38.9	12.1
슈피겐코리아	IT	3,233	52,000	13.1	6.3	6.9	8.7	1.3	29.8	29.0	11.2
쎌바이오텍	의료	3,849	40,950	11.6	11.0	12.5	16.5	3.3	24.9	35.8	7.6
휴젤	의료	21,060	488,900	19.6	20.2	21.8	23.9	3.0	23.8	42.0	7.4
로엔	경기소비재	28,327	112,000	17.8	23.0	24.2	29.1	7.1	23.1	17.8	50.1
뷰웍스	의료	3,876	38,750	8.0	9.4	12.1	14.2	2.5	21.7	22.1	17.7
웹젠	IT	10,258	29,050	43.0	90.3	97.7	14.1	2.6	21.3	27.3	25.9
원익홀딩스	IT	6,418	8,310	19.1	30.6	5.2	7.9	0.9	20.7	15.6	19.5
인바디	의료	4,878	35,650	17.1	21.8	23.3	21.4	3.8	20.6	26.4	5.1
고영	IT	11,378	83,200	21.7	27.9	32.2	24.8	4.8	20.0	18.4	24.1
테스	IT	8,235	41,850	24.4	25.5	24.6	12.2	3.2	19.9	16.0	24.8
인터로조	의료	4,278	39,700	17.3	16.2	16.6	16.9	3.2	18.6	27.1	18.0
더블유게임즈	IT	9,747	55,800	55.2	83.6	79.2	11.0	1.7	18.4	30.4	15.5
디오	의료	5,401	35,600	17.9	15.4	18.0	21.3	3.3	13.2	22.6	36.4
파마리서치 프로덕트	의료	5,074	53,600	19.3	28.9	27.0	21.1	2.4	12.9	38.5	4.0
케어젠	필수소비재	9,217	85,800	41.3	46.5	44.2	24.5	N/A	12.9	55.6	4.4
유진테크	IT	5,557	24,250	59.6	64.3	51.8	11.9	1.9	12.2	21.4	13.2
아프리카TV	IT	2,116	19,400	16.5	25.6	27.2	12.6	2.6	12.2	15.1	45.6
넥슨지티	IT	4,669	13,200	48.6	265.6	263.0	15.6	2.5	12.2	31.7	9.0
아이센스	의료	3,310	24,100	12.8	17.0	26.0	15.5	1.8	12.1	19.2	40.9
바디텍메드	의료	4,552	19,550	10.9	47.1	40.0	39.1	4.7	12.1	26.9	17.2
한글과컴퓨터	IT	3,809	16,500	8.9	11.9	20.4	14.8	1.8	12.0	32.2	22.8
원 익머트리얼즈	IT	4,898	77,700	23.6	42.1	41.3	13.1	1.8	10.0	16.4	18.7

주; 1) 3개년 평균 ROE 10% 이상, 2) 3개년 평균 영업이익률 15% 이상, 3) 부채비율 100% 미만
자료: Dataguide, 트리니티자산운용

겁니다.

물론 밸류와 퀼리티가 상대적으로 좋은 주식도 있습니다. 가령 ROE가 좋은 기업, 영업이익율이 꾸준히 높은 기업, 재무구조가 탄탄한 기업이 있지요. 아직은 시장이 이런 종목을 많이 반영하고 있지 않으므로 코스닥시장 중소형주에 관심을 기울일 필요가 있습니다.

빠르게 진행되는 4차 산업혁명

많은 사람이 4차 산업혁명이라는 말에 익숙하지만 자신이 그 시대의 한가운데에 있음을 실감하는 사람은 많지 않습니다. 실은 4차 산업혁명이 우리가 생각하는 것보다 빨리 진행되고 있습니다.

그러면 여기서 미국의 4차 산업혁명을 주도하는 페이스북, 아마존, 애플, 넷플릭스, 구글의 평균 주가상승률을 봅시다.

무려 4년 동안이나 꾸준히 주가가 올랐습니다. 나스닥도 많이 올랐는데 이들은 평균주가상승률이 나스닥의 4.5배에 달합니다. 이들의 밸류에이션을 보면 아마존과 넷플릭스는 좀 높아도 페이스북, 구글, 애플은 20대 초중반 수준입니다. 밸류에이션이 그리 높지 않은 거지요. 장기성장성을 감안한 PEG(Price Earnings to Growth, 주가수익성장비율)를 보면 아마존, 페이스북도 그리 높지는 않습니다.

그러면 한국의 4차 산업혁명 관련주를 살펴봅시다.

페이스북, 아마존, 애플, 넷플릭스의 평균 주가상승률

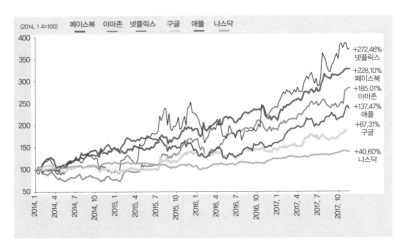

페이스북, 아마존, 애플, 넷플릭스, 구글과 평균 주가지수, 주가수익성장비율 비교

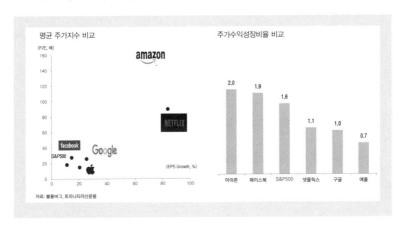

첫 번째로 꼽는 것은 반도체입니다. 2018년만 놓고 보면 저는 디램(D-RAM)이 계속 좋을 것으로 보고 있습니다. 낸드

한국의 4차 산업혁명 관련주: 반도체

- IT수요 드라이버의 변화: 컨슈머 IT → IT 인프라 투자
- 2018년 디램 업황 상반기 공급부족 지속, 하반기 공급부족 완화 예상
- 2018년 낸드 업황 하반기 일시적 공급과잉, 삼성전자 제외 업체들 3D 낸드 수율 개선 여부 따라 공급과잉 완화

- 2018년: IT Set업체 대비 장비, 소재회사 투자 유망
- 삼성전자: 2017년 대비 투자 3배 증가 → 디램 밸류 체인 투자
- SK하이닉스: 2018년 하반기(청주 100K), 삼성전자: 2019년 낸드 투자(시안 100K) → 낸드 밸류 체인 투자
- 반도체 관련 장비, 소재 회사 지속적인 투자 필요
- 실적 안정성 측면에선 소재 회사, 모멘텀 측면에서 장비 회사 유망

한국의 4차 산업혁명 관련주: 전기차

- 전기차 시장 침투율 1.6%, 글로벌 완성차들의 향후 투자계획 감안 시 중장기적으로 크게 성장
- 국내 배터리 제조 기술력: 한국업체 세계 Top 수준, 수익성: 2~3년 이상 시간 필요
- 국내 배터리 소재 기술력: 양극재, 음극재 우위(중국 업체대비 기술격차 2~3년), 수익성: 글로벌 Top 수준
- 2017년 실적 턴어라운드 시현 후 중장기적 실적 성장 가능

(NAND)는 가격이 내려가고 있지만 가격이 내려가면 수요 탄력성이 높아져 이익이 계속 늘어날 겁니다. 그와 함께 반도체 소재와 장비 쪽도 굉장히 유망합니다.

두 번째는 전기차입니다. 2020년이면 전기차가 250만 대 정도 팔릴 것으로 전망하고 있습니다. 한마디로 비약적으로 증가하는 것입니다. 전기차를 만들 때는 원가에서 배터리가 차지하는 비중이 약 32퍼센트입니다. 배터리시장 성장규모는 2015년 대비 거의 10배 이상 성장할 것으로 추정하고 있습니다. 현재 LG화학과 삼성 SDI가 각각 13.2퍼센트, 6.9퍼센트의 시장점유율을 차지하고 있습니다. 그 외에 위나동방코리아도 전기차 배터리를 만들고 있습니다. 사실 밸류에이션은 비싼데 이것은 성장성이 워낙 높기 때문입니다. 그만큼 기술경쟁력이 뛰어납니다.

세 번째는 자율주행입니다. 아직 한국 기업은 핵심기술이 없고 카메라 모듈 쪽에서 개발이 활발하게 이뤄지는 정도입니다. 관련 주를 찾자면 만도가 있고 IT기업 중에서 전장부품회사로 확장을 시도하는 기업들이 있습니다. 특히 카메라 모듈을 만드는 회사가 수혜를 볼 것으로 보입니다.

네 번째는 OLED입니다. 애플이 2017년 아이폰X를 만들면서 처음으로 OLED를 채택했지요. 이제 중국 스마트폰 업체도 따라갈 텐데 그러면 수요가 많이 늘어날 겁니다. 여기에다 빠르면 2018년, 늦어도 2019년이면 꿈의 스마트폰이라 불리는 폴더블폰(Foldable Phone, 접는 스마트폰)이 나올 예정입니다. 즉, OLED의 시장성장성이 어마어마한 것이지요.

특히 저는 OLED 소재와 장비 쪽은 좋게 보는데 2017년에는 애

한국의 4차 산업혁명 관련주: OLED

- 휘어지는 OLED 시대 개화, 지하철, 도로 등에도 종이처럼 말리는 OLED 디스플레이로 확산
- 폴더블 기기가 확산(기기당 단위면적 증가) → 공급부족 → 투자확대
- 한국은 OLED 개발 및 양산 국가로서 OLED 장비, 소재 분야의 밸류 체인 투자
- 신기술 분야에 독점적으로 공급하고 있는 장비, 소재 업체 프리미엄 부여

한국의 4차 산업혁명 관련주: 플랫폼 사업자, 게임, 컨텐츠 제공자

1) 온라인 플랫폼
- 인터넷금융, 간편결제, O2O 등의 다양한 서비스가 미래 기업가치 상승에 연결될 것
- 국내 시장에서는 온라인플랫폼 기업들이 시장을 선도하고 있으며 중장기적 수혜 가능할 전망

2) 게임
- 스마트폰의 대중화로 높은 사양을 요구하는 게임도 모바일에서 구현이 가능해짐
- 2018년은 한국 게임들의 해외진출이 활발히 이루어질 것이며 이는 게임 라이프사이클의 확장을 의미
- 성공적인 타이틀 IP를 다수 보유한 제작 역량이 높은 게임 제작 업체들이 유망할 전망

3) 방송컨텐츠 제작
- 영상 컨텐츠의 소비가 TV에서 VOD, OTT, 스트리밍 등으로 확산
- 해외에서의 한국 컨텐츠 판매가 증가추세에 있으며 판권의 가격 역시 빠르게 상승
- 대규모 제작 역량과 시스템을 구축한 드라마 제작사의 성장이 유망할 것

플 투자가 기대에 미치지 못해 장비 쪽이 좀 부진했으나 2018년에는 기회가 늘어날 것으로 봅니다. 소재 쪽도 밸류에이션 여력이 충분하고 이익성장성이 크다고 판단하고 있습니다. 설사 당장은 힘들어도 시장조정 국면이 보이면 접근해볼 만하다고 생각합니다.

다섯 번째는 온라인 플랫폼, 게임, 방송콘텐츠 시장입니다. 네이버는 대한민국의 구글이고 카카오톡은 한국의 페이스북입니다. 활발하게 해외진출을 하고 있는 게임업체도 주목 대상입니다. 사실 저는 콘텐츠 쪽도 좋게 보는데 마땅한 종목을 아직 찾지 못했습니다.

그다음으로 생각한 것이 바이오지만 이것은 준비를 했다가 제외했습니다. 시장은 왜 그토록 바이오에 흥분하는 걸까요? 가장 큰 이유는 인구 고령화가 전 세계적인 현상이기 때문입니다. 한데 바이오는 꿈의 주식입니다. 신약 개발에 성공하면 돈을 엄청나게 벌 수 있는 산업이니까요. 실제로 2015년 한미약품이 대박을 터트렸지요.

하지만 그 이면에는 우리가 알아야 할 사실이 있습니다. 기초연구부터 임상에 성공하고 제품을 시판하기까지는 엄청난 시간이 걸립니다. 빨라야 10년이고 실은 10년 이상 걸립니다. 그래서 많은 인내가 필요하지요. 여기에다 성공확률이 그리 높지 않습니다. 개발을 시작하는 것도 쉽지 않지만 개발 시작점을 100이라고 하면 제품화하는 비율은 10퍼센트 이하입니다.

또한 신문에 간혹 다른 업종과 비교하며 '헬스케어 PER 50배' 하면서 고평가니 저평가니 얘기하는 기사가 나옵니다. 사실 바이오는

코스피 대세 상승기 구간별 수익

2003~2007 상승률 TOP10 종목

종목명	섹터	상승률
현대미포조선	조선	7,169%
STX	조선	6,119%
대한해운	해운	3,782%
한화	지주/화학	3,531%
금호산업	건설	2,814%
삼성엔지니어링	건설	2,796%
OCI	에너지	2,752%
금호석유	화학	2,693%
현대상선	해운	2,624%
NAVER	인터넷	2,528%

2009~2012 상승률 TOP8 종목

종목명	섹터	상승률
기아차	자동차	7,169%
롯데케미칼	화학	6,119%
한화케미칼	화학	3,782%
금호석유	화학	3,531%
삼성엔지니어링	건설	2,814%
현대차	자동차	2,796%
현대모비스	자동차	2,752%
엔씨소프트	게임	2,693%

2012. 1~2015. 7 고점까지

구분	상승률
중국내수테마지수	84%
제약·바이오	152%
KOSPI	4%

2017. 1~현재

구분	상승률
IT	54.6%
화학	23.4%
철강	14.1%
산업재	5.4%

PER로 벨류에이션을 할 수 없습니다. 제약업체는 영업가치를 구할 때 PER와 상대가치를 구한 뒤 DCF(현금할인흐름) 모델로 파이프라인 가치를 구합니다.

가령 한미약품이 다른 제약업체와 라이선싱 계약을 했다면 계약금과 마일스톤(단계별 기술료) 금액을 받습니다. 그리고 제품이 나오면 시장점유율을 추정해서 금액을 구하고 그것을 할인해서 현재가치화합니다. 이 단계에서는 임상이 성공한 것이 아니므로 성공할 확률로 한 번 더 할인합니다. 그와 함께 파이프라인 가치를 구하지요. 이런 과정으로 기업가치를 추정하므로 PER만으로 바이오주식을 놓고 고평가나 저평가를 논하는 것에는 모순이 있습니다.

사실 바이오 투자를 하려면 전문적인 지식이 있어야 합니다. 그것이 어렵다면 일반인은 한국의 대표적인 기업에 투자하기를 권합니다.

마지막 팁으로 코스피 대세 상승기의 구간별 수익을 알려드리겠습니다. 코스피가 상승하는 국면에서는 늘 주도주가 있게 마련입니다.

2000년대 중반에는 조선, 해운, 건설, 화학이 몇 년에 걸쳐 많이 올랐습니다. 2008년 금융위기 이후에도 자동차 업종은 상승률이 컸지요. 2017년에는 IT와 화학이 많이 올랐고요. 사실 한 해 오르고 그만두는 것은 주도주라고 볼 수 없습니다. 일시적으로 대폭 상승해 가격에 부담이 느껴진다면 시장이 조정기에 들어갔을 때를 매수 기회로 삼는 것이 좋습니다.

저는 2018년에 산업재 쪽에서 해운과 굴삭기 기계 쪽을 눈여겨볼 생각입니다. 물론 지주사들도 좋게 보고 있고요. 대형주 중에는 SK, 현대로보틱스, 코오롱을 주목하고 있습니다.

김태석

남산파트너스 대표. 네이버 가치투자연구소 남산주성이란 필명으로 잘 알려져 있다. 세일즈맨에서 2005년도에 전업투자자로 변신해 현재 250억 원대 주식을 보유한 재야주식고수다. 투자하는 기업을 깊게 공부하고 기업의 내재가치와 주가의 차이를 이용해 장기투자하는 가치투자자다. 그는 많이 버는 것도 중요하지만 많이 잃지 않는 것이 더 중요하다고 강조한다.

이정윤

개인투자자이자, 세무사로 주식투자 교육 회사인 밸런스투자아카데미 대표. 4년 동안 키움증권 실전 투자대회에서 100~200퍼센트의 수익률을 거두며 개인투자자들 사이에서 재야의 고수로 주목받았다. 그리고 20년간 주식시장에서 살아남은 노하우를 바탕으로 '삼박자 투자법'이라는 자신만의 투자법을 정리했다. 가치분석(재무제표 분석), 가격분석(차트 분석) 그리고 정보분석(재료 분석)을 동시에 하는 균형 잡힌 분석법으로 주식투자카페와 팟캐스트를 통해 투자 노하우를 개인투자자들에게 전수하고 있다. 저서로 《삼박자 투자법》이 있다.

8장

슈퍼개미 특강:
재야 고수들에게 듣는
2018 투자 기상도

사회　　**안준용**, 조선일보 경제부 기자
패널　　**김태석**, 남산파트너스 대표
　　　　　이정윤, 밸런스투자아카데미 대표

금융주, 제약, 바이오가 2017년 주식시장 이끌어

사회자　　2017년 국내 증시가 정말 뜨거웠습니다. 삼성전자부터 신라젠까지 다양한 종목이 뜨거운 장세를 이어갔는데, 돈 벌기 어려운 시대에 주식투자는 과연 어떻게 해야 하는지 궁금하지 않습니까? 오늘 재야의 실력자 두 분을 모시고 2017년 증시를 어떻게 보는지, 최고의 종목과 주가예상이 빗나간 종목은 무엇인지 들어보기로 하겠습니다. 먼저 김태석 대표님께 부탁드립니다.

김태석　　2017년 주식시장은 언론에서 매일 부르짖은 것처럼 삼성전자와 SK 하이닉스를 필두로 반도체, IT 관련주가 많이 올랐습니다. 제약·바이오도 굉장히 뜨거웠고요. 제가 느끼는 것은 한국경제가 예상보다 훨씬 더 강하다는 겁니다. 제가 하루에 신문을 7개 정도 받아보는데 늘 '한국경제 위기'라는 말이 빠지지 않다가 최근 그말이 쏙 들어갔습니다.

2017년 말 현재 주가가 많이 올랐고 그만큼 상장기업들의 실적도 매우 좋아졌습니다. 주가가 2016년에 비해 25퍼센트 정도 오른 것 같습니다. 2017년 초 대비 삼성전자와 하이닉스는 더 좋아졌고 코스피 상장기업들의 전체 실적을 봐도 영역이익이 약 30퍼센트 좋아졌어요. 같은 맥락에서 저는 이것이 단순 과열이 아니라 국내 상장기업들

국내 상장기업들의 실적이 좋아지면서 주가도 따라 오름

●

2017년에는 금융주에서 수익을 많이 냄

의 실적이 좋아지면서 주가도 따라서 오른 것이라고 봅니다.

2017년 제가 가지고 있던 종목 중에서 가장 좋았던 것은 금융주입니다. 광주은행, 하나금융지주가 많이 올랐고 대웅제약도 수익을 많이 냈습니다. 저는 기본적으로 단순 투자를 지향합니다. 구체적으로 순자산이 많고 그 순자산의 안전마진이 있는 종목 중에서 실적이 좋아질 만한 종목, 아니면 좋아지고 있는데 사람들이 인식하지 못하거나 여전히 불신하는 회사에 투자하는 것을 좋아합니다.

2016년 1월 하나금융지주가 2만 원 밑으로 떨어졌는데 PBR이 0.3이었어요. 광주은행도 마찬가지고요. 당시 시장은 은행이 앞으

로 계속 좋지 않을 거라는 의식이 팽배했지만 사실 회사는 좋아지고 있었지요. 제가 금융주에 투자한 지 2년 가까이 지났는데 벌써 100퍼센트 정도 올랐습니다. 예상을 빗나간 종목은 한신공영입니다. 실적이 아주 좋아 주가가 많이 오를 것이라 기대했는데 아쉽게도 아직 주가가 오르지 않았습니다. 제가 2017년에 주목한 종목은 이 정도입니다.

이정윤　　2017년 국내 주식시장을 한마디로 정의하자면 '강세장 도래'입니다. 이것은 거의 10년 만에 찾아온 강세장이지요. 이전 강세장이 2009년이었는데 그때는 진정한 강세라기보다 2008년 금융위기 이후 급락했다가 온 것이지요. 그리고 2005~2007년 강세장 때는 2005년에 1,000포인트를 돌파하고 3년 동안 거래소지수가 1,000~2,000까지 2배 상승했습니다. 그때가 2007년 즈음인데 그리고 금융위기가 왔지요.

여하튼 2017년에는 계속 신고가가 이어졌고 연말에는 2,500까지 찍었다가 밀렸습니다. 코스닥지수도 2007년 이후 처음 800포인트에 도달했고요. 사실은 한국만 오른 게 아닙니다. 미국의 경우 다우지수는 약 22퍼센트, 나스닥지수는 약 27퍼센트가 올랐습니다. 홍콩 항셍지수는 35퍼센트 올랐지요.

한국은 2017년 12월 초 현재 거래소가 약 22퍼센트, 코스닥이 약 24퍼센트 올랐는데 이는 글로벌 전체 시장에서 중간 정도의 상승이라고 보면 됩니다. 또 하나 매매동향에서 나타난 외국인들의 강한 순매도는 굉장히 긍정적인 효과가 있지요. 여기에다 아주 오랜만에 주도업종이 탄생했습니다. 강세장이 오려면 주도업종이 있어야 하는데 상반기에는 반도체와 금융주가 장을 이끌었고 하반기에는 제약·바이오주가 움직임이 좋았습니다. 그리고 1년 내내 전기차 관련 주가 장을 이끌었고요. 이처럼 오랜만에 주도주가 탄생한 것이 2017년 국내 증시의 특징입니다.

2017년은 반도체주와 금융주, 제약·바이오주가 강세장을 이끎

사회자 2017년 대표님이 가장 수익을 많이 올린 종목과 가장 관심 있게 지켜본 종목은 어떤 업종입니까?

이정윤 제가 가장 큰 수익을 낸 종목은 여기서 크게 의미가 없을 것 같습니다. 그보다는 2017년 주식시장에서 상승률이 가장 높았던 업종, 중심 주도주, 상승률이 높았던 대박주가 더 궁금하지 않을까요?

2017년 시장 전체를 꿰뚫은 종목으로는 반도체, 제약·바이오, 전기차가 있습니다. 시가총액이 큰 이 세 업종이 상승세를 주도하면서 주식시장이 전반적으로 좋았지요. 예를 들면 반도체 업종에서 삼성전자와 SK하이닉스가 지수 상승 이상의 퍼포먼스를 보여줬습니다.

2017년 반도체 업종은 삼성전자와 SK하이닉스가 상승세 주도

거래소 지수 상승은 22퍼센트인데 삼성전자는 연간 약 45퍼센트, SK하이닉스는 80퍼센트 정도 올랐죠. 지수보다 3~4배 더 오른 것입니다.

반도체 관련 중소형주에서 2~3배짜리가 나올 수 있었던 것은 결국 대형주 삼성전자와 하이닉스가 버텨준 덕분입니다. 여기에다 미래컴퍼니나 고영처럼 반도체와 로봇을 겸한 관련 주의 움직임이 좋았지요. 또 하나 제약·바이오 역시 지수 관련 대비 높은 퍼포먼스를 보여주었습니다. 시가총액이 큰 삼성바이오로직스가 2017년 한 해 동안 150퍼센트 정도 올랐고요.

코스닥에서는 셀트리온이 100퍼센트 가까이 상승했습니다. 이렇게 삼성바이오로직스, 셀트리온처럼 업계에서 시가총액 1위 기업이 버텨주면 개별종목도 상승합니다. 가령 신라젠과 HLB생명과학 같은 종목이 급등했습니다.

마지막으로 전기차 관련 주가 있지요. 여기에서는 시가총액 대형주 중에서 삼성SDI와 LG화학이 버텨주었습니다. 2017년 연간상승률이 삼성SDI는 거의 100퍼센트에 달하고 LG화학은 70~80퍼센트입니다. 이들 시가총액 상위 그룹 덕분에 개별 쪽에서 급등 종목이 나왔지요. 대표적인 전기차 관련 주로는 포스코켐텍, ENF테크놀로지, 에코프로가 있는데 이들 종목은 모두 2~3배 올랐습니다.

전기차 관련 주인 포스코켐텍, ENF테크놀로지, 에코프로는 2~3배 상승

2017년 시장참여자들에게 가장 큰 수익을 안겨준 업종 세 가지는 반도체, 제약·바이오 그리고 전기차와 관련된 2차전지입니다.

2018년, 5G 관련 통신주와 음식료 업종에 주목하라

사회자　　　그러면 투자자들이 2018년에 가장 주목해야 할 업종은 무엇인가요? 또 시장에서 어떤 부분을 가장 중요하게 봐야 할까요? 2017년 장세가 2018년 장세로 이어질까요? 이번에는 이 대표님이 먼저 말씀해주십시오.

이정윤　　　주식에는 예측과 대응이 필요합니다. 설령 예측이 틀려도 빨리 대응하면 뒤늦게나마 수익을 낼 여지가 있지요. 물론 예측 없이 대응만 잘한다고 되는 것은 아닙니다.

반도체, 제약·바이오, 2차전지는 이미 예측 영역이 아니라 주도주로 가고 있습니다. 아직 주도주는 아니지만 2018년에 좀 더 관심을 기울여야 할 업종 중 두 가지를 꼽자면 5G 관련 통신주와 음식료 업종을 들 수 있습니다. 2017년 한 해 동안 지수 상승 대비 업종상승률이 떨어지는 업종이 몇 개 있는데 대표적인 것이 자동차, 통신, 음식료, 건설입니다.

이 중에서 5G와 음식료를 꼽는 데는 몇 가지 이유가 있습니다.

2018년은 5G 관련 통신주와 음식료 업종 주목

우선 5G의 경우 연말연시에 가장 재료가치가 극대화하는 것이 IT업종이기 때문입니다. 실제로 매년 신기술을 쏟아내는 라스베이거스 국제전자제품박람회(CES), 세계이동통신박람회 MWC 같은 굵직굵직한 박람회가 2018년 초 열립니다. 여기에다 2018년 평창올림픽이 2월에 열리므로 저는 5G가 좀 더 강력하게 테마를 형성하지 않을까 예측합니다. 5G 관련 주로는 KT, SK텔레콤, LGU플러스가 있는데 그중 평창올림픽 스폰서인 KT가 많이 언급될 것 같습니다. 그 외에 통신 관련 부품주나 중소형주도 있으므로 관련 주를 검색해보십시오.

그다음으로 음식료주의 포인트를 알려드리지요. 2017년 말 현재 국제 곡물가는 안정적인데 원화는 강세를 보이고 있습니다. 원화강세 수혜주는 대개 우리가 수입해서 내수 소비를 촉진하는 산업인데 그중 하나가 음식료입니다. 그에 발맞춰 음식료주의 대장주인 CJ제일제당, 오리온이 사드 문제 변화에 따라 2018년에 실적이 나아질 전망입니다. 단, 예측은 어디까지나 예측에 불과하므로 각자 꼼꼼히 분석해야 합니다.

김태석 저는 보기보다 겁이 많은 투자자라 안전마진을 많이 가져올 수 있는 회사에 투자하는 것을 선호합니다. 하지만 단순히 자산이 많은 회사를 선호하는 것은 아닙니다. 자산은 많아도 돈은 못 벌고 계속 적자가 나는 회사는 투자 매력도가 한참 떨어집니다. 반면 자산이 많고 돈도 잘 버는데 주가가 별로라 사람들이 관심을 보이지 않는 회사는 당장은 크게 오르지 않아도 전망이 좋습니다. 더구나 이런 회사는 대개 배당도 잘 주지요. 그래서 저는 이런 회사의 실적을 계속 체크하면서 오랫동안 보유하는 전략을 씁니다.

저는 지금까지 쭉 자산을 불려왔는데 누가 제게 어느 해에 가장 잘했느냐고 물으면 2008년 금융위기 때라고 말합니다. 2008년 금융위기 때 손해가 나지 않았느냐고요? 연간으로 따지면 손해가 나지 않았습니다. 물론 저도 2008년 10월에는 반 토막, 반의 반 토막이 났지요. 그런데 뭘 잘했느냐 하면 팔지 않고 잘 갖고 있었거든요. 제가 가지고 있는 회사가 도저히 팔 수 없을 만큼 실적이 좋아서 팔 수가 없었습니다.

이처럼 흔들리지 않으려면 먼저 회사를 잘 알아야 합니다. 그런데 많은 투자자가 회사 정보에 별로 관심을 기울이지 않아요. 단순히 '삼성전자가 많이 올랐다', '하이닉스가 올랐다', '예전에 얼마였는데 지금 얼마더라', '저것이 예전에 얼마까지 갔던 주식이다' 하는 단편적인 정보에 매몰되는 경향이 있습니다. 그러나 정확성을 기하려면 회사의 데이터를 살펴봐야 합니다.

흔들리지 않는 투자를 하기 위해서 먼저 회사를 잘 알아야

삼성전자의 경우 전자공시로 1999년도 실적부터 볼 수 있습니다. 당시 삼성전자의 순자산은 13조 원 정도고 순익이 1년간 약 4조 5,000억 원입니다. 그로부터 18년이 지난 2017년 말 현재 삼성전자의 순자산은 약 220조 원입니다. 그리고 2017년 3분기에만 14조 5,300억 원의 영업이익을 냈고 올해 50조 원 이상의 영업이익을 낼 것으로 예상합니다.

저는 항상 정말로 돈을 잘 벌고 있느냐를 봅니다. 그래서 요즘 가장 화두인 셀트리온이나 신라젠 같은 회사는 제 기준에서는 매수하기가 어렵습니다. 셀트리온은 수익도 많이 나고 전망도 좋지만 제가 사기에는 비싸고 신라젠은 임상 실패라는 리스크가 있음에도 너무 심한 거품이 쌓였다고 생각합니다. 바이오 종목을 보면 저는 2002년 월드컵 때가 생각납니다. 그때 캐치프레이즈가 '꿈은 이루어진다'였지요. 사실 꿈은 잘 이루어지지 않습니다. 솔직히 꿈은 그저 꿈일 뿐인 경우가 굉장히 많지요.

특히 40대, 50대 이후에는 많이 버는 것도 좋지만 자산을 잘 간수하는 것은 더 중요합니다. 한 번 크게 잃으면 회복하기가 무척 어렵거든요. 그러므로 보수적인 관점에서 그 회사가 현재 돈을 잘 벌고 있는지, 배당을 주는지 확인하면서 투자를 하십시오. 좀 덜 벌어도 안전마진을 추구하는 것이 낫습니다.

보수적인 관점에서 돈을 잘 버는지 배당을 주는지 확인하며 투자하라

싸게 사서 오래 기다려야 수익이 난다

사회자 　그럼 마지막으로 주식을 고를 때 가장 먼저 봐야 할 점과 개인투자자들에게 해주고 싶은 조언이 있으면 들려주십시오. 덧붙여 개인투자자들을 보면서 안타까운 점도 알려주시고요.

이정윤　저는 주식을 20년 정도 하면서 많은 이론을 공부했습니다. 그중 뇌리에 가장 깊이 남아 있는 것이 3M이론입니다. 그것은 마인드(Mind), 머니(Money), 메소드(Method)를 의미하지요. 여기서 메소드란 기법을 말하는데 한국 투자자들은 대개 메소드에만 치중하는 경향이 있습니다. 물론 기법도 중요하지만 투자자의 심리상태인 마인드와 머니, 즉 자금관리도 굉장히 중요합니다.

또 하나 제가 이름을 붙인 '삼박자 투자'가 있는데 이는 세 가지를 기반으로 매수 종목을 선정하는 것을 말합니다. 그것은 기업가치를 보여주는 재무제표 분석, 가격의 움직임을 말하는 차트 분석 그리고

**매수 종목 선정 시, 재무재표 분석,
차트 분석, 제로 분석을 실천하라**

그 기업에 어떤 호재 혹은 악재가 있는지 검색하는 제로 분석입니다. 이 세 가지를 균형 있게 분석해 종목을 선정하는 것이 주식투자에서 성공에 한 발 더 다가가는 길입니다.

군건한 마인드로 자신만의 기법을 활용해 종목을 선정하되 포트폴리오로 분산 투자하면 주식시장에서 오랫동안 살아남을 수 있습니다.

김태석　주식 고수들의 얘기를 들어보면 보통 사람이 직장에 다니면서, 아니면 자기 일을 하면서 그 어려운 것을 실천할 수 있을까 하는 생각이 듭니다. 저는 가끔 제 어머니 이야기를 하곤 하는데 어머니가 아주 오랫동안 주식투자를 해왔어요. 지금 연세가 74세인데

도 투자를 하십니다. 지금까지 어머니는 주식시장에서 꾸준히 수익을 냈는데 주식이론은 하나도 모릅니다. 기업이 뭔지도 모르고 PER이나 PBR, ROE 같은 용어는 하나도 몰라요.

어머니가 아는 것은 딱 두 가지입니다.

"이건 우리나라에서 가장 큰 회사야."

"이 회사는 배당을 많이 줘."

어머니는 이 두 가지 정보에 따라 투자한 다음 절대 팔지 않아요. 가끔 제가 그걸 팔았다가 혼나기도 합니다. 한번은 어머니가 10년간 갖고 있던 삼성전자를 145만 원에 팔았다가 엄청 혼났습니다. 요즘 현대자동차가 별로 좋지 않죠? 한데 제 어머니 계좌에 현대차 수익률이 250퍼센트나 나 있습니다.

월가의 영웅으로 불리는 미국 투자자 피터 린치는 마젤란펀드를 세계 최대의 뮤추얼펀드로 키워내면서 13년간 2,900퍼센트의 수익을 냈습니다. 연평균 30퍼센트인데 단 한 해도 마이너스를 낸 적이 없어요. 그런데 재미있는 사실은 이 펀드에 가입한 사람의 절반 이상이 원금 손실이 났다는 점입니다.

그 이유를 분석해보니 사람들이 과열될 때는 들어오고, 좀 좋지 않으면

꾸준히 장기적으로 저축하듯 모아가는 투자 필요

빠져나간 겁니다. 이 펀드에 가입한 절반 이상의 투자자가 그런 것이지요. 거의 3,000퍼센트 수익이라 1억 원을 투자했으면 13년 뒤에 약 29억 원이 되어야 하는데, 거기에 가입한 절반 가까운 사람이 치

고 빠지는 전략을 썼다가 손실이 난 것입니다.

잘하는 것도 좋지만 주식시장을 믿고 꾸준히 장기적으로 저축하듯 모아가는 투자법도 좋은 방법입니다. 저도 유망업종이 무엇이냐는 질문을 많이 받는데 반도체와 바이오, IT 쪽이 좋습니다. 그런데 유망업종은 좀 비쌉니다. 이미 전문투자자나 증권사에 종사하는 사람들이 가격을 많이 올려놨기 때문이지요.

저는 무엇보다 개인투자자, 즉 직장에 다니거나 투자 지식이 많지 않은 투자자는 싸게 사서 오래 기다려야 한다고 생각합니다. 한국 기업은 대개 사이클을 많이 탑니다. 지금 많이 나빠 보여도 시간이 흐르면 언제 그랬냐는 듯 다시 돌아옵니다. 삼성전자 역시 1, 2년 전만 해도 모바일은 중국이 따라오고 반도체는 주춤하는 것 같다며 부정적 전망을 쏟아내는 사람이 많았습니다.

2017년 말 현재 대표적으로 자동차 부품주가 외면받고 있습니다. 중국 자동차가 좋아지고 사드의 영향으로 경기가 신통치 않다고 판단하는 거지요. 그렇지만 좋아질 가능성은 얼마든지 존재합니다. 여기에 더해 중국 쪽을 주력으로 하는 부품주를 살펴보는 것도 좋고요.

시간을 들여 한국을 이끌고 갈 기업들을 공부해야 합니다. 예를

시간을 들여 한국을 이끌 기업을 공부해야

들면 바이오와 IT를 공부하는 것이 좋은데 투자는 조금만 하십시오. 자신의 자산이 100이라면 핫한 종목이나 유망 종

목에는 20퍼센트 이상 투자하지 않는 게 낫습니다. 그리고 나머지 중 20퍼센트 정도는 배당주에 할애하고요. 2017년 말 현재 은행이자는 1퍼센트지만 주식시장에는 7~8퍼센트를 배당하는 회사도 꽤 있습니다. 3~4퍼센트를 주는 회사도 많고요. 현재 실적이 아주 좋은데 앞으로 더 좋아질 만한 회사 위주로 포트폴리오를 짜십시오. 너무 유망한 종목만 쫓아다니지 말고요. 그런 회사를 위주로 투자하면 크게 잃을 일은 없을 겁니다.

심영철

개미 투자자들의 투자 멘토이자 국내 최초의 재테크 전문 사이트인 웰시안닷컴 대표. KBS, MBC, EBS TV와 라디오 프로그램에서 재테크 패널 및 상담위원으로 활동했으며 한국일보, 국민일보, 한겨레신문, 머니투데이 등에 재테크 칼럼을 연재했다. 삼성, LG, SK 등 주요 그룹사의 재테크 전문 강사이자 이화여대, 경북대 등 젊은 투자자들을 대상으로 강연을 활발하게 펼치고 있다. 저서로 《통장의 고백》, 《부동산 대폭락 시대가 온다》 등이 있다.

9장

흙 속 진주를 찾아라!
10배 수익
장외주식 길라잡이

심영철, 웰시안닷컴 대표

휴지로 변해버린 주식, 독이 아니라 득이었다

제목에 '10배'가 들어 있긴 하지만 사실 지금은 '2배'도 힘든 시절입니다. 제가 직장생활을 시작하고 겨우 신입사원을 벗어났을 무렵 아는 사람에게 잘나가는 사장님을 소개받았는데, 그분이 제게 소위 묻지마 투자를 했습니다. 2,000만 원이었죠. 제가 2,000만 원짜리 주식을 장외 사이트에 올려 3억 5,000만 원에 팔겠다고 하자 사겠다는 전화가 오더군요. 당시 제게는 2,000만 원이 꽤 큰돈이었는데 6개월 만에 그 돈이 그렇게 커졌습니다.

일단 그 거래는 여러 가지 제약 때문에 성사되지 않았으나 몇 달 뒤 그것이 장외호과로 10억 원까지 갔습니다. 제가 알기로 당시 강남이 25~32평 아파트 가격이 2억~3억 원이었지요. 그것을 그냥

10억 원에 팔았으면 좋았을 텐데 제가 욕심을 부렸습니다. 그 무렵 은퇴자금이 얼마나 필요한가 하는 논란이 일었고 저는 10억 원 만으로 은퇴하기는 힘들겠다는 생각을 한 겁니다. 진득하게 기다리면 더 오를 거라는 기대를 했지요. 한데 1년 뒤 정반대 상황이 펼쳐지고 말았습니다. 그 회사가 무너지면서 10억 원을 찍은 뒤 제로가 된 것입니다. 제 주식계좌 잔고에 그 주식 2만 주가 아직 들어 있습니다. 그것을 출고해서 벽지로 써볼까 하는 생각도 했지요.

아무튼 그것을 경험하면서 저는 많은 교훈을 얻었습니다. 돌아보니 그 상황은 제게 자본시장을 바라보는 눈이나 돈을 관리할 능력이 턱없이 부족한데 어느 날 로또 1등에 당첨된 것이나 마찬가지더군요. 그것이 휴지로 변해버린 것이 오히려 제게는 독이 아니라 득이 되었다고 봅니다.

2017년 들어 놀랄 만한 일이 많이 벌어졌죠. 강남의 집값을 비롯해 여러 자산의 가치가 많이 올랐지만, 사실 그런 것은 제가 생각하는 두어 가지에 비하면 아무것도 아닙니다.

하나는 비트코인 같은 가상화폐가 2017년 초 1,000달러로 오른 일입니다. 2017년 11월 말 기준으로 1만 2,000달러까지 가면서 1년 내에 12배나 오른 겁니다.

다른 하나는 상장한 지 오래되지 않은 바이오주 신라젠이 2017년 11월 장중에 15만 원을 넘어선 것입니다. 2017년 2월 대비 16배 오른 것이지요. 바이러스로 암을 잡겠다고 나선 신라젠은 증권시장이나 바이오시장에서 굉장히 저평가를 받았는데, 우여곡절 끝에 상장하더니 2017년 2월 20일 8,900원을 찍었습니다.

사실 저는 신라젠을 놓쳤고 비트코인도 사본 적이 없습니다. 얼마 전 잘나가는 창업투자회사 대표를 만났는데 그분에게 농담 삼아 목표수익률이 몇 퍼센트냐고 묻자 의외의 대답을 하더군요.

"몇 퍼센트가 아니라 100배를 노리고 있어."

업계에서 굉장히 영향력이 크고 신중한 그가 그렇게 말한 데는 다 이유가 있었지요. 실제로 그가 투자한 것 중에서 100배가 난 주식이 꽤 있었습니다.

최근 제가 놓쳐서 굉장히 후회하는 종목 중 하나가 온라인 게임개발업체 블루홀입니다. PC방에서 돌풍을 일으키고 있는 게임 배틀그라운드를 개발한 회사죠. 제가 참여하는 스터디 그룹이 있는데 그중 한 젊은 친구가 블루홀 주식을 사달라고 하더군요. 그때 시세가 7만 원쯤이었습니다. 배틀그라운드는 한 팩에 3만 2,000원으로 유료 판매했고요. 그것이 무려 300만 개나 팔렸다고 합니다. 더구나 국내보다 해외에서 더 호평을 받았는데 대충 계산해도 1,000억 원의 매출이 난 겁니다.

저는 게임도 하지 않고 게임주에 투자한 적도 없었지만 아무튼 사달라고 하니 7만 원에 샀지요. 그것이 금세 10만 원을 넘더니 20만 원, 30만 원을 넘어 80만 원에 육박하더라고요. 불과 6개월 사이에 말입니다. 그 젊은 친구는 한두 종목에 집중 투자하는 게 아니라 분산 투자를 하는 사람이었습니다.

저도 예전에 자산이 아주 적을 때는 집중 투자를 했지만 자산이 조금씩 늘어가면서 분산 투자 비율을 높였습니다. 지속적으로 분산 투자를 하다 보면 그중 한두 종목은 큰 수익이 나지만 또 어떤 종목은 실망을 안겨줍니다. 심지어 망하는 경우도 있고요. 그래도 평균적으로 연수익률이 20~30퍼센트입니다.

여러분도 약간 합리적인 수익률을 바탕으로 투자하되 그중 한두 개는 고수익이 날 수도 있을 거라는 기대감으로 장외주식을 바라보십시오. 투자 세계에는 인간의 한계를 시험이라도 하듯 곳곳에 위험이 도사리고 있거든요.

장외시장은 신뢰할 수 있는가

사람들은 보통 주식, 채권, 부동산에 많이 투자합니다. 제가 2006년에 출간한 《부자가 되려면 채권에 미쳐라》는 사실 메자닌(mezzanine, 건물의 층과 층 사이의 중간층 공간. 메자닌은 비교적 안정적인 채권, 미래에 주가가 오를 때 주식으로 전환 가능한 채권을 말한다)에 관한 내용입니다. 메자닌은 전환사채(CB), 신주인수권부사채(BW), 교환사채 이 세 가지를 일컫는 말이지요. 한마디로 주식과 채권을 적절히 섞어놓은 것입니다.

실은 이쪽에서도 놀랄 만한 수익이 나고 있습니다. 여러분이 쉽게 접근할 수 있는 시장이기도 하고요. 사람들이 채권에 투자하는 것은 대체로 안전성 때문입니다. 실제로 원금을 보장해주는 것은 아니지만 거의 원금 보장을 기대할 수 있는 것이 많습니다. 부도만 나지 않으면 원금은 보장받지요.

재밌게도 어떤 기업은 적자가 50억 원이나 100억 원에 가까워도 상장만 하면 어지간해서는 망하지 않습니다. 그래서 저는 약간 과장을 섞어 상장하는 순간 불사조가 된다고 말합니다. 그 이유는 기본적으로 유상증자가 가능하고 그것이 여의치 않으면 메자닌을 발행할 수 있기 때문입니다. 유상증자나 메자닌으로 100억 원이나 200억 원을 만들어내는데 어떻게 망합니까. 이것마저 곤란하다면 우회상장을 노리는 기업에 팔면 됩니다. 시장에는 우회상장(비상장기업이 상장기업을 인수·합병해 상장에 필요한 심사나 공모주 청약 등의 절차를 거치지 않고 곧바로 증권시장에 진입하는 것)을 시도하는 기업이 꽤 있거든요.

코스닥에서 '바이오주' 하면 모르는 사람이 없는 종목이 바로 셀트리온입니다. 그 셀트리온이 우회상장한 종목입니다. 현실적으로 장외주식계에서는 상장하는 것 자체가 가장 강력하고 확실한 호재로 작용합니다.

물론 그때그때 공모시장의 상황도 중요합니다. 대체로 상장하면 일단 주가가 오릅니다. 기본적으로 수익을 보장받는 경우도 있고요. 최근에는 이런 종목도 상장하나 싶은 것도 있는데 심지어 첫날 공모가의 2배로 오르기도 합니다. 그중에는 가끔 상한가를 치는 경우도 있더군요.

군이 분류하자면 장내시장에는 코스피와 코스닥이 있고 장외시장에는 코넥스가 있습니다. 이제 코넥스는 코스닥으로 넘어가는 예비 과정에 있지요. 코넥스시장에 들어오면 코스닥에 갈 때 거래소에서 상당히 배려를 해줍니다. 코넥스에서 일단 검증을 받는 셈이므로 거래소는 장외에서 코스닥으로 직상장하기보다 코넥스를 거쳐서 가는 것을 좋아합니다.

코넥스에서 코스닥으로 가는 것을 이전상장이라고 하는데 그 덕을 톡톡히 본 사례도 꽤 있습니다. 재밌는 것은 코넥스시장에서는 상장하지 않고 파는 경우 세금을 물리지 않는다는 점입니다. 어찌 보면 상장인지 비상장인지 헷갈리고 그 경계선에 있는 흥미로운 시장이라 할 수 있지요.

장외주식의 거래 패턴을 보면 중개업자의 필요성을 절감합니다. 그만큼 직거래가 쉽지 않기 때문이지요. 예를 들어 개인 대 개인이 거래하는데 제가 사는 쪽이고 상대방이 파는 쪽이라고 해봅시다. 거래할 때는 대개 이체와 거의 동시에 송금이 일어나는데 장외주식 거래는 좀 다릅니다.

자, 상대방이 제게 주식을 보냈습니다. 이제 제가 송금을 해야 하는데 사실 매수자는 주식을 보낸 사람이 누구인지 잘 모르잖아요. 그 사람의 신원을 보증할 수 없으니까요. 이때 주식을 보냈는데 돈이 곧바로 들어오지 않고 5분이나 10분씩 지체되면 매도자가 얼마나 두렵겠습니까. 돈이 몇 백만 원도 아니고 몇 천만 원이나 억대라면 더욱더 그렇겠지요.

실제로 매수자는 빨리 돈을 보내라는 독촉을 엄청 받습니다. 사정이 이렇다 보니 중간에 중개업자를 끼고 하는 경우가 많습니다. 그렇다고 중개업자가 100퍼센트 에스코트를 해주는 것은 아니고 90퍼센트 정도 해줍니다. 그래도 가끔 사고가 터지다 보니 이를 원천적으로 막아주는 것이 금융투자협회가 운영하는 K-OTC시장입니다. NH든 삼성이든 증권사 거래사이트에 들어가면 메뉴에 KOTC가 있습니다. 거기에서 거래를 하는 것인데 생각보다 거래량이 많지 않습니다. 여기에서 매수하면 증권 전산시스템이 에스코트를 해주므로 결제 위험에서는 자유롭습니다.

장외시장의 특징

IPO를 하는 경우 상장 전에 프리IPO라고 해서 일부 주식을 팔거나 유상증자하기도 합니다. 이때 손바꿈(주식회전율. 주식의 매매빈도)이 상승하면서 투자기회가 많이 생깁니다. 그러나 상장 몇 달 전에 투자해 고수익을 얻기란 생각보다 쉽지 않습니다.

근래 굉장히 큰 종목 중 하나가 코오롱 계열사인 티슈진이었지요.

만약 티슈진이 실제보다 6개월 전에 상장했다면 시가총액 1조 원에 가기 어려웠을 겁니다. 그런데 장이 과열되자 IPO 과정 중 수요예측 단계에서 공모가의 상단에 딱 걸렸고 범위도 아주 넓었습니다. 공모가의 거의 2배 가까운 가격에 거래되고 시가총액이 약 5조 원에 이르렀죠. 하지만 이것은 공모시장이 특이하게 좋은 경우라 고수익이 난 것이고 일반적인 상황은 아닙니다.

프리IPO에 투자해도 기대수익률은 그리 크지 않습니다. 투자했는데 상장을 승인받지 못하는 경우도 꽤 있고, 상장 승인을 받더라도 수익이 덜 나거나 아예 나지 않는 경우도 있습니다. 저는 개인적으로 프리IPO와 함께 좀 더 고수익을 노려 스타트업에 투자를 늘려가는 중입니다. 실제로 스타트업 쪽에서 가끔 대박이 나는 경우가 있습니다. 투자에 성공하면 10배 수익을 올릴 수도 있겠다는 생각이 들어 투자하는 겁니다. 그러나 고수익에는 고위험이 따르므로 일반인은 투자에 신중을 기해야 합니다. 사실 장외시장에는 '고위험, 고수익' 원칙이 그대로 적용됩니다.

IPO에는 여러 가지 패턴이 있는데 여기서는 거래소보다 코스닥 위주로 설명하겠습니다. 한국에는 기술평가특례제도가 있는데 이것은 지금 적자상태고 앞으로도 몇 년간 적자가 날 법한 회사에 특례를 줘서 상장하게 하는 제도입니다. 이것을 시행한 지는 11년 정도이고 이 특혜를 받아 상장한 기업이 아주 많습니다. 이처럼 코스닥에 직상장한 기업 중에는 대체로 바이오 회사가 많지요. 실은 이들이 안겨주는 수익률이 생각보다 좋은 경우가 꽤 있습니다.

아무튼 이렇게 들어온 경우 거래소에서 예비심사를 하고 이를 통과하면 기업설명회를 합니다. 기업설명회와 함께 수요예측도 하는데 그 단계에서 답이 나옵니다. 주식이 어느 정도 인기가 있을지, 상장했을 때 주가 범위가 어느 정도에서 형성될지 가늠할 수 있기 때문입니다. 가령 기관들이 참여해 많은 금액을 베팅하고 상단 이상으로 가격을 제시하면 경쟁률이 500 대 1이나 1,000 대 1로 높게 나오기도 합니다. 이것을 기반으로 수요예측을 마친 뒤에 나온 공모가로 공모하고 상장합니다.

장외주식을 증권사 HTS로 매매하는 방식에는 코넥스와 K-OTC가 있습니다. 코넥스와 K-OTC에 들어와 있는 종목은 생각보다 많습니다. 여러분이 알고 있는 종목도 있지요. 예를 들면 삼성메디슨, 포스코건설 등 생각보다 투자할 종목이 제법 있습니다.

그런데 역설적이게도 이쪽에 들어온 관계로 주가상승에 제한을 받기도 합니다. 오리지널 비상장일 경우에는 호가와 주가 흐름이 탄력적으로 움직이는 경향이 있지만, 코넥스나 K-OTC에 들어오는 순간 매물벽이 생기면서 잘 오르지 않습니다. 최근 코스닥에서 바이오주식이나 장외주식은 많이 올랐지만 K-OTC나 코넥스시장에서는 주가가 크게 오른 종목이 생각보다 적었습니다.

여하튼 장외거래에는 이러한 방법이 있고 많은 사람이 이곳에서 중개회사나 중개자의 도움을 받아 거래합니다.

장외시장 거래 시 유의할 점

장외시장을 공부해본 사람은 알고 있을지도 모르지만 장외시장과 부동산시장은 굉장히 흡사합니다. 기본적으로 매물이 생각보다 적고 시세가 호가 위주로 형성됩니다. 부동산의 경우 시세가 좀 오를 것 같으면 매물을 거둬들이죠. 장외시장도 마찬가지입니다.

거래소나 코스닥은 하루 거래량이 몇 십만 주, 몇 백만 주, 심지어 몇 천만 주에 달하기 때문에 그날 사겠다고 마음먹으면 살 수 있습니다. 팔겠다고 마음먹으면 팔 수 있고요. 즉, 상한가에 사든 하한가에 팔든 거래가 가능한데 장외시장에서는 그럴 수 없습니다. 이쪽에는 아예 상한가가 없습니다. 심지어 5,000원짜리가 그날 1만 원으로 오르는 경우도 가끔 있지요. 이것은 그만큼 리스크가 크다는 것을 의미합니다. 팁을 하나 드리자면 여러 업체 중에서도 사이트 38커뮤니케이션에서 많은 정보를 제공합니다. 방문자 수나 호가 등 여러 면에서 다른 업체보다 압도적으로 정보가 많습니다.

예전에 여러분은 주식 정보를 얻을 때 주로 팍스넷을 이용했을 겁니다. 지금은 네이버 금융에서 많은 정보를 제공하고 있습니다. 아무튼 글의 개수나 내용으로 봤을 때 장외주식에 관한 한 38커뮤니케이션이 정보가 가장 많습니다.

시세는 보통 가장 높은 매수호가와 가장 낮은 매도호가의 평균을

매매방법	• 증권사 HTS(코넥스, K-OTC) • 장외거래: 중개회사(인) 이용이 일반적, HTS 이체 또는 증권사 창구에서 이체. 삼성증권과 기타 증권사(동일 증권사, 4시까지)
시세 산출 방식	• 38커뮤니케이션, 프리스닥, PSTOCK, JSTOCK 등 확인 • 매수호가 최고가와 매도호가 최하가의 산술평균 • 3시 30분 고시 → 시세왜곡 가능성 상존
장외거래의 유의점	• 거래의 대체적 유형: 창투사의 물량 또는 공모주 물량이 기본 • 수수료: 1% 수준 • 정보: 장외 사이트, 증권사, 언론사, 세이브로 • 신고와 세금: 다음 분기 두번째 달 월말, 11.5%(벤처), or 22.5%(대기업), 상장 후 매도가 최선(세금 감안하여 판단) • 장외도 작전 가능성 상존(정보의 비대칭성, 호가 조작, 게시판 분위기 유도) • 코스닥시장과의 동행성 or 후행성 • 상장 스케줄 체크 • 코스닥, 코넥스, 스팩, 우회상장 EXIT 다양 • RCPS(우선주), BW, CB 등 체크 • 중개인, VIK, 보험모집인, 블로그 등 유의 • 간접투자도 가능(투자자문사, 하이일드펀드, 증권 등 PB 대상 신탁팀 활성화) • 낙폭과대주에도 관심 필요 • 철회 또는 미승인주들도 고수익 난 사례 있음

내서 올리는데 그것을 조작할 위험이 있습니다. 실제로 일반인이 거기에 사겠다거나 팔겠다고 올리는 경우는 거의 없습니다. 시험 삼아 올려보면 그 이유를 곧바로 알게 될 겁니다. 제가 11년 전쯤 지금도 비상장 상태로 있는 대우정보시스템 주식을 팔고자 올려놨습니다. 11년 전에 올려놨는데 무려 11년째 전화를 받고 있습니다. "대우정

보시스템 파실래요?" 하는 전화를 11년째 받고 있는 겁니다.

왜 그런 일이 벌어지는지 알아보니 그곳은 거의 다 중개업소에서 올리더군요. 그러니까 전화번호를 보면 어느 업체인지 대개 압니다. 그러다가 갑자기 생뚱맞은 번호가 올라오니까 '이건 알짜배기 개인정보구나' 하고 메모해놨다가 계속 전화를 하는 거지요.

아무튼 그날 3시 30분 즈음 매수가와 매도가를 기계적으로 산술해서 내보내는 것이 시세입니다. 굉장히 허술하지요. 부동산도 많은 것이 현대화, 계량화하고 있긴 하지만 여전히 주먹구구식으로 이뤄지는 것이 많잖아요. 장외시장도 마찬가지입니다.

그러면 이제부터 장외시장 거래 시 유의할 점을 살펴봅시다.

거래는 대개 창업투자회사가 벤처기업에 초기에 투자하는 형태로 이뤄집니다. 예를 들어 주당 2,000원, 3,000원에 투자했다고 해봅시다. 그 회사가 곧 상장할 계획이라면 상장 후에 다 팔 수도 있습니다. 상장해서 다 팔면 그야말로 베스트입니다.

문제는 상장에 실패할 수도 있다는 점입니다. 설령 실패하지 않고 성공할 가능성이 커도 리스크를 분산하고 싶을지도 모릅니다. 만약 10만 주를 갖고 있다면 10만 주를 모두 상장한 후에 파는 것이 아니라 5만 주나 몇 만 주를 쪼개 미리 파는 것이죠. 상장하면 1만 원 이상에 팔릴 거라고 예상하지만 어차피 2,000원에 샀으니 5,000원 정도에 물량을 시장에 내놓는 것입니다. 이러한 물량이 돌고 돌아 프리미엄이 붙어 거래되는 것이 일반적인 형태입니다. 지금도 그런 경향이 강합니다.

비유하자면 물건이 제조업자, 도매상, 소매상을 거치면서 유통비가 첨가되듯 장외주식도 그런 식으로 거래가 이뤄지며 프리미엄이 붙는 구조입니다. 하나씩 단계를 거칠 때마다 몇 백 원, 몇 천 원의 프리미엄이 붙습니다. 처음에 창업투자회사에서 물량을 내놓을 때는 5,000원이었는데 누군가가 살 때는 6,000원, 7,000원으로 오르기도 합니다. 목표가격이 어느 정도인지 모르지만 가격이 오르면 그만큼 돈을 벌 여지가 줄어들 위험이 있습니다. 이때 중개업자는 에스코트를 해주고 보통 1퍼센트의 수수료를 받습니다.

한국예탁결제원의 증권정보 포털인 세이브로(SEIBRO)에 들어가면 주식 하단 쪽에 비상장주식 추정매매정보가 나옵니다. 그런데 흥미롭게도 거기에 들어가면 주식 가격이 나오지 않습니다. 거래량만 나올 뿐입니다.

물론 실시간 정보는 아니고 예를 들면 삼성메디슨이 1만 주 거래되었다, 포스코건설이 2만 주 거래되었다 하는 식의 정보가 뜹니다. 사실 거래자의 입장에서는 주가뿐 아니라 거래량도 상당히 중요합니다. 거래량을 주가의 그림자라고 부를 정도지요. 어느 정도 거래량이 늘어나고 시세가 형성되면 그것을 굉장히 의미 있는 정보로 봐야 합니다. 세이브로에서 거래량과 시세의 정확성을 간접적으로 측정해볼 수 있는 셈입니다.

비상장 쪽에서는 아무래도 세금이 커다란 관심거리가 아닐 수 없습니다. 지금은 중소기업이나 벤처기업의 경우 양도차액의 10퍼센트를 내고 그것의 10퍼센트인 1퍼센트를 소득세와 주민세로 냅니다. 그 11퍼센트에 0.5퍼센트의 거래세가 붙습니다. 결국 11.5퍼센트를 내는 겁니다. 대기업의 경우 이것의 2배인 22.5퍼센트를 냅니다.

가령 오래전에 삼성생명 주가가 계속 오르는데도 매물이 덜 나왔는데 그것은 세금이 너무 커서 그런 것입니다. 지금 삼성생명은 액면분할(기존 주식의 액면가를 일정 비율로 분할해 주식 수를 늘리는 것)로 주가가 10만 원이지만 본래 100만 원이 넘던 겁니다. 그것이 장외에서 20만 원 때부터 활발하게 거래가 이뤄졌는데 40만 원, 80만 원 하더니 거의 150만 원까지 갔습니다. 주가가 오를수록 사람들은 더 팔지 못했지요. 세금 22.5퍼센트를 내야 하니 그것이 매수단가보다 더 많아 못 파는 것이죠. 그러다 보니 매물은 점점 더 귀해지고 결국 더 큰 수익으로 돌아오는 상황이 된 것입니다. 삼성SDI도 마찬가지입니다. 이처럼 세금은 역설적인 기능도 하므로 상장 후에 매도하는 것이 최선일 수도 있습니다.

2015년에는 세금이 무서워서 팔지 않다가 크게 당한 경우도 많습니다. 제 경우 휴마시스에 투자했는데 당시 투자 단가가 4,000원 정도였습니다. 그것이 장외에서 1만 7,000원까지 갔지요. 그 정도면 세금이 꽤 나오는 상황이라 그게 무서워서 팔지 않은 사람도 있었습니다. 한데 그것이 거품이 빠지면서 불과 1년 사이에 5,000원까지 떨어졌습니다. 휴마시스는 겨우 상장했는데 그때 주가가 7,000원 정도였지요. 이것은 상장 후 매도가 최선이 아닌 사례입니다.

　실제로 이런 일이 최근에 많이 일어나고 있습니다. 결국 상장 후 고가에 팔 수 있을지 가늠해보고 세금과 기회비용을 따져본 다음 판단해야 합니다.

눈여겨볼 장외주식들

　이제부터 제가 선정한 5개 종목을 소개하겠습니다. 이것은 제가 한 주도 보유하지 않은 종목입니다. 객관적으로 보기 위해 제가 보유한 종목은 배제했습니다. 단, 주로 큰 종목이라 10배 정도의 고수익을 기대하기는 힘들고 공모주 시장이 받쳐주면 2~3배는 가능하겠다는 생각에 정리한 것입니다.

눈여겨볼 장외주식

포스코건설	• 저PBR(송도, 구룡) • 저PER • 사우디 주주와 사업
볼빅	• 상장 기대감 • 실적 호전 예상
티맥스소프트	• 상장 기대감 • 실적 호전 • 상대적 저평가
바디프랜드	• 상장 기대감 • 고성장세
지누스	• 상장 기대감

첫째, 포스코건설입니다. 포스코건설은 K-OTC시장에 있고 2017년 말 현재 주가가 2만 8,200원인데 시가총액이 약 1조 1,000억 원입니다. 사실 포스코건설은 공모가 욕심을 부리다가 상장하지 못했고 2010년 장외에서 8만 원에 일반 공모를 했습니다. 그때 포스코건설이 상장할 줄 알고 8만 원에 산 사람이 꽤 있습니다. 당시 포스코건설이 회계법인에 가치평가를 했더니 11만 원이 나왔어요. 하지만 그 8만 원은 지금 2만 8,000원으로 주저앉았습니다. 흥미롭게도 2015년 사우디아라비아의 국부펀드(정부가 외환보유고 같은 자산으로 주식이나 채권에 출자하는 펀드. 정부 소유의 투자기관)가 포스코건설 주식을 7만 8,000원에 샀습니다.

물론 싼 데는 이유가 있겠지만 제가 보기엔 상장한 건설사 대비 싼 편이라고 생각합니다. 건설사의 경우 땅뿐 아니라 PER(주가/주당순이익)와 PBR(주가/주당순자산가치)도 보잖아요. 저는 포스코건설의 PER이 낮다고 보는데 그 이유는 특별한 이슈가 없을 경우 1년에 3,000억~4,000억 원을 버는 회사이기 때문입니다. 실제로 포스코건설은 2017년 상반기 영업이익이 2,300억 원이었습니다. 가령 4,000억 원을 벌고 영업비 기준으로 시가총액이 1조를 넘었다면 PER가 낮은 거지요. PBR도 0.5 이하라 낮은 편입니다.

포스코건설 하면 송도를 빼놓을 수 없죠. 포스코건설이 게일사와 7 대 3으로 송도국제도시개발유한회사를 만들었는데 이미 자산으로 잡혀 있긴 하지만 미수금이 7,000억 원이 넘습니다. 강남 구룡마을에도 지분이 높은 이 회사는 받을 액수를 1,700억 원으로 예상합니다. 여기에다 송도에 땅을 꽤 많이 갖고 있기도 합니다. 경기도 광주 고산1지구에도 크게 분양을 하는데 보수적으로 따져 3,000억 원 정도가 들어올 거라고 예측합니다.

흥미롭게도 2017년 10월 사우디아라비아가 시나이 반도 근처에 서울 44배 크기의 신도시를 건설하겠다는 플랜을 발표했습니다. 사업규모가 무려 5,000억 달러(약 564조 원)입니다. 포스코건설에 투자한 사우디아라비아가 그 건설을 누구한테 맡길까요? 물론 다 주지는 않겠지만 그중 덩치 큰 것으로 줄 확률이 높습니다. 포스코건설이 다른 상장한 회사에 비해 저평가된 것은 확실합니다.

둘째, 볼빅입니다. 골프공을 만드는 볼빅은 과거에 상장사였다가 자진 상장 폐지를 했는데 이제 다시 상장을 추진하고 있습니다. 지금은 코넥스시장에 들어와 있고 주가가 9,990원에 시가총액이 약 400억 원입니다. 그동안 이 회사는 실적이 좋지 않았으나 M&A 가능성은 낮고 2017년 실적이 괜찮습니다. 3분기까지 보니 크진 않지만 적자를 보던 회사가 21억을 벌었지요. 결정적으로 2018년에는 이익이 대폭 늘어날 전망입니다.

이 업계에서 1위는 타이틀리스트이고 볼빅은 2위인데 시장점유율이 28퍼센트입니다. 최근 시장 확대에 나선 볼빅이 골프웨어 브랜드 볼빅브이닷을 론칭해 좋은 반응을 얻고 있습니다. 이처럼 골프 토털 브랜드를 지향하는 볼빅은 2018년 전년보다 수익을 2배 이상 올릴 가능성이 크므로 코스닥 상장이 어렵지 않을 것입니다. 여기에다 PER도 낮은 편입니다.

셋째, 티맥스소프트입니다. 토종 소프트웨어 기업 티맥스소프트는 굉장히 유명한 주식입니다. 저력이 있는 티맥스소프트는 중간에 상장할 기회를 여러 번 놓쳤고 실적이 바닥을 치다가 2016년부터 많이 좋아졌습니다. 2016년에는 영업이익이 약 280억 원이었는데 2017년 회사 추정치는 350억 원 정도입니다. 업계 관계자의 얘기를 들어보니 2018년에는 영업이익 500억 원 이상도 가능할 거라고 하더군요.

소프트웨어 회사는 더존비즈온이나 한컴MDS가 보여주듯 PER이 높습니다. 상당히 인정받는 것이지요. 티맥스소프트의 경우 각 증권사에서 맡으려고 경쟁이 치열한데 부르는 가격이 1조 원 이상으로 꽤 높습니다. 여기에다 시가총액이 5,000억 원에 조금 미치지 못하는 4,000억 원대입니다.

넷째, 바디프랜드입니다. 바디프랜드는 안마의자시장에서 압도적으로 1위를 차지하고 있습니다. 시장이 점점 레드오션으로 바뀌자 바디프랜드는 해외시장을 개척했고 미국법인이 이미 흑자 전환에 성공했지요. 2017년 영업이익이 1,000억 원을 넘긴 것으로 알려져 있습니다. 사실 렌털 시장은 코웨이도 마찬가지지만 PER이 좀 높습니다. 바디프랜드는 2017년 초만 해도 10만 원 정도였는데 지금은 20만 원입니다. 제가 볼 때 상승 여력이 제한적이지만 시가총액이 1조 5,000억 원입니다. 이 정도면 PER 기준으로 봐도 15배지요. 그러나 이쪽 업계에는 PER가 30배 정도인 곳도 있으므로 더 여력이 있을지도 모릅니다. 가령 쿠쿠전자는 상장할 때 2조 원을 찍었지요. 친숙한 브랜드는 프리미엄 효과가 훨씬 더 큽니다. 바디프랜드는 상장할 때 시장이 받쳐주면 추가 상승 여지가 있습니다.

다섯째, 지누스입니다. 지누스의 옛 이름은 진웅기업인데 전 세계 넘버원 텐트회사였습니다. 본래 상장회사였지만 무너지는 바람에 상장 폐지되었다가 다시 불사조처럼 일어나 업종을 바꿨지요. 이 회사는 현재 메모리폼 매트리스를 공급하는데 그것을 미국 아마존에서 판매합니다. 500달러 이하의 중저가 매트리스지만 진입장벽이 높은지 다른 기업에서 치고 들어오지 못하고 있습니다. 아마존 매트리스 판매에서 1, 2위를 다투고 있지요. 2016년 매출이 약 3,000억 원이고 당기순이익은 600억 원 정도입니다. 2017년에는 3분기에 이미 그 정도를 달성했고요. 3분기까지 매출액이 약 3,800억 원인데 4분기에는 당기순이익이 800억~900억 원도 가능하리라고 봅니다. 이 회사는 현재 K-OTC시장에 있는데 15만 원을 찍고 밀려가더니 10만 원으로 내려왔습니다. 저는 지누스도 어느 정도 수익을 낼 거라고 봅니다.

양태영

건축주와 개인 투자자를 연결해주는 부동산 P2P 금융서비스 기업 테라펀딩 대표. HSBC 은행에서 여신업무를 담당했고 회사를 그만두고 8년간 경매 투자를 통해 부동산 경매 전문가가 되었다. 2013년에 미국 부동산 시장에 도입된 크라우드 펀딩에 관심을 가지며 2014년 12월 국내 1호 부동산 P2P 테라펀딩을 설립했다. 현재 테라펀딩은 '부실율 0퍼센트, 연평균 수익률 12.6퍼센트, 누적 투자액 2,408억 원, 누적 상환액 1,039억 원'을 기록하고 있는 국내 1위 P2P 금융 회사이다.

은행 금리 6배!
부동산 P2P
투자활용법

양태영, 테라펀딩 대표

건축주와 개인투자자를 연결해주는 부동산 P2P

P2P대출은 은행에서 돈을 빌리는 게 아니라 돈을 빌리는 사람이 온라인 플랫폼에서 대출을 신청하고, 돈을 빌려주는 개인 투자자가 십시일반 자금을 모아 대출해주는 구조입니다. 국내에 P2P업이 생긴 지는 아직 3년이 되지 않았고 P2P업체는 200개 정도 있습니다.

P2P업체 중에는 신용대출 중개회사, 소상공인대출 중개회사, 부동산대출 중개회사 등이 있습니다. 부동산대출을 중개하는 경우, 부동산 담보대출을 주로 취급하는 회사도 있고 부동산 건축주와 개인 투자자를 연결해주는 회사도 있습니다. 여기서는 부동산 건축주와 개인 투자자를 연결해주는 서비스를 제공하는 테라펀딩을 중심으로 이야기를 풀어가겠습니다.

부동산 건축주는 대개 다세대빌라나 원룸, 다가구주택, 도시형생활주택, 오피스텔 같은 중소형 부동산을 신축하기 위해 대출을 받습니다. 일단 대출을 원하는 사람은 테라펀딩에 심사를 의뢰합니다. 그리고 테라펀딩은 심사를 끝낸 상품을 홈페이지에 등록합니다. 이어 개인 투자자가 투자를 시작합니다. 부동산 P2P업체는 주로 중소형 주택을 취급하는데 그 이유는 규제 때문입니다. 2008년 금융위기 때 부동산 경기가 나빠지면서 중소형 주택이 경매로 많이 넘어갔습니다. 당시 중대형 아파트까지도 깡통아파트가 될 만큼 경매금액이 분양가의 30~40퍼센트까지 떨어지는 일이 많았는데, 이 경우 채권자가 채권을 회수하면 소유자에게 남는 이익이 거의 없었지요.

특히 중소형 주택이 경매로 넘어가면 실수요자의 관심이 뜨겁습니다. 경매시장에서 낙찰받아 입주하려는 실수요자가 많아 평균 낙찰률이 80퍼센트가 넘기 때문에 채권자가 손해 볼 가능성은 낮습니다. 테라펀딩은 심사를 통해 준공 후 건물가치 기준 약 70퍼센트까지 대출을 해줍니다. 만약 문제가 생겨 이 건물이 경매로 넘어가도 80퍼센트에 낙찰되면 대출원금과 이자를 충분히 회수할 수 있지요.

은행 대출이 힘든 중소형 건축주

그럼 건축주들은 왜 은행에서 대출받지 않고 P2P업체에서 대출을 받는 걸까요?

무엇보다 시중은행에서 대출받기가 굉장히 어렵습니다. 건축주들은 토지를 매입하는 단계부터 대출을 받는데 그다음에는 건축비가 없습니다. 그 건축비를 대출하러 은행에 가야 하지만 은행은 건축자금을 대출해줄 때 시공사가 어디인지를 가장 중요시합니다. 이때 이름이 널리 알려진 브랜드 건설회사가 공사를 한다고 하면 은행은 대출을 해줍니다. 하지만 우리가 그 이름을 자주 듣는 현대건설이나 삼성, SK 같은 기업은 아파트를 시공하지 중소형 주택은 시공하지 않습니다. 여하튼 중소형 건축주는 신용이 대기업보다 부족해서 대출을 받는 데 어려움을 겪습니다.

결국 중소형 건축주들은 시중은행이 아니라 저축은행을 찾아갑니다. 하지만 여기서도 대출은 수월하지 않습니다. 금융위기 때 저축은행 부실사태가 불거지면서 많은 저축은행이 문을 닫았지요. 그 이유는 부동산 PF(project finance, 건설사가 진행하는 건설사업의 수익 가능성을 평가해 돈을 빌려주는 것)를 과도하게 취급하다가 엄청난 부실이 발생했기 때문입니다. 결과적으로 금융당국은 저축은행과 관련해 많은 규제를 만들었고 관리감독도 강화했습니다.

건축주가 시중은행에서 대출을 받으려면 자기자본이 20퍼센트 있어야 합니다. 예를 들어 강남에 빌라를 짓기 위해 땅을 구매한다고 해봅시다. 보통 부지를 100평 정도 구매하는데 가격이 평당 4,000만 원이라면 땅값만 40억 원입니다. 빌라의 경우 건물의 전체 면적이 약

200평인데 공사비를 평당 400만 원으로 계산하면 건축비가 8억 원쯤 들어갑니다. 기타 부대비용과 세금을 다 계산하면 50억 원이 훌쩍 넘어가지요. 그렇게 50억 원이 넘어가는 사업에서 20퍼센트의 자기자본을 갖고 있어야 시중은행에서 대출을 받을 수 있습니다. 저축은행에서 대출을 받으려면 10억 원이 있어야 한다는 이야기입니다.

하지만 현실을 보면 땅을 사서 건물을 지어 분양하는 사람들은 생각만큼 자기자본이 많지 않습니다. 결국 이들에게 은행대출은 장벽이 아주 높게 느껴지지요.

과거에는 거의 모든 저축은행에서 건축자금을 대출해줄 수 있었으나 지금은 금융감독원이 전체 대출 자산의 20퍼센트까지만 부동산 PF를 할 수 있도록 막아놨습니다. 그러니까 부동산 PF를 많이 해준 저축은행은 추가로 여신을 더 일으키고 싶어도 하지 못하는 상황입니다. 여기에다 당시 사업성 분석을 제대로 하지 못해 부실해진 저축은행은 아예 부동산 PF를 취급하지 않고 있습니다. 이들은 소상 공인대출이나 신용대출 쪽으로 돌아섰고 부동산 PF는 대부분 하지 않습니다.

상황이 이렇다 보니 많은 건축주가 대출을 받는 데 많은 어려움을 겪고 있습니다. 은행대출이 막힌 이들은 기타조달방식으로 자금을 조달해 건물을 신축합니다. 기타조달방식이란 자기자본을 조금 넣어 토지를 매입한 뒤 건축비를 지인에게 조달받거나 빌리는 것을 말합니다. 투자 형태로 수익률의 30~50퍼센트를 주겠다고 약속하고 투자받는 경우도 있고요.

건설업계에는 건설사채를 하는 사람들도 있습니다. 이들은 건설할 때 건설자금을 전문적으로 빌려주는데 연금리 25~30퍼센트를 받습니다. 외상공사라고 해서 시공사에 공사비를 나중에 주는 방식도 있습니다. 여기서 나중이란 건물을 완성한 뒤 시중은행에서 담보대출을 받아 상환하는 것을 말합니다. 대물계약처럼 완공한 건물 중 일부를 원가에 공사비 대신 주는 방식도 있지요. 가령 건물에 빌라가 8세대 있다면 그중 2세대를 원가에 주는 겁니다.

이처럼 다양한 방식으로 자금을 조달해 건물을 신축하는데 문제는 처음의 계획이 틀어지는 경우가 많다는 데 있습니다. 예를 들면 돈을 빌려주기로 한 지인에게 갑자기 문제가 생겨 돈을 빌려줄 수 없다고 하는 경우도 있지요. 사채업자가 마음을 바꿔 더 높은 금리

소형 건물 건축주의 건축자금 기타조달방식

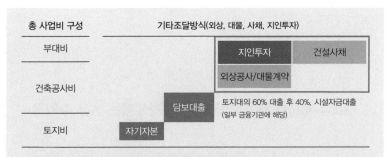

를 달라고 할 수도 있습니다. 외상공사나 대물계약으로 공사를 시작했는데 공사 도중 시공사가 부도나거나 도망가는 경우도 있죠. 이럴 경우 건물이 올라가다가 자금조달이 막혀 공사현장의 일이 멈추고 맙니다. 그 상태에서 추가자금 조달을 위해 열심히 뛰어다니지만 날짜가 흐를수록 상황은 악화됩니다. 현장이 멈춰 있어도 땅을 살 때 받은 대출금과 지인에게 빌린 돈 때문에 금융비용이 계속 증가하기 때문입니다. 자금을 조달하느라 6개월이나 1년이 지나 건물을 완공하면 이익은커녕 오히려 적자가 날 수도 있습니다. 이때 건축주는 대부분 사업장을 포기합니다. 그러면 그 사업장은 경매로 넘어가지요.

이런 상황은 결국 악순환을 불러일으킵니다. 단순히 건축주만 피해를 보는 것이 아니지요. 금융비용이 증가하면 건축주는 이익을 내기 위해 저렴한 건축자재를 쓰거나 부실공사를 하고 맙니다. 사실 빌라는 아파트보다 가격이 저렴하기 때문에 주로 서민들이 많이 구매하지요. 결국 그들이 어렵게 모은 돈으로 하자가 많은 집을 사는 문제가 발생합니다.

건축주에게는 낮은 이율을, 투자자에게는 높은 수익을

금융기관에서 대출받지 못하면 이처럼 여러 가지 문제가 발생하는데, 그 부분을 해결해주는 곳이 P2P 회사입니다. 테라펀딩은 건축주에게 연 12퍼센트 금리로 대출을 해줍니다. 저축은행의 경우 금리가 8~10퍼센트고 별도로 수수료가 약 2퍼센트 있습니다. 비록 테라펀딩은 수수료가 3~4퍼센트지만 빌라 한 동을 건축하는 데 걸리는 시간은 6개월입니다. 만약 대출금을 6개월만 사용하면 연 12퍼센트 금리이므로 실제로는 6퍼센트만 내면 됩니다.

여기에다 대출을 한 번만 해주는 게 아니라 돈이 필요할 때마다 요청하면 그때그때 투자금을 모아 대출해줍니다. 이 경우 돈을 쓴 만큼만 이자를 계산하므로 실제 금리는 8~10퍼센트로 봐야 합니다. 건축주 입장에서는 은행보다 빠르고 간편하게 대출을 받는 이점을 누립니다.

그럼 투자자에게는 어떤 이익이 있을까요? 일단 대출자가 내는 대출이자는 그대로 투자자에게 돌아갑니다. 그래서 투자자들의 수익은 12퍼센트 정도인데 문제는 세금입니다. 현재 국회에서 P2P대출 법제화를 위한 입법이 계류 중인데 아직 통과되지 않아 세금이 비쌉니다. 27.5퍼센트의 세금을 내야 하지요. 투자자는 세금 외에 수수료도 내는데 투자금액의 매달 0.1퍼센트, 연 1.2퍼센트를 냅니다. 세금과 수수료를 제하면 투자자에게 돌아가는 것은 약 8퍼센트입니다.

건축 일을 하는 사람들은 건축자금 조달을 위해 저축은행을 많이 찾아갑니다. 거기서 거절당하면 급한 경우 사채도 쓰지요. 다음은 테라펀딩이 건축주들을 인터뷰한 내용입니다.

테라펀딩 대출자 인터뷰

건축자금 조달을 위해
지역 내 모든 저축은행을 돌아다니며
대출상담을 받았으나, 모두 거절당함

이전 사업에서 급할 때는
3~4부에 이르는 사채자금을
끌어 쓰는 경우도 많았음

저축은행 실무자들은
사업성을 본다고 하지만
사실은 짜여진 규정에
부합하는지를 보는데
테라펀딩은 사업성을 봐줌

현찰로 선금을 줘야
단가가 낮아지는 이 시장에서
테라펀딩을 통해
공사단가를 낮출 수 있었음

테라펀딩 덕분에 자금 집행이 바로 되니
업체 간 신뢰도 쌓이고
지역 내에서 좋은 사업체라는 인식이 생겨
하청업체들도 와서 일하고 싶어하는
분위기가 조성됨

가장 힘들 때 손 잡아준 곳이
바로 테라펀딩

말로만 사업성을 보는 저축은행과 달리 테라펀딩은 정말로 사업성을 분석해서 즉시 자금을 조달해줍니다. 덕분에 건축주는 현금을 주면 단가가 낮아지는 건설업계에서 테라펀딩으로 공사비를 절감하는 효과까지 얻습니다. 사실 소형 사업장은 공사비를 미루거나 제때에 주지 않는 경우가 많습니다. 그래서 오히려 공사비를 잘 주면 업체 간의 신뢰도가 높아져 다른 현장에서 사업할 때 인력수급이나 하도급업체와의 계약이 원활해집니다.

일단 건축주가 대출을 신청하면 테라펀딩이 심사를 합니다. 내부의 열 명이 넘는 부동산 전문 인력이 자체적으로 프로젝트를 심사합니다. 그들은 부동산 시행과 시공 그리고 금융 전문가들입니다. 심사 결과 사업성이 충분하고 안전하다는 판단이 서면 홈페이지에 투자상품으로 등록합니다.

테라펀딩 운영방식

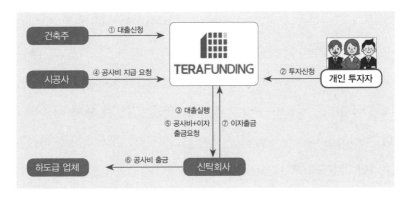

그러면 투자자들이 투자 여부를 선택합니다. 회원가입을 해놓으면 신규 상품이 올라갈 때마다 문자나 카카오톡으로 안내를 해줍니다. 그 안내를 받고 홈페이지에 접속해 여러 개의 상품 중에서 원하는 상품에 개별적으로 투자하는 것이지요. 최소 10만 원부터 투자가 가능하고 최대 투자금액은 한 건에 500만 원입니다. 원래 P2P대출 투자에는 한도가 없었습니다. 지금은 투자한도가 생겨 한 업체에 최대 1,000만 원까지 투자가 가능합니다.

투자금 보호를 위한 장치

대출을 신청했을 때 투자자의 자금을 모아 건축주에게 직접 주는 것은 아닙니다. 건축주에게 문제가 생길 수 있기 때문이지요. 건축주가 그 대출금을 받아 공사비로 써야 하는데 엉뚱한 곳에 쓸 수도 있잖아요. 그렇다면 시공사에 줘야 하는데 여기에 줘도 문제가 생길 수 있습니다. 골조공사업체나 내·외장 인테리어업체 같은 하도급업체에 공사비를 지급하지 않고 공사를 시키는 경우가 있기 때문입니다. 한마디로 외상공사를 하는 거지요. 그러다가 나중에 시공사가 부도나면 하도급업체는 공사비를 받지 못했다며 건축주를 찾아옵니다.

사실 건축주는 하도급업체가 아니라 시공사와 계약한 것입니다. 한데 시공사와 계약했어도 하도급업체가 돈을 못 받으면 유치권에 따라 하도급업체가 현장을 점유할 수 있습니다. 거리를 지나다니다가 공사가 멈춘 현장에 '유치권 행사 중'이라는 현수막이 걸려 있는 것을 본 적이 있을겁니다. 그것은 하도급업체들이 돈을 받지 못해 현장을 점거하고 있는 겁니다.

건축주가 그 문제를 해결하려면 돈을 줄 수밖에 없습니다. 이미 돈을 준 상태라도 말입니다. 만약 그런 문제가 생기면 돈을 빌려준 사람도 곤란해집니다. 그래서 테라펀딩은 대출금을 시공사가 아니라 하도급업체에 직접 지불합니다.

건설업계에 이처럼 번거로운 일이 많기 때문에 은행에서 시공사를 보고 대출을 해주는 것이지요. 시공사의 규모가 크고 우량하면 그냥 시공사를 믿고 돈을 주는 겁니다. 반면 시공사가 영세할 경우에는 언제 망할지 모르므로 시공사에 돈을 주었다가는 큰일 납니다.

그렇다고 은행에서 하도급업체에 지급하려니 일이 너무 많아 아예 취급하지 않는 것입니다.

바로 그것을 테라펀딩이 하는 것이죠. 이것은 테라펀딩이 대출해준 사업장을 직접 관리하면서 하도급업체에 자금을 직접 지불하는 방식입니다. 이 경우 설령 시공사가 망하더라도 시공사만 바꿔 공사를 진행하면 그만입니다. 그렇게 건물을 준공하면 시중은행에서 담보대출을 받아 투자금을 상환하는 구조가 만들어집니다. 그 과정은 매우 번거롭지만 테라펀딩은 건축주의 원활한 사업진행, 투자자의 투자금 보호를 위해 직접 그 역할에 나서고 있습니다. 그 역할에 대한 대가로 수수료도 받는 것이고요.

2014년 12월에 처음 서비스를 시작한 테라펀딩은 이제 3년이 됐고 빠르게 성장했습니다. 누적대출 금액이 2017년 말 기준, 2,000억 원이 넘습니다. 이 돈은 거의 개인 투자자들이 10만 원, 100만 원, 1,000만 원 등 십시일반 투자해서 모인 돈입니다. 이 돈으로 건축주들에게 대출을 했고 상환 금액은 1,000억 원이 넘습니다.

대출금을 못 돌려받는 경우가 없느냐고요? 테라펀딩이 서비스를 시작한 이래 부실은 단 1건도 발생하지 않았습니다. 이건 정말 쉽지 않은 일입니다. 앞으로도 부실이 발생하지 않을 거라고 장담할 수는 없지만 테라펀딩은 최선을 다해 투자금을 보호하기 위해 노력할 것입니다.

P2P 투자, 정말 안전할까?

통계를 보면 대출은 경기도에서 가장 많이 받습니다. 의외로 서울의 대출 비율이 낮은 이유는 땅값이 너무 비싸서 건물을 지어봐야 수익성이 낮기 때문입니다. 서울의 경우 가뜩이나 수익성이 좋지 않은데 중금리에 해당하는 P2P대출을 받고 수수료까지 지불하면 당연히 사업성이 좋지 않지요. 그러다 보니 경기도 권역에서 땅을 싸게 구입해 건물을 지어 분양하는 수요가 많습니다. 그다음으로 서울, 충남, 제주도, 인천 순으로 대출이 많습니다.

대출규모는 10억 원에서 20억 원이 가장 많습니다. 20억~30억, 30억~50억, 50억 원 이상이 그 뒤를 잇고 있습니다. 이것은 1건당 대출 금액인데 10억 원 미만은 별로 없습니다. 땅을 구입하는 비용과 건축비만 해도 10억 원이 훌쩍 넘어버리기 때문입니다. 2017년 12월 초 현재 테라펀딩의 투자자는 6만 명이 조금 넘는데 그중 3분의 1 정도가 투자를 합니다. 보통 한 번 투자하면 계속 투자하는 사람이 많습니다. 일정 정도 규모를 분산 투자해야 실제로 의미 있는 이자소득을 얻으니까요. 그래서 재투자율이 63퍼센트에 이르고 1인당 한 번 투자할 때마다 평균 투자금액은 200만 원입니다. 누적으로 1,000만 원 정도죠. 수익률은 세전으로 약 12.72퍼센트인데 세금과 플랫폼 이용료를 제하면 8.29퍼센트 정도입니다.

여러분이 정말로 궁금해 하는 것은 이 부분일 겁니다.

'정말로 안전한가?'

'원금 손실 가능성은 없는가?'

그러면 테라펀딩이 어떻게 심사를 하는지 설명하겠습니다.

일단 가장 중요시하는 것은 건물을 준공했을 때의 가치를 정확히 평가하는 일입니다. 처음에 대출해줄 때는 땅밖에 없는 상태거든요. 그래도 건축허가를 받은 상태라 설계도가 있으므로 건물이 준공되면 어떻게 지어질지 예상할 수 있습니다. 특히 주변의 실거래가격을 확인하면 건물 준공 이후의 예상 가치를 보다 정확히 측정할 수 있지요. 이것은 내부적인 평가로 끝내지 않고 신뢰도를 높이고자 외부 감정평가 법인에 의뢰해 크로스체크를 합니다.

건물이 준공되고 건물가치가 정해진 뒤에는 네 가지 상환 재원을 평가합니다.

첫 번째, 담보대출입니다. 예를 들어 준공 후 건물가치가 50억 원이라면 시중은행에서 60~70퍼센트를 대출해줍니다. 테라펀딩은 준공 후 담보대출을 받을 수 있는 금액만큼 대출해줍니다. 그러면 대개는 건물을 준공한 뒤 시중은행에서 담보대출을 받아 상환합니다.

간혹 담보대출금이 생각보다 적게 나올 수도 있습니다. 정부 정책에 따라 정부에서 주택담보인정비율(LTV)을 규제하거나 은행의 대출한도를 규제하면 그런 일이 발생합니다. 또 부동산가격이 하락할 수도 있습니다. 예를 들어 테라펀딩이 대출을 내줄 때 준공 후 건물

테라펀딩의 투자 위험 관리 정책

❶ 담보대출	❷ 분양평가	❸ 전세금액	❹ 경매·공매
• 국토교통부 부동산 실거래가 데이터 분석 • 준공 후 건물의 예상 감정가격을 산출 　- 외부 감정평가 활용 • 대환대출(Refinancing) 여부 판단	• 부동산 실거래가, POI(Point of interest), 건축물 데이터 분석 • 분양 가능성 및 적정 분양가 산출 • 분양대금으로 상환 가능 여부 판단 • 평가모델 고도화를 위해 "부동산 빅데이터에 기반한 분양가 및 분양률 예측 모델" KAIST와 공동 개발완료	• 전세 실거래가 데이터 분석 • 준공 후 국토교통부 부동산 DB를 분석 • 경기 하락으로 대환대출 또는 분양 실패 시 전세 전환을 통한 상환 가능 여부 판단	• 유사 부동산 경매·공매 낙찰 사례 데이터 분석 • 1~3번째 상환 재원 확보 실패 시, 예상 낙찰 금액 산출 • 원금손실 가능 여부 판단

가치를 50억 원으로 보았는데, 실제로 완공되었을 때 부동산 경기가 10퍼센트 하락해 45억 원이 될 수도 있지요.

그래서 담보대출로 대출금을 전액 회수할 수 없을 때는 일부 금액을 분양으로 회수할 수 있는지 봅니다. 이것이 두 번째 방법입니다. 적정 분양률이 어느 정도 될지 평가하고 적정 분양 가격을 심사합니다. 그런 다음 분양을 진행합니다.

그런데 부동산 경기가 나빠지면 분양에 어려움이 있습니다. 그럴 때는 세 번째 방법, 전세를 놓습니다. 전세가 어느 정도에 거래되는

지, 적정한 전세 가격은 어느 정도인지를 자체적으로 평가해 전세 가능 여부를 판단합니다. 건축주 입장에서도 갑자기 부동산 경기가 가라앉아 대출도 안 되고 분양도 안 되면 빨리 전세를 놓는 것이 가장 좋습니다. 전세금을 받아 은행 대출을 갚는 게 추가적인 비용이 발행하지 않는 방법이니까요.

만약 전세도 나가지 않을 때는 어떻게 해야 할까요? 전세마저 정체되고 결국 대출만기가 다가오면 어쩔 수 없이 마지막 방법을 취합니다. 바로 경매나 공매 절차를 진행하는 것입니다. 경매나 공매를 진행할 경우 인근 유사 건물의 낙찰 사례를 분석해보면 감정가 대비 낙찰가격을 대략 예측할 수 있습니다. 테라펀딩은 대출한도 이상으로 낙찰률이 나오면 경·공매에서 손실 없이 투자원금을 회수할 수 있으리라고 판단합니다.

테라펀딩은 이 네 가지 상환재원이 확보되었을 때 대출을 해줍니다. 그럼에도 불구하고 원금손실이 일어나는 경우는 다음과 같습니다. 우선 건물이 완공되었는데 대출을 못 받는 경우가 생깁니다. 거기에 분양도 안 되고, 전세까지 안 나가서 경매를 넘깁니다. 저희가 준공 가격의 70퍼센트까지 대출을 해줬는데 경매가가 준공 가격의 60퍼센트 정도에 낙찰이 되면 10퍼센트 정도 손실이 발생하는 일이 생깁니다. 그런데 테라펀딩은 그 가능성을 매우 낮게 보고 있습니다. 하지만 경제위기나 또 다른 금융위기, 부동산 경기 악화로 인해서 예상지 못한 손실이 발생할 수도 있으니 이 부분을 이해하시고 투자하는 것이 좋습니다.

중소형 주택 공급은 앞으로도 계속 증가할 것으로 보입니다. 전체 인구수는 줄어도 1인가구와 노령가구가 늘어나면서 소형주택의 필요성이 갈수록 증가하고 있기 때문입니다. 실제로 2010년 1~2인 가구는 835만 5,000가구(전체의 48퍼센트)였으나 통계청 발표에 따르면 2035년 1,520만 가구로 늘어날 것이라고 합니다.

그래서 테라펀딩은 이런 소형주택들이 많이 필요하다고 생각합니다. 그런데 이런 소형주택을 공급하는 건축주들은 은행 대출이 쉽지 않습니다. 테라펀딩은 이 부분을 지원하고 더불어 투자자들에게는 안전한 투자 상품을 제공하고 있습니다.

테라펀딩은 얼마 전부터 건축교육을 시작했습니다. 앞으로 소형주택에 대한 수요가 계속 늘어날 것이고 정부에서도 도심재생이나 민간임대사업자를 활성화 하는 것에 많은 관심과 지원을 할 것에 주목했기 때문입니다. 특히 은퇴준비를 하는 분들이 퇴직금을 가지고 무얼 할지 많이 고민하시는데 테라펀딩은 앞으로의 전망을 기초로 임대주택 사업자가 되는 걸 추천합니다.

테라펀딩의 건축교육은 예비건축주들이 알고 싶어 하는 모든 정보를 전달하고 있습니다. 건물을 지어서 임대를 하고 싶어 하는 분들이 계시는데 어디서부터 어떻게 시작을 해야 할지 감을 잡기 힘든 경우가 있을 것입니다. 이에 테라펀딩은 땅을 어떻게 사야하는지, 설계사는 어떻게 찾아야 하는지, 시공사를 구할 때는 어떤 부분을 조심해야

가구 구조 변화에 따른 주거용 중소형 부동산 수요 증가

자료: 통계청

하는지, 대출을 어떻게 받는지, 준공 후에 분양이나 임대는 어떻게 해야 하는지에 대해서 교육하고 있습니다. 그리고 교육 후 실제 실행을 하는데 도움이 되는 컨설팅 서비스도 준비하고 있습니다.

더불어 예비건축주를 위한 여러 서비스를 준비하고 있습니다. 건물을 짓는 데 가장 중요한 것이 좋은 위치에 있는 땅을 싸게 사는 것입니다. 전국에 노후주택이 약 200만 호 정도 있는데 테라펀딩은 그걸 찾아서 노후주택을 철거하고 나대지 상태로 예비건축주에게 제공하려고 합니다. 그리고 좋은 설계사, 믿을 수 있는 시공사, 저렴한 대출을 받을 수 있는 은행까지 소개할 예정입니다. 또한 건축 후 분양을 계획하시는 건축주에게는 분양 대행사를 안내하고 임대를 원하시는 건축주에게는 저희가 직접 임대를 하거나 임대 관리 회사를 안내하려고 합니다.

　이렇게 건물을 새로 지어서 임대료로 노후준비를 하는 데 테라펀딩이 함께 하겠습니다. 앞으로 테라펀딩은 단순히 안전한 투자상품 제공뿐만 아니라 노후준비나 재테크에도 도움이 될 여러 가지 일들을 진행할 예정입니다.

4차
산업혁명과
재테크

03

빈현우

블록체인산업진흥협회 정책 자문위원. 가상화폐로 석 달 만에 3억 원을 벌어 투자자들 사이에 큰 화
제를 모았다. 포항공대 컴퓨터공학과를 졸업하고 IBM 유닉스 시스템 엔지니어, EMC 프리세일즈 엔
지니어, 파이어월 개발팀장, VPN 어플라이언스 개발연구소장 등으로 활동했다. 2014년 이후 비트코
인에 관심을 갖기 시작하며 가상화폐, 블록체인에 대한 기술적인 분석과 투자 차원에서의 비트코인
의 가능성을 연구했다. 2017년 이후에는 투자 대상으로서의 이더리움의 가능성을 발견하고 투자를
시작했다. 현재 자신만의 경험과 연구를 바탕으로 '가상화폐 개념 및 실전 특강' 강의 및 저술활동을
펼치고 있다. 저서로 《나는 가상화폐로 3달 만에 3억을 벌었다》, 《나는 2달 만에 책을 쓰고 1년 만에
프로 강사가 되었다》 등이 있다.

11장

1년 만에 5배 뛴
가상화폐,
제대로 알고 투자하라

빈현우, 《나는 가상화폐로 3달 만에 3억을 벌었다》 저자

"지금 비트코인을 사도 될까요?"

가상화폐에 관심이 많은가요? 돈을 벌었나요, 아니면 잃었나요? 이제 좀 해볼 생각인가요? 아무튼 비트코인은 계속 올랐고 심지어 2017년 말 현재 1비트코인이 1,300만 원에 육박합니다. 요즘 사람들은 가상화폐에 투자하든 하지 않든 관련 소식에 관심이 많지요. 그러면서 생각합니다.

'아, 너무 많이 올랐어. 1,000만 원 밑으로 떨어지면 한번 사볼까?'

하지만 막상 700만 원으로 내려오면 500만 원쯤 되면 사야지 합니다. 500만 원으로 내려오면 다시 300만 원으로 떨어지면 사야지 하다가 결국 쭉쭉 올랐을 때 1,300만 원에 삽니다. 그것이 1,100만 원으로 떨어지면 그걸 또 팝니다. 이건 주식과 비슷합니다. 쌀 때 사서 비쌀 때 팔면 되는데 많은 사람이 비쌀 때 사서 쌀 때 팝니다. 제가 가장 많이 받는 질문이 이것입니다.

"지금 비트코인을 사도 될까요?"

2017년 5월과 6월에는 200만 원 정도였어요. 그때도 사람들은 이 질문을 했지요. 제가 뭐라고 대답했을까요?

"네, 사십시오."

제가 증권사에 근무하거나 제도권에 있는 것도 아니고 다만 제 의견을 물어본 것이니 대답해주면 그만이잖아요. 사실 주식과 가상화폐는 언제 사느냐는 중요치 않습니다. 중요한 것은 '언제 파느냐'죠. 여러분이 언제 사든 비트코인에 투자하면 돈을 벌 수 있습니다. 지금부터 그 이유를 설명하겠습니다.

가상화폐에는 비트코인과 이더리움을 비롯해 여러 종류가 있는데 그중에서 어느 한 종목만 골라야 하는 것은 아닙니다. 무엇보다 중요한 것은 큰 물결에 올라타는 일입니다. TV 뉴스나 신문에서 일제히 투기, 사기, 해킹, 마약거래, 불법 자금세탁 등의 용어를 써가며 기사를 내보내는데 왜 가상화폐 가격은 이렇게 오르는 것일까요?

언론의 욕을 먹는 그 '나쁜' 비트코인은 처음에 거래액이 5원이었습니다. 첫 거래를 5원에 시작한 비트코인이 왜 지금 1,000만 원이 넘어가는 걸까요? 혹시 '왜'라고 물어본 적 있나요? '왜'라고 묻지 않으면 진실을 알기 어렵습니다. 이왕 가상화폐에 투자할 생각이라면 알고 해야 합니다.

3차 산업혁명 시절, 그러니까 이제 막 코스닥과 벤처기업 광풍이 불 때 '디지털 조선'이라는 종목이 있었습니다. 어떤 분이 그 종목에 1억 원을 투자하기에 제가 물었지요.

"어떤 회사인지 아세요?"

황당하게도 그분은 오히려 되묻더군요.

"배를 만드는 회사 아니에요?"

조선일보가 오프라인 신문만 팔다가 홈페이지를 구축한 뒤 지은 회사 이름이 디지털 조선입니다. 한데 지금 가상화폐에도 이런 일이 일어나고 있습니다. 정말 알고 해야 합니다. 가상화폐는 암호화화폐, 좀 풀어쓰면 블록체인 기반의 지불결제수단입니다. 그러면 최소한 블록체인이 무엇인지는 알아야 하지 않을까요? 이걸 모르니 그저 튤립 투기나 폭탄 돌리기로 보이는 겁니다. 비트코인이 처음 나올 때 모두 사기라고 했습니다. 하지만 그것이 정말 사기라면 어떻게 제도권으로 들어올 수 있을까요?

큰 그림을 봐야 합니다. 세상의 큰 흐름을 읽으면 몸을 살짝만 담가도 돈을 벌 수 있습니다. 숲을 못 보고 자꾸 나무만 보면 단편적인 현상에 마구 흔들립니다. 저는 가상화폐로 석 달 만에 3억 원을 벌었습니다. 그런데 제가 전문가 그룹 앞에서 강연을 하다가 이 말을 하면 그들은 콧방귀를 뀝니다. 뭘 그 정도로 자랑을 하느냐는 거지요. 한 달에 1억 원 버는 걸로는 그들 앞에서 명함도 못 내밉니다. 반면 일반인들을 상대로 강연을 하면서 석 달 만에 3억 원을 벌었다고 하면 대단하다는 반응을 보입니다. 반응이 완전히 극과 극이지요.

가상화폐 투자, 화폐에 대한 이해에서 시작하라

전문가 그룹은 투자하기 전에 열심히 공부합니다. 그와 달리 일반인들은 대개 공부하지 않고 시작합니다. 가상화폐도 무작정 사고 난 뒤 여기저기 정보를 기웃거리며 하나하나 배웁니다.

가상화폐를 이해하려면 화폐의 역사부터 알아야 합니다.

처음에 인류는 필요한 것이 있을 때 물물교환을 했어요. 그게 불편하자 조개껍데기를 썼지만 이것 역시 불편했지요. 무언가를 얻으

화폐의 역사

○○님 계좌				
2017-10-05- 14:51	체크	52,700		3,265,916
2017-10-05- 12:55	인터넷이체	380,000		3,213,216
2017-10-05- 9:24	체크		52,700	2,833,216

해 금을 보관소에 맡기고 금 보관증을 받았습니다. 나중에 그 금보관소가 은행으로 성장하고, 금 보관증은 지폐로 바뀐 것입니다.

본래 화폐는 금이니 금과 금 보관증, 즉 금과 지폐가 일대일로 매칭이 이뤄져야 합니다. 한데 시간이 지나면서 사람들은 점점 금이 아니라 지폐만 썼습니다. 그러니 금 보관소에서 어떤 생각을 했을까요?

'어, 이것 봐라. 금을 맡기고 보관증을 가져간 사람들이 금을 찾아가지 않고 보관증을 쓰네. 좀 더 발행해줄까?'

사람들이 금을 찾아가지 않는 상태에서 보관소는 계속 보관증을 발행했고 점점 금1에 지폐1, 금1에 지폐2, 금1에 지폐3, 금1에 지폐4로 바뀌어 본래의 금보다 지폐량이 엄청나게 증가한 겁니다. 결국 '야, 원래 지폐가 돈이야. 우리 그냥 그렇게 믿자' 하면서 금본위제가 폐지되었지요. 한마디로 모든 사람이 공모해서 종잇조각을 돈으로 믿게 된 것입니다.

그렇게 지폐를 쓰다가 3차 산업혁명이 일어나고 인터넷과 보안이 발달하면서 돈이 '숫자'로 둔갑합니다. 한마디로 내 계좌에 적힌 숫자가 곧 돈입니다. 우리가 돈을 빌리면 돈으로 받습니까, 아니면 이체합니까? 숫자로 넘어옵니다.

2008년 금융위기가 발생했을 때 각국이 양적완화를 하느라 정신이 없었지요. 양적완화란 간단히 말해 화폐량, 즉 통화량을 늘리는 것입니다. 당시 각 나라가 통화량을 마구 늘려 흔들리는 은행과 기업체를 지원했죠? 한데 사실은 지폐를 찍지 않았습니다. 그냥 숫자만 바꾸면 그만이니까요. 본래 지폐와 숫자가 일대일로 매칭이 이뤄져야 하지만 실은 인터넷화, 전산화로 지폐보다 숫자가 훨씬 더 많아졌습니다. 금보다 지폐가 많아졌듯 지폐보다 숫자가 많아진 겁니다. 만약 전 국민이 은행으로 달려가 계좌에 적힌 숫자만큼 돈을 내놓으라고 하면 은행은 돈을 내줄 수 없을 것입니다. 예전에 지폐를 들고 가서 금을 내놓으라고 했을 때 금이 없었던 것처럼 말이지요.

지금은 지폐가 아니라 숫자가 돈입니다.

돈에는 두 가지 속성이 있습니다. 그 두 가지만 충족시키면 화폐 기능을 합니다. 그것은 바로 숫자와 믿음이지요.

어떤 숫자 시스템을 만들어 여기에 참여하는 모든 사람이 "지금부터 우리 모두 이것을 돈이라고 하자. 그리고 그것을 믿자"라고 하면 그것은 돈이 되어버립니다. 화폐의 조건이 이 두 가지이기 때문에 비트코인이 나온 것이죠.

비트코인의 탄생

왜 나카모토 사토시는 비트코인을 만들 생각을 했을까요? 우선 그는 기존 화폐에 문제가 있음을 간파했습니다. 누구는 열심히 일해서 돈을 버는데 또 누구는 돈을 그냥 찍어냈으니까요. 그는 바로 여기에 문제가 있다고 본 것입니다. 우리가 완전히 신뢰해온 화폐발행기관이 우리를 배신했다고 생각한 것이지요. 우리는 열심히 일해서 돈을 버는데 화폐발행기관은 자기 마음대로 돈을 찍어내니 말입니다.

그가 가만 지켜보니 아파트 값이 오르는 것이 아니라 돈 가치가 떨어지는 것이었어요. 물건은 한정되어 있는데 통화량이 계속 증가하자 물건 값이 오르는 것처럼 보이지만 사실은 돈 가치가 떨어진 것이었지요. 그러니까 애들에게 사주는 과자 값이 오르는 게 아니라 돈 가치가 떨어지는 겁니다.

바로 여기에서 도덕적으로 회의감을 느낀 나카모토 사토시는 비트코인을 만들어냅니다. 이것은 앞서 말한 숫자와 믿음 중에서 일단 숫자의 조건을 충족시켰지요. 그건 안전하고 아무도 변조할 수 없으며 복사가 불가능한 숫자입니다. 돈이 복제되면 문제가 심각해지니까요. 또한 그는 비록 인터넷에 있는 숫자지만 내가 누군가한테 보내면 내게 있던 숫자는 사라지도록 만듭니다. 그것이 비트코인입니다.

나카모토 사토시는 2008년 블록체인 기술을 이용해 크립토 커런시(Cripto Currency), 즉 가상화폐를 만들었는데 사람들이 믿지 않았습니다. 그러자 그는 2009년 비트코인을 발표했습니다. 물론 숫자의 조건은 완벽하게 충족시켰으나 사람들이 믿지 않아 나머지 한 조건은 충족시키지 못했지요.

내가 아무리 돈이라고 우겨도 다른 사람들이 믿고 활용하지 않으면 그건 돈이 아닙니다. 숫자라는 조건을 완벽히 갖추고 있어도 믿음이 없으면 돈으로 쓰이지 않지요. 전 국민이 그걸 돈이라고 믿고 거래수단으로 사용해야 '돈'입니다.

사실 저는 이더리움이 100만 원일 때 앞으로 1,000만 원까지 오를 거라고 말했습니다. 비트코인이 2017년 말 현재 1,300만 원인데 만약 100만 원일 때 제가 1,000만 원까지 오른다고 했다면 사람들이 믿지 않았을 겁니다. 한데 저는 1억 원으로 오를 거라고 말했지요.

앞으로 은행에서 비트코인을 이용한 선물상품을 출시할 가능성이 큽니다. 증권사나 제도권에서 상품을 출시하면 그동안 비트코인을 위험하게 여기며 망설이던 사람들이 몰려들겠지요. 그러면 순식간에 3,000만 원으로 뛸지도 모릅니다. 그 정도면 1억 원으로 뛴다는 것을 믿지 않을까요?

월가의 일부 전문가는 여전히 가상화폐에 투자하는 것을 튤립 투기나 폭탄 돌리기라고 말합니다. 그런 말은 그리 중요치 않습니다. 중요한 것은 그렇게 얘기하는 근거가 타당한지 알아보는 일입니다.

누군가가 가상화폐를 두고 튤립 투기라고 말하면 그 이유를 물어보십시오. 튤립 투기라고 말하는 근거를 대지 못하면 단지 막연한 두려움 때문에 그렇게 얘기하는 것뿐입니다. 가상화폐를 잘 모르니까 두려워하는 거지요.

인간은 기본적으로 변화를 싫어합니다. 아니, 변화를 두려워합니다. 무언가 대단한 게 없는 것 같고 자꾸 거부하고 싶을 때 튤립 투기라고 말하면 스스로 안심이 되지요. 나아가 이들은 다른 사람이 튤립 투기라고 믿게 만들려고 합니다. 그래야 더 안심이 되니까요. 모르면 의심하고 두려워하지만 알면 명확해집니다.

제가 '비트코인은 1억 원까지 오른다' 혹은 '이더리움은 1,000만 원까지 오른다'라고 단언해도 절대 그 말을 믿지 마십시오. 그 말을 믿으면 안 됩니다. 투자는 스스로 확신이 섰을 때 하는 것입니다. 여러분이 직접 공부해서 결정하고 투자한 뒤 책임까지 져야 합니다.

"야, 네가 비트코인이 1억 원까지 오른다고 해서 샀는데 잃었어!"

이렇게 제게 따지지 마십시오. 투자는 그렇게 하는 것이 아니라 스스로 공부해서 결정하는 겁니다. 제게 제 의견이 있듯 여러분에게는 여러분의 의견이 있을 것입니다.

가상화폐 투자로 3억 원을 벌다

저는 2017년 2월 처음 투자를 시작했습니다. 1위는 비트코인이고 2위는 이더리움인데 저는 이더리움에 투자했지요. 그 이유는 비트코인은 그냥 가상화폐고 이더리움은 가상화폐 안에 계약을 넣을 수 있기 때문입니다. 가령 제가 수능이 끝난 아이에게 돈을 주되 '술집에서 쓰면 안 된다'는 계약을 걸면 술집에서 쓰지 못합니다. 지자체에서 청년수당을 준다고 할 때 건전하게 쓰이지 않을 거라며 말이

실전 투자 사례

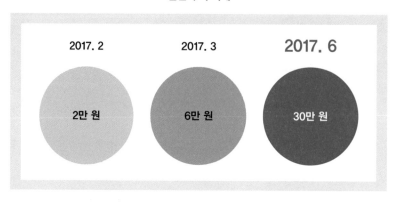

많았잖아요. 이럴 경우 이더리움이라면 술집에서는 못 쓰게 하고 도서관에 갈 때나 도서구입에만 쓰도록 계약을 걸 수 있습니다. 돈에 일종의 상품권 기능을 넣는 것이지요.

저는 2017년 2월 이더리움이 2만 원일 때 3월까지 한 달 동안 가상 화폐와 블록체인 기술을 열심히 공부했습니다. 컴퓨터공학을 전공한 덕분에 저는 남의 말을 따르기보다 제 스스로 확인하는 길을 택했지요. 이과생의 특징 중 하나가 누가 얘기해도 잘 믿지 않는 겁니다. 저는 눈이 시뻘게지도록 보고 나서 이해가 가면 그때 들어갔습니다. 이해할 수 없으면 절대 들어가지 않았지요.

한 달 동안 미친 듯이 공부했는데 공부를 하면 할수록 모든 것이 명확해지기 시작했습니다. 그런데 그 한 달 동안 이더리움이 6만 원으로 올랐습니다. 열심히 공부한 끝에 저는 2017년 말이면 이더리움이 30만 원쯤 하겠구나 하는 결론을 내렸습니다.

그러나 그 결론은 보기 좋게 빗나갔지요. 이미 2017년 6월에 30만 원을 넘었으니까요. 3개월 만에 심지어 50만 원까지 오르기도 했습니다. 확신이 생긴 저는 2017년 3월 통장에 있던 5,000만 원을 모두 이더리움에 투자했습니다. 정말로 확신이 있다면 계란을 한 바구니에 담지 말라는 전문가의 얘기를 따르지 않아도 됩니다. 그것은 하수들에게 하는 얘기일 뿐 사실 전문가들은 한 바구니에 담습니다. 또 대출을 받아서 투자하지 말라는 것 또한 하수들에게나 하는 말이지 전문가들은 대출을 받아 투자합니다.

가령 주식 고수는 일반인에게 주식과 부동산, 현금을 각각 몇 퍼센트씩 갖고 있으라고 조언하지요. 그런데 그들은 손에 몇 십 억을 쥐고 있으면서 월세를 지불하며 삽니다. 주식을 사랑하니까요. 당연히 일반인은 그렇게 하면 안 됩니다.

저는 확신이 있었기에 5,000만 원을 투자해 2017년 6월 3억 5,000만 원에 다 팔았습니다. 결국 3억 원을 벌었지요. 제 투자 스토리는 간단하지만 그 간단한 행동을 아무나 하는 것은 아닙니다. 대개는 2만 원일 때 살 걸 하다가 못 사고 기다리다가 10만 원이 넘어가서 삽니다. 그리고 10만 원이 넘다가 다시 6만 원으로 떨어지면 냉큼 팔아버립니다. 그게 돈을 잃는 지름길입니다.

2010년 5월 18일 역사적인 사건이 있었습니다. 2009년 비트코인이 세상에 나왔지만 아무도 믿지 않았고 쓰지도 않았습니다. 그런데

2010년 5월 18일 누군가가 1만 비트로 피자 두 판을 사먹었습니다. 이건 거래가 일어났다는 뜻이지요. 최초로 비트코인을 돈으로 믿어 준 사건이 일어난 겁니다.

피자 두 판을 5만 원으로 볼 경우, 1만 비트에 5만 원이면 1비트에 5원인 셈입니다. 화폐의 조건인 숫자와 믿음 중에서 드디어 믿음의 조건이 탄생한 것이지요. 이것은 엄청난 사건이라 그 소식이 페이스북을 타고 전 세계로 퍼져 나갔습니다. 이것을 시작으로 비트코인으로 이런저런 거래가 이뤄지면서 지금까지 온 것입니다.

화폐로서의 다양한 기능이 가능한 비트코인

사실 화폐의 두 가지 조건 중 숫자의 조건은 이미 만들어져 있었습니다. 비트코인은 한 번도 해킹당한 적이 없지요. 다만 비트코인 기술이 아닌 거래소가 해킹을 당할 뿐입니다. 비트코인 자체는 안전합니다. 그런 구분을 하지 못하니까 비트코인이 해킹을 당했다고 생각하는 것입니다.

비트코인은 숫자로서의 기능이 안전합니다. 여기에 더해 지난 7년 동안 믿음의 크기가 커졌습니다. 믿음의 크기는 곧 해당 물건의 가치를 말합니다. 예를 들어 미국의 안전성이 증가하면 달러가치는 커집니다. 반면 9·11테러 같은 사고가 발생해 미국의 안전성이 떨어지면 달러가치도 줄어듭니다. 2010년 5월의 가치였던 비트코인이 2017년 500만 원으로 뛰어올랐다는 것은 그만큼 믿음의 크기가 커졌음을 의미합니다.

투자를 하려면 큰 흐름을 알아야 합니다. 저는 그것을 빅 픽처라고 말하는데 2010년부터 2016년까지 비트코인이 100만 배 이상 상승하도록 이끈 큰 흐름은 두 가지입니다.

첫 번째는 안다, 믿는다, 산다입니다. 정말 간단하지요. 그동안 비트코인을 아는 사람이 늘어났는데 앞으로는 더 늘어날 겁니다.

왜냐하면 비트코인이 제도권 안으로 들어오고 있기 때문입니다. 그런데 아는 사람이 늘어나면 의심하는 사람도 늘어납니다. 물론 때가 되면 의심하던 사람들도 믿음으로 넘어올 겁니다. 증권사나 은행에서 관련 상품을 판매할 테니까요. 믿는 사람이 늘어나면 당연히 사는 사람이 증가합니다. 지금까지 안다, 믿는다, 산다는 이렇게 커져왔습니다.

사람이 늘어나면 그다음부터는 수요와 공급의 법칙에 따라 가격이 정해집니다. 비트코인은 제한적인데 사려는 사람이 늘어나면 가격은 상승합니다. 저는 사는 사람이 엄청나게 늘어날 것으로 예상합니다. 아직까지 뭉칫돈이 들어오지 않았거든요.

아직은 한국에서 증권사가 비트코인을 이용한 선물상품을 만들지 못합니다. 금융감독원에서 인정하지 않기 때문이지요. 하지만 이미 전 세계적으로 가상화폐 펀드가 100개 이상 존재합니다. 어쩌면 미

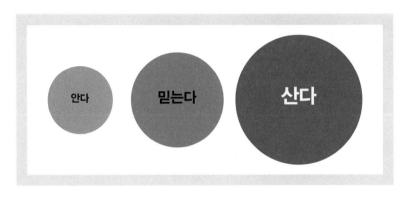

비트코인 투자의 큰 그림을 그려라

안다　믿는다　산다

국에서 만든 것을 가져와야 할지도 모릅니다.

두 번째는 큰 그림입니다.

앞으로 가상화폐는 인공지능의 지불결제수단으로 쓰일 겁니다. 4차 산업혁명 하면 사람들은 으레 드론, 3D프린터, VR(Virtual Reality), 인공지능, 알파고를 떠올립니다. 그런데 4차 산업혁명의 핵심 기술은 바로 블록체인입니다.

4차 산업혁명을 추상적으로 표현하면 간단하게 연결, 소통, 융합입니다. 그 연결, 소통, 융합이 가능하도록 해주는 것이 블록체인이지요. 한마디로 모든 것을 체인으로 묶는 겁니다. 가령 무인전기자동차에는 인공지능을 탑재합니다. 인공지능은 자동차의 기능을 알아서 조절하고 전기가 떨어지면 충전하러 갑니다. 물론 전기자동차 충전소도 인공지능으로 작동합니다. 어떤 차가 오는지,

전기를 충전하고 요금을 잘 지불하는지 등을 확인하고 그 밖에 여러 가지 작업을 해야 하니까요. 이때 두 인공지능이 만납니다.

만약 여러분이 주식을 팔면 여러분의 계좌로 현금이 바로 들어옵니까? 또 곧바로 출금할 수 있나요? 바로 들어오지도 않고 출금할 수도 없습니다. 출금은 영업일로부터 3일 뒤에 가능하죠. 삼겹살집에서 고객이 신용카드를 긁으면 가게 주인은 곧바로 돈을 받을 수 있나요? 돈이 들어오는 데 보통 3일이 걸립니다. 이것은 결제와 정산의 시점 차이 때문입니다. 이는 그만큼 화폐시스템이 효율적이지 못하다는 것을 의미합니다. 여하튼 기존 시스템에서는 즉시 결제, 즉시 정산이 이뤄지지 않습니다.

반면 무인전기자동차의 경우에는 충전을 하면 즉시 결제, 즉시 정산이 가능합니다. 블록체인에 기반을 둔 지불결제수단인 가상화폐로요. 아마 가상화폐는 사람보다 인공지능이 먼저 활발하게 쓸 것입니다. 가상화폐가 기존 화폐시스템을 바꾸거나 거기에 적응하는 것은 무척 힘든 일입니다. 하지만 인공지능이라면 다릅니다. 인공지능이 전기자동차에 충전하는 순간 결제가 일어납니다. 충전하는 양만큼 결제가 일어나는 것은 물론 충전하다가 돈이 없으면 곧바로 충전을 중단합니다.

자, 충전한 무인전기자동차가 손님을 태웁니다. 당연히 손님은 가상화폐로 요금을 지불할 겁니다. 서비스를 제공한 쪽이 원하는 것을 줘야 하니까요. 무인전기자동차는 충전을 해야 하므로 가상화폐가 필요합니다.

인공지능 시스템에서는 인공지능끼리 가상화폐를 씁니다. 인간과 인공지능 사이에서도 가상화폐를 써야 합니다. 그러니 인간은 가상화폐를 갖고 있어야 합니다. 인공지능에게 서비스를 받기 위해서요. 모든 인공지능은 인간에게 서비스하기 위해 존재합니다. 앞으로 세상은 그렇게 발전해갈 겁니다.

'인공지능이 발달하면 인간은 일자리를 잃는다'가 아니라 '인공지능은 일하고 인간은 즐긴다'로 생각 자체를 바꿔야 합니다. 인간은 인공지능의 서비스를 받는 존재입니다.

인공지능과 인공지능은 서로 가상화폐를 쓰고 인공지능과 인간도 가상화폐를 씁니다. 물론 인간과 인간은 달러 기반의 기존화폐를 쓰면서 가상화폐도 같이 쓰겠지요. 그렇게 시간이 50년, 100년 흘러가면 달러 기반의 화폐가 사라지리라는 게 제가 생각하는 미래의 빅 픽처입니다. 그러면 비로소 가상화폐가 화폐의 역할을 하겠지요. 지불결제수단의 역할도 하고요. 그때가 오면 가상화폐 가치는 엄청나게 증가할 것입니다.

3차 산업혁명의 가치관으로는 4차 산업혁명을 이해하기 힘들다

가상화폐는 블록체인이 살아 움직이게 하는 혈액입니다. 가상화폐가 빠진 블록체인은 피가 돌지 않는 생명체나 마찬가지입니다. 2017년 8월 청와대 직속으로 4차산업혁명위원회가 출범했습니다. 바로 그 위원회에서 중요하게 생각하는 것이 블록체인 기술입니다. 그런데 많은 곳에서 블록체인은 육성하고 가상화폐는 금지해야 한다고 말합니다.

가상화폐뿐 아니라 다른 많은 것이 블록체인을 기반으로 개발되고 있습니다. 은행도 블록체인 기반의 지불결제수단을 연구하고 있지요. 블록체인 안을 들여다보면 그 안에서 무언가 일을 했을 때 대가를 지불해야 합니다. 그것은 가상화폐로 이뤄지지요. 그러니 가상화폐를 금지하고 블록체인만 육성한다는 것은 말도 안 되는 일입니다. 이것은 곧 피가 돌지 않는 생명체를 만들겠다는 말이나 다름없습니다.

가상화폐를 빼놓고 블록체인산업을 육성할 수는 없어요. 무엇이든 돈을 지불받아야 움직이니까요. 우리는 정말로 큰 그림을 봐야 합니다. 가상화폐 때문에 피해를 본 사람이 있다, 사기를 당한다, 다단계다 하는 얘기도 많은데 충분히 그럴 수 있습니다.

사실 사기는 돈이 되는 곳에서 일어납니다. 3차 산업혁명 때도 많은 사람이 벤처에 투자해서 돈을 잃었지요. 그렇지만 그런 시도가 없었으면 지금의 네이버가 탄생했을까요? 무언가 새로운 것이 정착하려면 온갖 우여곡절을 겪게 마련입니다.

큰 그림을 보고 공부하십시오. 누가 가상화폐가 무엇이냐고 물어

보면 블록체인 기반의 지불결제수단이라고 말할 수 있어야 합니다. 그럼 블록체인이 무엇인지도 알아야겠죠?

3차 산업혁명 초창기에 사람들이 가입자 수가 회사가치를 대변하는 개념을 이해하지 못해 온갖 비난을 받았습니다. 2차 산업혁명, 즉 굴뚝기업 관점이다 보니 '가입자 100만 명을 모으면 회사가치가 얼마다' 하는 식의 개념을 이해하지 못한 겁니다.

"아니, 매출이 10억 원도 안 되고 순이익도 마이너스고 가입자만 잔뜩 있는데 이게 무슨 회사야!"

전통적인 잣대를 갖다 대면 여기는 회사가치가 1억 원도 안 됩니다. 그런데 시가총액이 1,000억 원이 되자 거품이라며 입에 거품을 문 것입니다. 혁명은 그런 것입니다. 그 이전의 가치관으로 볼 때 혁명은 이해가 가지 않습니다. 실제로 굴뚝기업은 3차 산업혁명을 이해하지 못했어요. 이제 어떻게 되었습니까? 구글, 유튜브, 아마존, 네이버, 페이스북, 카카오 같은 회사가 불과 20~30년 사이에 등장해 세상을 평정했습니다.

초창기에는 이런 기업이 있는 줄도 몰랐습니다. 당시에는 회사가치가 1,000억 원이라며 입에 거품을 물었는데 2017년 말 현재 네이버의 시가총액이 30조 원에 육박합니다. 무려 300배나 올랐지만 지금은 아무도 입에 거품을 물지 않습니다. 오히려 당연하다고 생각하지요. 그것은 3차 산업혁명이 완성되었기 때문입니다.

이제 4차 산업혁명이 시작되고 있고 사람들은 또 거품을 물고 있습니다. 4차 산업혁명 초창기에 가입자만 잔뜩 모집하던 회사들을 보고 사기라고 했듯 지금 비트코인, 이더리움처럼 블록체인 기반의 스타들을 사기라고 몰아세웁니다. 그러나 4차 산업혁명이 끝나면 그 핵심 기술인 블록체인 기반의 기업들이 등장해 세상을 선도할 것입니다. 블록체인을 이용한 구글, 유튜브, 아마존, 네이버, 페이스북, 카카오 같은 기업들 말이지요. 3차 산업혁명이 낳은 회사가치가 30조 원이라면 4차 산업혁명이 낳은 이들 기업의 회사가치는 300조 원 이상일 겁니다.

3차 산업혁명의 가치관으로는 4차 산업혁명을 이해하지 못합니

4차 산업혁명의 핵심, 블록체인

다. 그게 쉽다면 누구나 성공하겠지요. 초창기에는 아무도 모릅니다. 모르면 펼쳐놓고 봐야 답이 나오지 그냥 덮어두면 부작용만 속출합니다. 모르니까 의심하고 모르니까 두려워하는 것입니다.

3가지 가상화폐 투자법

가상화폐 투자법에는 세 가지가 있습니다. 그것은 마이닝(Mining), 트레이딩(Traiding) 그리고 가상화폐공개(ICO, Initial Coin Offering)입니다. 마이닝은 채굴하는 것을 말합니다. 트레이딩은 여러분이 주식 투자하듯 가상화폐 거래소에서 사고파는 것을 의미합니다. 마지막으로 ICO는 새로운 가상화폐를 만들어내는 것입니다.

일단 가상화폐에 들어오면 많은 사람이 단타거래를 합니다. 그러나 하루에 두세 번, 일주일에 두세 번 하는 식으로 단타거래를 하면 투자금은 제로로 수렴합니다. 물론 증권사는 주수입원이 수수료이므로 단타거래를 오히려 좋아하지요. 증권사는 열심히 공부하고 투자해서 돈을 버는 게 아니라 고객의 피 같은 수수료로 돈을 법니다. 이것은 내가 열심히 당구를 치면 당구장 주인이 돈을 버는 것과 똑같습니다.

저렴한 코인이든 주식이든 단타거래를 하면 안 됩니다. 삼성전자 주식을 사놓고 그냥 묻어두면 돈을 법니다. 마찬가지로 비트코인

가상화폐 투자방법 3가지

을 사놓고 가만히 내버려두면 돈을 법니다. 비트코인이나 이더리움은 비싸니까 많은 사람이 100원짜리나 1,000원짜리를 삽니다. 일단 사놓고 오르기를 기도하다가 지치면 팔아버립니다. 그것도 더 싸게 말이지요.

특히 들어본 적 없는 ICO를 누가 권한다고 덜컥 사면 큰 낭패를 당할 수 있습니다. 스스로 공부하고 확신이 섰을 때 투자해야 합니다. 무엇보다 대출을 받거나 학자금, 전세자금을 빼서 투자하지 마십시오. 쫓기는 돈으로 투자하면 마음이 급해져 이성적으로 행동하기가 어렵습니다. 더구나 가상화폐와 결합한 다단계는 치명적입니다. 그건 무조건 불법이지요. 탐욕을 다스려야 돈을 벌 수 있습니다.

IPO(기업공개)와 ICO에는 차이가 있습니다. IPO는 주식과 관련된 것으로 비상장기업이 다수의 투자자들에게 주식을 매각하고 재무 내용을 공시하는 것을 말합니다. 여기서 다수의 투자자를 퍼블릭(Public)이라고 하며 매각이 끝나면 유가증권시장이나 코스닥시장에 상장됩니다.

ICO(Initial Coin Offering)는 IPO에서 P의 public을 coin으로 바꾼 겁니다. 특정 암호 앞에 비트코인이나 이더리움 같은 코인을 새로 만들어 그것을 다수의 투자자에게 매각하는 것을 ICO라고 하지요. 한데 ICO와 IPO에는 커다란 차이점이 있습니다. IPO는 매각이 끝나면 주식시장에 상장되므로 비교적 안전합니다. 반면 ICO는 엄청나게 위험합니다. 왜냐하면 ICO는 매각이 끝나도 거래소 상장을 보장하지 않기 때문입니다. ICO 이후 휴지조각이 될 수도 있어요. ICO 뒤 개발팀이 도망가거나 잠적해버릴 수도 있습니다.

결국 스스로 시간과 노력을 투자해서 공부해야지 다른 사람의 말만 믿고 들어가면 안 됩니다. 정부에서 ICO를 금지하려는 이유는 많은 사람이 공부하지 않고 그냥 누가 좋다더라 하면 들어가는 탓입니다. 실제로 70대 할머니, 할아버지가 평생 모은 재산을 날리는 경우도 있습니다.

그러나 ICO 자체가 나쁜 건 아닙니다. 가상화폐는 4차 산업혁명의 핵심 기술인 블록체인을 기반으로 한 최고의 작품입니다. 가상화

IPO와 ICO의 차이

IPO (Initial Public Offering)	• 최초(Initial)로 비상장기업이 그 주식을 다수의 투자자들(Public)에게 매각(Offering) • IPO 종료 이후 유가증권/ 코스닥 시장에 상장 • 법적인 절차와 방법에 따라 재무내용을 공시 의무를 가짐
ICO (Initial Coin Offering)	• 최초(Initial)로 특정 암호화폐(Coin)를 다수의 투자자들에게 매각(Offering) • ICO 종료 이후 거래소 상장을 보장하지 않음 • 법적인 절차와 방법이 규정되어 있지 않은 암호화폐를 통한 크라우드펀딩

폐가 나쁜 것이 아니고 가상화폐를 이용해 사기를 치는 사람이 나쁜 겁니다. 블록체인은 육성하고 가상화폐는 막으면 결국 가상화폐는 외국 것을 써야 합니다. 우리가 만들 수 있는데 뭐 하러 비트코인이나 이더리움을 씁니까?

구글의 안드로이드를 아십니까? 안드로이드는 사실 한국에서 만든 겁니다. 그 좋은 걸 만들어놓고 왜 구글에 팔았느냐고요? 한국에서 인정해주지 않으니까 그런 거지요. 안타깝게도 국내에서 인정받지 못한 많은 인재가 해외로 나가버립니다. 마찬가지로 가상화폐를 제대로 연구하려는 사람들을 막으면 그들은 해외로 나갈 겁니다. 분명 한국에서 이더리움에 견줄 만한 가상화폐가 탄생할 수 있습니다. 기술이 충분하니까요. 있는 기술을 활용해야지 왜 쫓아냅니까?

특히 하이콘(HYCON), 아이콘(ICON), 링커코인(LINKERCOIN)이 유망한 후보들입니다. 하이콘과 아이콘은 ICO를 했고 링커코인

블록체인의 장점

경제성	탈중앙화시스템으로 중앙기관 관리 비용 감소
투명성	모든 사람들에게 거래 내역이 공유되어 투명성이 보장
보안성	해킹을 하기 어려운 구조를 가지고 있음

은 2017년 말 현재 ICO를 하는 중에 있습니다.

4차 산업혁명의 핵심인 블록체인은 결국 기술적인 내용입니다. 제가 계속 공부하라고 강조하는 이유는 블록체인의 작동 원리를 배워야 하기 때문입니다. 이것을 알면 블록체인이 해킹이 불가능한 이유나 블록체인의 정체성, 투명성, 보안성 등을 이해할 수 있습니다.

여러분이 가상화폐에 제대로 투자하려면 공부를 해야 합니다. 관련 서적을 읽거나 인터넷 자료를 활용하는 것도 좋습니다. 여러 가지 강좌도 개설되어 있으므로 활용하십시오.

김태우

KTB자산운용 대표이사. 하나은행에서 7년간 주식, 채권 운용을 했고, 미래에셋자산운용에서 2001년 주식형 펀드의 대명사격인 디스커버리 펀드를 본인의 이름으로 출시해 3년 연속 전체 주식형 수익률 상위 1%의 성과를 거두며 시장의 높은 평가를 받았다. 2004년 세계 최대 자산운용사인 피델리티 한국법인으로 자리를 옮겨 11년간 포트폴리오 매니저와 한국주식부문 대표로 재직하며 국내 주요 기관 투자자는 물론, 유럽, 중남미, 중동 등 유수한 해외국부 펀드들과 연기금 펀드의 기관자금을 직접 운용하는 등 한국을 대표하는 포트폴리오 매니저로 활동했다. 2017년에는 'KTB 4차 산업 1등주 펀드'를 출시해 4차 산업펀드 부문의 대명사로 성장시켰다.

12장

애플과 구글,
4차 산업혁명
랠리에 올라타라

김태우, KTB자산운용 대표이사

우리는 지금 4차 산업혁명 입구에 있다

'산업혁명'이라는 말은 사실 딱딱하고 건조한 용어인데, 언제부터인가 그것이 굉장히 익숙하게 느껴지지 않습니까? 이것은 분명 4차 산업혁명 열풍이 우리 주위로 파고든 결과일 것입니다.

300쪽 그림은 산업혁명을 다룬 여러 자료 중에서도 특히 요약과 설명이 뛰어나 선택했습니다. 이 자료는 19세기에 스티븐슨이 증기기관을 만들면서 1차 산업혁명이 시작되었다고 설명합니다. 증기기관이 기계혁신으로 이어져 1차 산업혁명이 시작되었는데, 중요한 것은 밑에 적힌 작은 글씨입니다. 당시 80퍼센트의 노동력이 농업에 종사하다가 1차 산업혁명으로 농민의 78퍼센트가 다른 업종으로 직업을 전환했다고 합니다. 80퍼센트 중에서 78퍼센트가 말이지요.

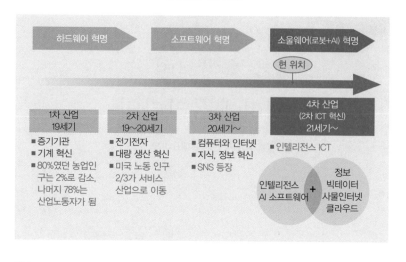

4차 산업혁명 특징

물론 이것은 1~2년 만에 이뤄진 것이 아니고 산업혁명 기치를 내걸고 난 이후 생긴 변화입니다. 그 혁명적 변화에 산업혁명이라는 말을 붙이는 것은 당연합니다. 2차 산업혁명 때는 에디슨이 전기를 발명하면서 전기 대량생산(Electronics Mass Production)에 들어갔습니다. 그것이 사회구조적으로 어떤 파급 효과를 냈는지는 그 밑에 나와 있습니다. 미국 노동자의 3분의 2가 직업이 바뀌었답니다.

1910~1920년의 미국 포드자동차와 1940~1950년, 2차 세계대전 중의 미국 군수공장을 촬영한 기록 사진에는 수많은 백인 노동자가 줄지어 서서 일하는 모습이 나옵니다. 하지만 그 이후 자동화가 진전되면서 많은 노동자가 서비스업으로 이동하게 됩니다.

3차 산업혁명은 소프트웨어 혁명이라는 말이 보여주듯 컴퓨터와 인터넷이 핵심 단어입니다. 그 아래에는 지식정보혁신(Knowledge Information Innovation)이라고 기록되어 있습니다. 그 단계를 지나 지금 4차 산업혁명이 진행 중인데 자료에는 '현 위치'로 나와 있습니다. 한마디로 우리는 지금 4차 산업혁명의 초입에 있습니다.

인터넷이 바꾼 세상과 스마트폰의 등장

그러면 3차 산업혁명을 좀 더 구체적으로 살펴봅시다. 3차 산업혁명은 인터넷과 깊은 관련이 있습니다. 즉, 3차 산업혁명은 인터넷을 기반으로 지역적 한계를 넘어 지식과 정보의 교류를 이뤄낸 것입니

인터넷의 보급과 3차 산업혁명의 시작

- 1989년 스위스 제네바의 한 물리학자가 동료 연구원들 간의 정보공유를 도와줄 목적으로 하이퍼텍스트 시스템 개발: World Wide Web(WWW)의 탄생

- 3년 뒤, 미국의 21살 대학생 앤드리슨에 의해 개발된 '모자이크' 브라우저가 무료 프로그램으로 나오자 순식간에 이용자 수가 급증하며 새로운 인터넷 세상의 문을 엶

다. 이 인터넷 확산에 단초를 제공한 것은 무엇일까요? 그것은 인터넷에 접속해 좌표를 찾고 인지하게 해주는 브라우저입니다. 그중에서도 최초로 대중화한 브라우저가 넷스케이프사의 네비게이터입니다. 브라우저 확산으로 인터넷 보급률은 기하급수적으로 늘어났지요. 통상 학자들은 이 넷스케이프 출현을 인터넷 확산, 즉 3차 산업혁명의 효시로 보고 있습니다. 그러면 넷스케이프 네비게이터가 발효된 해는 언제일까요? 지금으로부터 23년 전인 1994년입니다.

제가 직장생활을 시작한 것이 1993년입니다. 1995년 무렵 회사에서 공용PC를 사야 했는데 부장님이 아래 직원에게 PC가 상당히 비싼 도구니 인터넷 PC를 살지 아니면 윈도우 PC를 살지 심사숙고하라고 지시했습니다. 1950년대에 태어난 분이라 PC가 낯설어 '인터넷 따로, 윈도우 따로'라고 생각한 겁니다. 물론 1994년 이후에 태어나거나 학교교육을 받은 세대는 인터넷의 혜택을 받았지요.

4차 산업혁명을 상징하는 인물로 사람들은 으레 스티브 잡스를 떠올립니다. 우리가 피처폰을 쓰던 시절만 해도 휴대전화는 폴더든 바 유형이든 액정이 작고 주기능이 통신과 짧은 문자메시지였습니다. 그리고 느려터진 인터넷에 들어가 텍스트 정도를 받는 것이 전부였지요.

애플이 플라스틱 없이 전체가 유리로 된 아이폰을 들고 나온 때가 2007년 6월입니다. 우리에게 충격을 안겨준 그 사건이 벌써 10년 전의 일이네요. 이제 우리는 어쩌다 스마트폰을 집에 두고 나오면 퀵서비스를 이용해서라도 받을 정도로 휴대전화와 밀착되어 있습니다. 스마트폰은 출시된 지 고작 10년 만에 완전히 생활화된 것입니다.

스마트폰시대를 열어젖힌 회사는 애플입니다. 2007년 스티브 잡스는 아이폰을 처음 세상에 선보이며 "폰을 재발명했다(Reinvents the Phone)"라고 선언했습니다. 2007년이면 우리가 기본 통신으로 2G를 사용할 때입니다. 요즘에는 2G폰을 거의 쓰지 않지요.

그다음해인 2008년 아이폰이 3G를 채택했고 앱스토어 사용이 가능해졌습니다. 우리는 '앱스토어'라는 단어에 주목해야 합니다. 애플과 구글이라는 세계 최고의 기업들이 주도하는 4차 산업혁명에 왜 올라타야 하는지 설명하는 핵심 키워드가 앱스토어이기 때문입니다. 아무튼 2009년에는 초기모델 아이폰의 속도가 2배로 상승했고 2010년에는 지금까지 나온 아이폰 중에서 가장 큰 변혁이 있었습니다.

2008년 12월 세계적인 IT전문조사기관 가트너(Gartner)가 향후 1년 뒤의 스마트폰 점유율을 예측한 도표를 발표했습니다. 지금과 얼마나 차이가 나는지 살펴봅시다.

당시 맨 위에 있던 회사가 노키아입니다. 핀란드의 거대기업 노키아는 1998년 휴대전화가 등장한 이후 13년간 세계 시장점유율에서 1위를 한 번도 놓치지 않았습니다. 2008년에도 35~40퍼센트의 시장점유율을 자랑했지요. 2위는 삼성전자로 15퍼센트의 시장점유율을 보였습니다. 3위권에는 LG전자, 소니에릭슨, 모토로라가 있었지요.

가트너는 이들 회사가 2009년 이후에도 여전히 유효한 시장점유

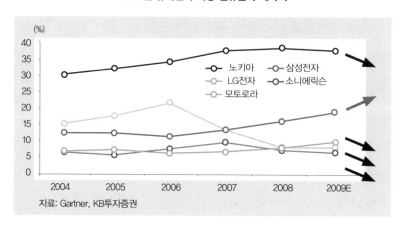

2008년 휴대전화 시장 점유율과 예측치

(%)

- 노키아 · 삼성전자
- LG전자 · 소니에릭슨
- 모토로라

2004　2005　2006　2007　2008　2009E

자료: Gartner, KB투자증권

율을 유지할 것이라고 예측했습니다. 하지만 실제로는 어떻게 되었나요? 핀란드 국가 시가총액의 45퍼센트를 차지하는 노키아는 2013년 휴대전화 사업부 전체를 마이크로소프트에 7조 원에 매각했습니다. 삼성전자가 대한민국 시가총액의 21~22퍼센트를 차지하니 노키아는 한국 삼성전자의 2배 역할을 하던 기업인데 말입니다.

모토로라 무전기로 널리 알려진 미국의 대표적인 전자기기업체 모토로라도 2012년 구글이 12조 원에 매수했습니다. 하지만 3년 만인 2014년 다시 레노버에 3조 원을 받고 팔았지요. 레노버는 중국계 컴퓨터 회사로 IBM PC 사업부를 인수했습니다. 모토로라는 사라졌고요. 소니에릭슨도 마찬가지입니다.

플랫폼을 장악한 기업만이 살아남는다

원래 에릭슨은 노키아, 모토로라에 이어 세계 3위 휴대전화업체였습니다. 그런데 2001년 소니와 에릭슨이 50 대 50으로 합병했지요. 당시 세계 최고의 전기전자개발 능력을 갖춘 소니와 세계 3위 휴대전화업체가 합병했으니 삼성전자나 LG전자가 얼마나 긴장했겠습니까.

지금은 어떻게 되었을까요? 2011년 에릭슨의 지분 50퍼센트를 소니가 1조 원에 구매해 소니모바일이란 회사로 명맥을 유지하고 있습니다. 그러나 전 세계 시장점유율이 2~3퍼센트 미만으로 거의 존재감이 없는 상태입니다. 어쩌다가 불과 10년 만에 세계 5대 휴대전화 메이커 중 2개만 살아남고 3개는 없어지는 혁신적인 변화가 일어난 것일까요? 306쪽 그래프는 2017년 9월 현재 세계 스마트폰 시장점유율을 나타낸 것입니다.

심비안(Symbian)은 노키아가 2008년 인수한 OS업체입니다. 당시 업계 1위인 노키아가 심비안을 쓰면서 삼성전자나 샤프 같은 휴대전화 메이커들도 노키아와 경쟁하기 위해 심비안 OS를 장착했습니다. 일반 데스크톱에서 윈도우 3.1과 윈도우 95로 시장점유율을 90퍼센트 이상 차지한 마이크로소프트는 모바일윈도우를 장착했지요.

림(RIM)은 블랙베리사의 전신입니다. 우리가 스마트폰을 본격적으로 도입해 확산된 시기는 2009년이지요. 2005~2008년 그러니까 우리가 2G와 3G 휴대전화를 사용하느라 이메일 서비스 이용이 곤

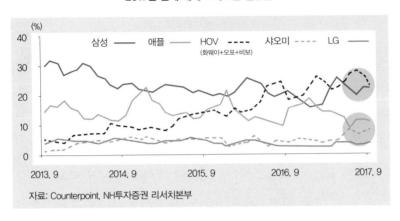

2017년 현재 세계 스마트폰 점유율

(%)

삼성 — 애플 — HOV ---- 샤오미 ---- LG —

(화웨이+오포+비보)

40

30

20

10

0

2013. 9   2014. 9   2015. 9   2016. 9   2017. 9

자료: Counterpoint, NH투자증권 리서치본부

란하던 그 시절, 해외영화에서 사람들이 작은 자판이 달린 블랙베리로 회사와 이메일을 주고받는 광경을 보았을 겁니다. 당시 부러움의 대상이던 블랙베리 역시 지금은 매우 어려운 처지에 놓여 있습니다.

2009년 삼성전자가 안드로이드 OS를 장착한 스마트폰 갤럭시S를 출시했습니다. 이 폰이 나오기 전 2008년에 삼성전자는 네 종류의 휴대전화를 만들었는데 똑같은 휴대전화에 각각 심비안, 모바일 윈도우, 리눅스 그리고 자체 OS인 바다를 장착했습니다. 그 다음 해에는 여기에 안드로이드까지 장착해 다섯 종류가 되었지요.

이처럼 삼성전자는 휴대전화를 하나 만들면 겉은 똑같은데 OS는 다섯 가지로 장착해서 출시했습니다. 그 이유는 나라마다, 통신사마다 어떤 OS를 쓸지 정하지 않았기 때문입니다. 그들 각각의 니즈를

2008년 기준 모바일 OS 공급업체 목록

OS 공급업체	모바일 OS	단말기 제조사
심비안	심비안	노키아, 삼성전자, 샤프
마이크로소프트	MS 모바일윈도우	HTC, 삼성전자, LG전자
림	림 OS	림
리눅스	리눅스	모토로라, 삼성전자
애플	OS X	애플
팜(Palm)	팜 OS	팜
구글	안드로이드	HTC
삼성전자	바다	삼성전자

자료: 각 사, KB증권

맞추려면 삼성전자는 다섯 종류가 아니라 여섯 종류라도 만들 수밖에 없었지요. 한마디로 삼성전자는 휴대전화 사업에서 이윤을 올리기가 굉장히 어려운 혼란기를 겪었지만, 2010년 이후 안드로이드를 장착한 갤럭시S를 1,000만 대 판매하면서 다른 OS 장착 휴대전화는 더 이상 만들지 않고 구글의 안드로이드폰인 갤럭시S를 대표 상품으로 만들게 됩니다.

이후 308쪽 표에서 ×표를 한 기업은 모두 망했습니다.

2008년 무렵 애플의 휴대전화 시장점유율은 1~2퍼센트에 불과했고 안드로이드를 장착한 기업은 중국의 HTC뿐이었습니다. 그런데 애플과 구글은 어떻게 당시 50퍼센트의 시장점유율을 자랑하는 노키아의 심비안을 제치고 휴대전화 오퍼레이션 시스템에서 엄청난 점유율을 차지했을까요? 그것은 애플과 구글이 인터넷 생태계 혹은 플랫폼이라 불리는 것을 장악했기 때문입니다.

가령 여러분이 안드로이드를 장착한 삼성전자 휴대전화를 사용한다고 해봅시다. 만약 여러분이 게임업체에서 게임아이템을 사거나 유료앱을 구입하면 거래 금액의 평균 30퍼센트를 구글이 가져갑니다. 여러분이 애플의 휴대전화를 쓸 때도 애플이 마치 원천징수하듯 돈을 가져갑니다. 예를 들어 1만 원의 트랜잭션(Transaction, 거래)이 일어날 경우 3,000원을 가져가는 겁니다. 남은 7,000원은 게임개발자와 카카오톡처럼 중간에 있는 플랫폼 공유자가 6 대 4 혹은 7 대 3

2017년 기준 시장에 남아 있는 OS 공급 업체

OS 공급업체	모바일 OS	단말기 제조사
~~심비안~~	~~심비안~~	~~노키아, 삼성전자, 샤프~~
~~마이크로소프트~~	MS 모바일윈도우	HTC, 삼성전자, LG전자
~~림~~	~~림 OS~~	~~림~~
~~리눅스~~	~~리눅스~~	모토로라, 삼성전자
애플	~~OS X~~	애플
~~팜(Palm)~~	~~팜 OS~~	~~팜~~
구글	안드로이드	HTC
삼성전자	바다	삼성전자

자료: 각 사, KB증권

으로 나눕니다.

1만 원의 매출이 일어나면 실제 게임개발업자는 여기저기에 거의 70퍼센트를 떼어주고 남은 30퍼센트만 갖기 때문에 이율이 20~30퍼센트밖에 되지 않습니다. 한마디로 애플과 구글은 가장 사업수완이 좋은 장사꾼입니다. 스마트폰에서 발생하는 모든 트랜잭션의 30퍼센트를 가져가니 말입니다.

2017년 상반기 기준 모바일 OS 점유율은 애플이 13퍼센트, 구글이 86퍼센트입니다. 2017년 11월 아이폰X가 나오면서 애플의 OS 점유율은 20퍼센트가 넘을 전망입니다. 실제 점유율은 13 대 86이지만 애플 사용자들은 애플 앱스토어에서 구매하는 객단가가 안드로이드보다 2배 이상일 것으로 보고 있습니다. 애플 사용자들이 사용하는 여러 가지 앱과 기능은 구글의 안드로이드 시장과 차별화되어 있기 때문입니다. 더구나 애플은 젊은 세대가 많이 사용해 수익이 드러난 것과는 좀 다릅니다. 이렇게 애플과 안드로이드가 벌어가는 돈이 시가총액 1,000조 원짜리 애플과 750조 원짜리 구글을 지탱하는 근간입니다.

살아남는 것은 변화에 잘 적응한 종이다

4차 산업혁명 하면 우리는 현재와 미래를 생각해보지 않을 수 없습니다. 그래서 제가 종종 활용하는 것 중 하나가 1900년과 1913년

2030년은 2017년과 어떻게 달라질 것인가?

■ 1900년 4월 15일 뉴욕시 5번가의 모습

■ 1913년 3월 23일 뉴욕시 5번가의 모습

자료: Pictet Asset Management

의 뉴욕 시 5번가를 보여주는 사진입니다.

뉴욕 시 5번가는 미국에서 가장 큰 중심도로입니다. 그러면 위 사진에서 1900년 4월에 찍은 모습과 1913년 3월에 찍은 뉴욕 시 5번가의 모습을 보십시오. 1900년 사진에는 마차가 끝없이 늘어서 있지만 1913년 사진에는 마차가 한 대도 없습니다. 믿기 힘들게도 이 것은 고작 13년 만에 실제로 일어난 변화입니다.

우리는 현재 2017년 12월을 보내고 있는데 앞으로 13년 뒤인 2030년이면 어떤 변화가 일어날까요? 아마 마차가 자동차로 바뀌는 변화보다 더 큰 변화를 맞이할 것입니다. 우리가 4차 산업혁명시대를 살아가고 있으니까요.

혹시 여러분은 지금 말안장을 가장 싸고 좋게 만드는 회사, 마차를 가장 튼튼하게 만드는 회사에 투자하고 있지 않습니까? 지금은 패러다임이 바뀌는 상황을 잘 살펴봐야 합니다. 우리는 현재 4차 산업혁명의 한가운데에 있고 진화론자 찰스 다윈은 이런 말을 남겼습니다.

"살아남는 것은 가장 강한 종(種)도 아니고 가장 똑똑한 종도 아니다. 살아남는 것은 변화에 가장 잘 적응한 종이다."

지금은 패러다임이 크게 바뀌는 시점입니다. 여기에 잘 대응하지 않으면 한때 세계를 호령하다 무너진 기업처럼 흔적 없이 사라지고 말 것입니다. 같은 맥락에서 우리에게는 거세게 밀려오는 변화의 바람에 잘 적응하는 기업을 찾아내는 일이 매우 중요합니다.

4차 산업혁명을 말할 때는 여러 가지 주제가 떠오르게 마련인데, 그중에서도 M&A를 빼놓을 수 없습니다. 실제로 거대자본을 소유한 세계 IT기업들은 수조 원이나 수십조 원을 들여 4차 산업혁명의 원천기술이라 할 만한 기업을 인수하고 있습니다.

다음 표는 2013년 이후 IT기업들이 인수한 인공지능 스타트업을 나타낸 것입니다. 특히 구글이 인수한 기업 중 인공지능 프로그램 회사 딥마인드는 이세돌을 꺾은 알파고를 만들었습니다.

딥마인드는 2010년 데미스 하사비스(Demis Hassabis)라는 이스라엘 젊은이가 영국에서 창업한 회사입니다. 직원 250명 중 150명이 박사였던 이 회사는 2014년 구글에 4억 달러(약 4,400억 원)에 팔렸습니다. 하사비스는 2010년 창업해 4년 만에 무려 4,000억 원을 받

주요 IT 기업들이 인수한 인공지능 스타트업(2013년 이후)

인수기업	피인수 기업	주요기술
구글	DNN리서치	인공지능 전문가 제프리 힌튼 교수 영입
	딥마인드	인공지능 바둑 프로그램 알파고 개발 데미스 하사비스 창업자 영입
	제트팩	사진 분석 딥러닝 기술
	다크블루랩	인간의 언어 이해
	비전팩토리	문자 문장 이해
IBM	코즈니	가상 비서 서비스
	알케이API	인간의 언어 이해
애플	보컬IQ	인간의 대화 목소리 이해
	이모센트	사용자의 감정 파악
페이스북	Wit.ai	자연어 이해(인간 언어의 의도를 인식해서 처리)

자료: 미로스타트업

고 회사를 판 것입니다.

당시에는 왜 구글이 그 회사를 4,400억 원이나 주고 샀는지 의구심을 보이는 사람이 많았습니다. 재미있게도 당시 500달러였던 구글의 주가는 2017년 11월 현재 1,000달러를 넘어섰습니다. 그렇게 주가가 2배 늘어나는 동안 구글의 시가총액은 350조 원이나 늘어났지요. 물론 시가총액이 350조 원이나 늘어난 게 딥마인드 덕분은 아니겠지만 이것은 M&A를 활용한 구글의 확산 전략이 얼마나 유효했는지 잘 보여줍니다.

전 세계적으로 1,000만 개의 구인정보와 900만 개의 회사정보를 갖춘 소셜 네트워크 링크트인은 이용자 5억만 명이 매달 100건 이상의 내용을 주고받는 세계 최대 일자리 관련 사이트입니다. 이것은 마이크로소프트가 2016년 262억 달러(약 31조 원)에 매수했지요.

이처럼 전 세계적으로 혁명적인 M&A가 일어나고 있습니다. 아쉽게도 한국의 M&A는 세계적인 추세에 비해 상당히 뒤처진 상태입니다. 4차 산업혁명을 얘기하면서 M&A를 강조하는 이유는 자체 기술개발에 많은 시간이 필요하기 때문입니다. 오히려 M&A로 기술을 빨리 습득해 시너지 효과를 얻는 것이 더 낫지요. 가령 인공지능 회사를 매수한 구글은 그 기술을 자율주행차에 도입해 시너지를 내고 있습니다. 이것을 잘 알기에 거대기업들은 어마어마한 액수로 M&A에 나서고 있습니다.

현재 인공지능, 사물인터넷, 3D프린터, 바이오, 에너지, 로봇, 자율주행차, 나노, 재료과학, 빅데이터, 정보처리 분야에서 전 세계적으로 엄청난 M&A가 일어나고 있지요. 그러면 대한민국은 어떨까요?

314쪽 그래프는 소프트웨어, 정보통신, 인터넷 관련 M&A 현황을 나타낸 것입니다. 수치는 금액이 아니라 스타트업 M&A의 개별 건수입니다.

2015년 미국의 경우 소프트웨어에서 934건의 M&A가 있었지만 한국에서는 20건에 불과합니다. 컴퓨터도 각각 243건, 9건입니다. 이것이 건수로는 2퍼센트지만 금액으로 보면 약 0.002퍼센트입니다. 사실 M&A는 사적인 거래다 보니 정확한 금액을 추적하기가 어

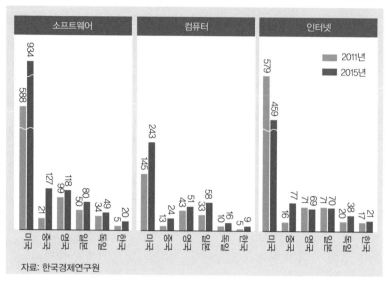

소프트웨어, 정보통신, 인터넷 관련 M&A 현황

(단위: 건)

자료: 한국경제연구원

렵습니다. 다만 건수로 2퍼센트면 금액으로는 그보다 훨씬 못하다고 볼 수 있지요.

인공지능, 자율주행, 드론에 주목하라

4차 산업혁명에서는 패러다임에 큰 변화가 일어납니다. 여기서는 특히 인공지능, 자율주행차, 드론의 패러다임이 어떻게 바뀌었고 또 앞으로 관련 기업이 얼마나 기존 산업을 대체할지 알아보겠습니다.

먼저 인공지능입니다. 인간과 인공지능의 대결은 오래전부터 있었지요. 맨 처음 이뤄진 것이 체스 대결입니다. 당시 상황을 기억하는 사람이 있을지도 모르지만 세계 체스 챔피언과 IBM 딥블루의 대결은 굉장한 뉴스거리였습니다. 316쪽 표는 인공지능과 인간의 대결에서 어느 쪽이 승리했는지 잘 보여주고 있습니다.

우리에게 친숙한 '인공지능'이란 말은 이미 1956년부터 사용해온 것입니다. 알파고와 이세돌이 바둑을 둔 것이 2016년 3월의 일이죠. 알파고에는 세 가지 버전이 있습니다. 이세돌과 바둑을 겨룬 알파고는 '알파고 리'라고 합니다. 이세돌이 알파고에게 1승 4패로 졌을 때 사람들은 충격을 받았으나 이후 인간이 한 번도 알파고를 이기지 못하면서 오히려 이세돌의 뛰어난 능력이 다시 주목받고 있습니다.

이세돌과 알파고가 대결할 때, 이세돌이 한 수를 두면 그 옆에서 대리인이 두었으나 TV 화면은 아래 그림에 나오는 컴퓨터를 비춰주었습니다. 즉, 알파고 리는 1,202대가 병렬로 연결된 알고리즘으로 인류가 3,000년 동안 써온 바둑 중 가장 우수한 기보 16만 개를 연산해 이세돌이 두는 수에 최적의 답을 내놓았습니다. 여기에는 엄청난 하드웨어가 필요합니다.

2017년 10월 구글은 알파고 제로를 발표했는데, 이세돌을 이긴 알파고 리가 알파고 제로에게 100전 100패했다고 합니다. 알파고 제로는 기존 알파고와 무엇이 다를까요? 무엇보다 서브와 네트워크 용량을 기존의 8분의 1만 사용합니다. 그런 프로세싱 기술로 인간이

AI와 인간의 대결

(단위: 건)

연도	종목	인공지능 VS 인간	승자
1967년	체스	체스프로그램 맥핵 VS 아마추어 선수 드레이퍼스	AI
1992년	체스	IBM 딥블루 VS 체스챔피언 카스파로프	인간
1997년	체스	IBM 딥블루 VS 체스챔피언 카스파로프	AI
2006년	체스	독일 딥리즈 VS 체스챔피언 크람니크	AI
2011년	퀴즈	IBM 왓슨 VS 체스챔피언 크람니크	AI
2013년	장기	일본 벤처 헤로즈 VS 프로기사 5명	AI
2013년	골프	인공지능 골프로봇 제프 VS 세계 1위 매킬로이	AI
2014년	장기	일본 벤처 헤로즈 VS 프로기사 5명	AI
2014년	탁구	독일 아길러스 로봇 VS 탁구 챔피언티모블	인간
2015년	포커	포커 프로그램 클라우디코 VS 프로 포커선수 4명	인간
2015년	바둑	구글 알파고 VS 유럽챔피언 판후이 2단	AI
2015년	게임	'Tscmoo' 포함 3개 봇 VS 러시아 'Djem5'	인간
2016년	바둑	구글 알파고 VS 한국 이세돌 9단	AI

자료: KT Digieco, 하나금융투자

미리 정해놓은 정석이나 지식을 배워 사용하는 게 아닙니다. 바둑의
경우 기보 없이 바둑 두는 법을 가르쳐주면 인간의 선입견을 배제한
채 스스로 문제해결 능력을 발휘해 연마하지요.

　알파고 제로는 40일이 지나면 사람이 구축한 데이터베이스나 사
람의 간섭을 받지 않고 온전히 스스로 학습해 알파고 수준을 능가합
니다. 317쪽 그래프를 보면 이미 3일 만에 엄청난 학습효과가 있음
을 알 수 있습니다. 다시 말해 알파고 제로는 3일 만에 490만 판의
바둑을 스스로 두고 피크 지능의 80퍼센트 이상이 아니어도 40일이

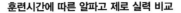

훈련시간에 따른 알파고 제로 실력 비교

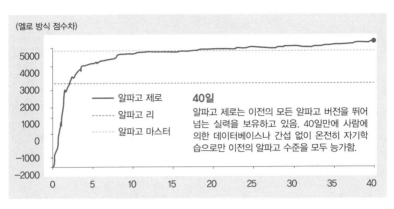

(엘로 방식 점수차)

40일
알파고 제로는 이전의 모든 알파고 버전을 뛰어넘는 실력을 보유하고 있음. 40일만에 사람에 의한 데이터베이스나 간섭 없이 온전히 자기학습으로만 이전의 알파고 수준을 모두 능가함.

— 알파고 제로
- - - 알파고 리
- - - 알파고 마스터

면 그 지능을 모두 완성합니다. 이것은 상당히 무서운 얘기입니다.

여기서 주목해야 할 또 다른 점은 서브와 네트워크를 기존의 8분의 1만 사용한다는 사실입니다. 서브와 네트워크에 가장 많이 들어가는 것은 디램과 낸드입니다. 그 분야의 세계 1위가 삼성전자이고 2위가 하이닉스입니다. 충격적인 것은 알파고 제로를 만든 시점이 1년 6개월 전(2017년 12월 현재)에 불과한데 알파고 리에게 100전 100승하면서도 기존에 쓰던 용량의 8분의 1만 쓴다는 점입니다.

여태껏 우리가 인식해온 법칙은 기술이 진화하고 데이터 처리가 늘어날수록 디램과 메모리, 낸드의 용량이 커진다는 것입니다. 한데 디램과 낸드에 의존하지 않는 프로세싱 기술로 알파고 제로를 만들어냈다는 것은 시사하는 바가 굉장히 큽니다.

자율주행차는 어디까지 와 있는가

자율주행차에는 크게 네 가지 영역이 있지요. 첫 번째는 대체연료와 관련된 것으로 전기차(E-Car)입니다. 두 번째는 자율주행하는 스마트카(Smart Car)입니다. 세 번째는 공유입니다. 이것을 이해하려면 좀 더 설명이 필요한데 뒤에 간단히 첨부하겠습니다. 네 번째는 연결, 즉 커넥티비티(Connectivity)입니다.

대체연료의 경우 319쪽 표를 보면 네덜란드에서는 2025년부터 석유로 움직이는 자동차를 판매하지 못합니다. 노르웨이는 2025년부터 신재생에너지 차량만 판매하고요. 인도와 독일은 2030년부터, 영국은 2040년부터 지금 같은 가솔린차는 판매할 수 없습니다.

독일의 BMW는 2020년 미국에서만 전기차를 10만 대 판매하겠다고 발표했고, 다임러도 2020년 전기차 10만 대 이상을 팔겠다고 공언했습니다. 지금이 2017년 말이니 2020년이면 고작 3년 뒤입니다. 이는 자동차 시장이 굉장히 빠른 속도로 전기차 쪽으로 향하고 있음을 의미합니다.

특히 대체연료 분야에서 중국의 성장 속도는 어마어마합니다. 실제로 중국은 세계 최대 전기차 사용국으로 그 비율이 31.3퍼센트에 달합니다. 중국 정부도 친환경차 사업을 중국의 미래를 짊어질 사업으로 보고 전기차를 구매하면 450만 원에서 1,000만 원을 보조금으로 지급합니다. 그뿐 아니라 보조금 외에 등록비 1,000만 원도 면제해주지요. 그러다 보니 중국에는 백화점 앞에 전기차 충전 시설이 많이 설치되어 있습니다.

일본의 경우에는 기술에 대한 자긍심이 아주 강해 약간 다른 방향으로 움직이고 있습니다. 예를 들어 혼다는 세계적인 대세인 전기차가 아니라 독자모델로 수소차를 오랫동안 연구해오고 있지요. 놀랍게도 수소차로 일본 대륙 횡단이 가능할 만큼 이미 충전소가 많이 설치되어 있습니다.

한국은 아직 서울에서 부산까지 전기차로 한 번에 이동할 수 없습니다. 그것이 언제 가능할지도 모르고요. 여하튼 일본은 세계 표준과 별개로 4차 산업혁명에 그들 나름대로 준비해 앞서가고 있습니다.

2017년 대체연료와 관련해 커다란 사건이 하나 있었습니다. 전기

국가별 내연기관차량 판매 금지 관련 규제 및 시행 시기

국가	시행시기	내용
네덜란드	2025년	내연기관차량 판매 금지
노르웨이	2025년	신재생에너지 차량만 판매
인도	2030년	내연기관차량 판매 전면 중단 계획
독일	2030년	내연기관차량 판매 금지 결의안 통과
영국	2040년	모든 내연기관차량 영국 내 판매 중단
프랑스	2040년	내연기관차량 판매 금지 발표

차 제조업체 테슬라의 시가총액이 약 54조 원으로 커진 것입니다. 2016년 테슬라는 매출액 7조 원, 당기순손실이 6,750억 원이었습니다. 2003년 창립해 당기순손실이 6,750억 원에 달하는 테슬라가 설립한 지 100년이 넘고 매출액 166조 원에 순이익이 9조 원인 GM보다 시가총액이 커졌다는 얘기입니다. 이는 많은 시장 참여자가 전기차의 성장성과 미래를 어떻게 평가하고 있는지 단적으로 보여주는 사건입니다.

그럼 자율주행을 살펴봅시다.

먼저 용어부터 정리하면 PAD는 부분 자율주행(Partial Automated Driving)이고, HAD는 고도 자율주행(Highly Automated Driving), FAD는 완전 자율주행(Fully Automated Driving)입니다. 2017년 현재 일부 자율주행하고 있는데 이것은 30초 동안 사람이 운전대를 놓고 가는 겁니다. 속도는 210킬로미터이고 기계가 하는 순간은 아주 짧습니다. 2018년에는 고속도로에서 운전대를 놓고 어느 정도 갈 계획이며 평균 속도는 60킬로미터입니다.

2021년이면 유럽과 미국의 고속도로에서 운전대를 놓고 눈감고 달릴 전망인데 평균 속도는 130킬로미터입니다. 2022년에는 고속도로뿐 아니라 일반도로에서도 그렇게 달릴 거라는 예상입니다. FAD 파일럿 프로젝트(Pilot Project)의 그림을 보면 사람이 거의 뒤로 누워 있습니다. 이것은 비행기 조종석처럼 모든 것이 자동으로 이뤄지고 사람은 누워 있음을 표현한 것입니다. 이처럼 2021년 미국과

BMW의 자율주행 자동차 계획

2017	2018	2019	2020	2021	2022
■ 부분 자동 운전 가능 ■ 고속도로에서 자율 차선 변경 ■ 30초 동안 핸들을 놓을 수 있음 210km/h	■ 일시적으로 핸들을 놓을 수 있음 60km/h		■ 간단한 핸들 조작만으로도 자동운전이 가능한 적응형 크루즈 컨트롤 기능 향상	■ 고속도로 주행시, 손과 눈을 사용할 필요가 없음 130km/h ■ 미리 경로를 설정해 운전자가 정신을 팔아도 주행 가능 70km/h	■ 고속도로 주행시, 손과 눈을 사용할 필요가 없음 ■ 자율 차선 변경 및 좁은 도로를 빠져나가는 것이 가능 130km/h

부분 자율 주행(PAD)

고도 자율 주행 가능(HAD)

완전 자율 주행 가능(FAD)

자료: BMW그룹 인베스터팩트북, 2017

유럽 사람들이 고속도로에서 운전대를 잡지 않은 채 눈감고 130킬로미터로 달린다는 것이 자율주행의 개념입니다.

그럼 자율주행차를 선도하는 핵심 기업을 살펴봅시다. 먼저 엔비디아(Nvidia)는 자율자동차의 핵심인 차량주행용 컴퓨터 개발업체로 세계 최대 기술력을 자랑합니다. 현재 엔비디아는 벤츠, 아우디, 볼보, 테슬라, GM, 포드, 르노, 도요타 등 전 세계 자동차 대기업들과 제휴하고 있습니다.

구글의 자율주행 기술개발 브랜드 웨이모(Waymo)는 혼다, 피아트, 크라이슬러와 제휴했지요. 인텔은 엔비디아와 제휴하지 않고 1999년 이스라엘에서 설립된 모바일아이(Mobileye)와 세계 최대 부품업체인 델파이 오토모티브(Delphi Automotive)를 사들였습니다. 이렇게 자율주행차와 관련해 전 세계에서 엄청나게 합종연횡이 일어나는 가운데 한국의 자동차 메이커는 움직임이 조용한 편입니다.

엔비디아는 시가총액이 128조 원에 달하고 세계에서 가장 앞선 기술을 보유한 모바일아이도 15조 원에 이릅니다. 웨이모의 가치도

엔비디아가 구축한 자율주행 생산 플랫폼

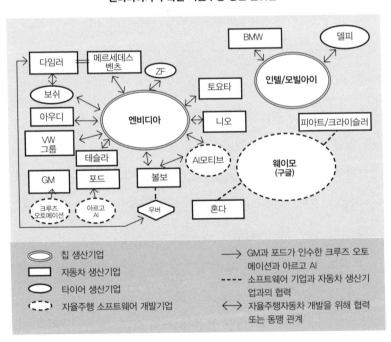

70조 원로 알려져 있는데 세계적인 투자은행 모건 스탠리가 GM의 가치보다 높다고 말할 정도입니다. 사실 자율주행의 핵심은 이 세 업체가 모두 쥐고 있다고 해도 과언이 아닙니다.

다음으로 '공유'를 생각해봅시다. 공유경제라는 말은 많이 하지만 사실 공유는 그 개념이 선뜻 와 닿지 않습니다. 그런데 2017년 11월 소프트뱅크의 손정의 회장이 차량공유업체 우버에 100억 달러를 투자해 지분을 14퍼센트 인수하기로 했습니다. 100억 달러가 14퍼센트니 우버의 가치를 80조 원 정도로 보고 있는 셈이지요. 왜 손정의 회장은 느닷없이 우버의 지분을 확보했을까요?

그랩(싱가포르), 99(브라질), 올라(인도), 디디추싱(중국), 우버(미국)는 모두 각국의 차량공유업체로 손정의 회장은 벌써 차량공유업에서 세계적인 네트워크를 구축했습니다. 이로써 소프트뱅크는 2020년 이후 차량 플랫폼 공유화에서 이미 세계 최대 강자가 되었습니다.

소프트뱅크는 미국과 유럽의 통신업체 지분도 갖고 있고 2000년에는 알리바바에 2,000만 달러를 투자해 지분 34퍼센트를 사들였습니다. 여기에는 전설적인 일화가 따라다니는데 투자를 결정한 시간이 고작 마윈과의 인터뷰 10분이었다고 합니다. 2014년 알리바바가 기업공개(IPO)를 하면서 회사가치가 250억 달러로 뛰었고, 2,000만 달러를 투자한 손정의 회장은 578억 달러 이상을 벌었습니다.

마지막으로 커넥티비티, 즉 연결을 살펴봅시다. 왜 전 세계적인 기

소프트뱅크의 승차공유업체 투자 사례

그랩(싱가포르)	7.5억 달러(2015년), 디디추싱과 20억 달러 추가 투자(7월)
99(브라질)	1억 달러 투자(5월)
올라(인도)	2.1억 달러 투자(2014년), 다른 투자자들과 연합으로 4억 달러 투자(2015년), 추가 지분 매입 추진
디디추싱(중국)	50억 달러 투자
우버(미국)	컨소시엄 구성해 100억 달러 규모 지분 투자 우버 지분 14%이상 보유(11월 우버 이사회 승인)

업들이 앞 다퉈 자율주행산업에 뛰어드는 것일까요? 미국인을 기준으로 사람들은 출퇴근시간에 편도 50분 동안 차 안에 있다고 합니다. 왕복으로 치면 100분이지요. 그 100분 동안 자율주행 덕분에 사람들이 자유로워지면 차 안에서 무얼 할까요? 대개 인터넷을 사용할 겁니다. 개인마다 하루 100분을 인터넷에 붙잡아둘 경우 구글이 누릴 부가가치는 상상할 수 없을 정도입니다.

하루 동안 24시간 중에서 알짜배기 100분을 가져올 수 있다면 구글, 마이크로소프트, 애플, 인텔이 사활을 걸고 자율주행에 뛰어들 만하지 않을까요? 이미 여러 논문이 자율주행차는 자율주행하는 동안 사람을 자율주행 시스템 내에 묶어두기 위한 것임을 지적하고 있습니다.

드론으로 바뀔 산업 판도

한편 현재 드론이 일으키는 변화는 굉장히 다양합니다. 일부 마니아의 취미용으로 알려졌던 드론이 상업용으로 탈바꿈하면서 새로운 가능성과 함께 산업 분야 여기저기에서 변화를 일으키고 있습니다. 여기서 몇 가지만 예를 들어 보겠습니다.

우선 드론을 이용해 접근이 어려운 현장을 촬영하면서 언론에 굉장한 변화를 일으켰다는 의미로 '드론 저널리즘'이라는 말이 새로 생겼습니다. 오지나 전방 등을 촬영할 때 헬리콥터와 비교도 되지 않는 저렴한 비용으로 촬영이 가능하다 보니 언론사의 드론 이용률은 갈수록 증가하고 있습니다. 여기에다 자율항법장치까지 장착해 좌표만 있으면 기자가 도착하기도 전에 미리 갈 수 있습니다.

또한 건설현장을 측량하거나 3D입체기법 혹은 랩핑기법을 구현할 때 드론에 탑재한 고화질 카메라와 센서가 많은 데이터를 수집해 줍니다.

드론은 운송수단으로도 각광을 받고 있습니다. 이미 아마존은 드론을 이용해 신발을 배달하고 있지요. 항공 드론은 크게 두 가지로 나뉘는데 하나는 유효 하중이 많이 나가고 규모가 큰 값비싼 드론입니다. 다른 하나는 헬리콥터 크기로 2.7톤의 물자를 운송할 수 있는 무인 드론입니다. 그 밖에 집하장에서 작은 물건을 운송하는 드론도 있습니다.

드론은 법 집행 관련 산업에도 관여합니다. 운반하는 드론을 추적하는 드론 외에 경찰과 경비업체들의 경비나 감시에 쓰이는 것입니다. 가령 문제가 발생했을 때 경찰 드론은 1분 안에 도착합니다. 반면 일일이 경찰 드론의 감시를 받는다는 단점도 있습니다.

사실 드론으로 가장 큰 변화를 겪고 있는 산업은 농업입니다. 이미 드론은 작물의 성장률이나 밀도, 토양의 질, 가축 수를 파악하는 일에 굉장히 유용하다고 밝혀졌습니다.

어떤 물건이든 마찬가지지만 드론에 장점만 있는 것은 아닙니다. 가령 3센티미터짜리 드론에 얼굴인식 인공지능 프로그램을 장착해 살상무기로 실험하는 장면을 보니 무척 끔찍하더군요. 실험 내용은 이렇습니다. 강당에 3센티미터짜리 드론과 인형이 있었는데, 인형의 얼굴을 모듈화해 얼굴인식 프로그램을 넣자 하늘을 날아다니던 드론이 인형의 목으로 딱 꽂혀 들어갔습니다. 그것을 사람에게 적용한다면 그야말로 무시무시한 일이지요.

플랫폼으로 승부하는 기업에 주목하라

투자의 귀재로 알려진 워런 버핏은 2017년 5월 열린 버크셔해서웨이 연례 주주총회에서 이렇게 말했습니다.

"구글에 대한 내 예측은 틀렸다. 그리고 아마존의 가치를 너무 저평가해 투자하지 않은 것은 내 실수다. 오늘날 플랫폼 기업들은 강력한 독점력을 구축하고 있다."

사실 워런 버핏은 2016년 애플이 상반기 실적 부진으로 주가가 급락할 때 대규모 투자를 단행했습니다. 반대로 조지 소로스는 애플을 전량 매도했지요. 2017년 말 현재 버핏이 애플에 투자한 기간은 짧지만 벌써 애플에서 30~40퍼센트 이상의 수익을 올리고 있습니다.

이는 가치투자, 굴뚝투자의 대명사인 워런 버핏도 애플을 IT 기업이 아닌 4차 산업혁명을 주도할 플랫폼 기업으로서 안정적인 수익을 낼 회사로 인식한다는 것을 보여줍니다.

328쪽 표는 2016년 5월 기준 미국 기업들이 보유한 현금규모입니다. 보다시피 애플이 2,157억 달러(약 215조 원)이고 마이크로소프트와 구글은 각각 1,026억 달러(약 102조 원)과 731억 달러(약 73조 원)입니다.

그러면 삼성전자가 보유한 현금은 얼마일까요? 2017년 상반기 기준으로 약 80조 원인데 삼성은 애플이나 마이크로소프트, 구글과 달리 제조업체입니다. 따라서 디램과 낸드를 생산하는 라인을 깔아주는 공장설비 관련 설비투자에 매년 20조~25조 원을 사용합니다. 그다음으로 주주환원정책인 자사주 매입에 8조 원, 배당에 4조 원이 들어갑니다. 그러니까 80조 원 중에서 매년 40~45퍼센트를 써야 하는 입장입니다.

2016년 현재 미국의 시가총액 5대 기업은 애플, 구글, 마이크로소

미국 기업 현금성 자산 규모

애플	2,157억 달러
마이크로소프트	1,026억 달러
구글	731억 달러
시스코	604억 달러
오라클	523억 달러
화이자	393억 달러
존슨앤존슨	384억 달러
암겐	314억 달러
인텔	313억 달러
퀄컴	306억 달러

자료: 무디스인베스터서비스, 2016년 5월

프트, 아마존, 페이스북입니다. 애플이 900조 원, 구글이 750조 원이지요. 불과 10년 전만 해도 세계를 주름잡던 엑슨모빌이나 GE 같은 세계 최대 정유업체, 전기전자업체는 모두 사라지고 지금은 새로운 기업들이 상위권에 올라 있습니다.

미국 최대 상거래업체 아마존도 극적인 성공 사례입니다. 아마존의 시가총액은 4,911억 달러인데 사실 미국 8대 오프라인을 모두 합해도 2,300억 달러밖에 안 됩니다. 그중에는 미국의 자존심이라 불리는 월마트도 포함되어 있지요. 소매체인기업 JC페니와 시어스라는 100년 넘은 백화점도 있습니다.

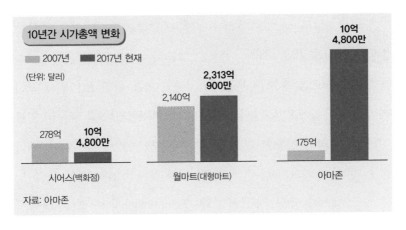

아마존과 월마트의 시가총액 변화 비교

10년간 시가총액 변화

■ 2007년 ■ 2017년 현재

(단위: 달러)

시어스(백화점): 278억 → 10억 4,800만

월마트(대형마트): 2,140억 → 2,313억 900만

아마존: 175억 → 10억 4,800만

자료: 아마존

　시어스백화점은 2007년 시가총액이 278억 달러였지만 2017년에는 10억 달러로 무려 30분의 1이나 줄어들었습니다. 반면 아마존은 엄청나게 늘었지요. 세계 경제의 중심에 서 있는 미국에서 이런 혁명적인 변화가 일어나고 있는 것입니다.

　중국 역시 변화의 바람을 타고 전 세계 시가총액 10위 기업 안에 이름을 올렸습니다. 텐센트가 6위, 알리바바가 7위를 차지했지요. 텐센트는 500조 원 규모의 회사인데 삼성전자보다 훨씬 더 큽니다. IPO 이후 텐센트는 주가가 무려 300배나 올랐지요. 그 이유는 무엇일까요? 텐센트에는 모바일 메신저 플랫폼인 위챗이 있습니다. 한국인은 카카오톡, 중국인은 위챗, 서양인은 왓츠앱을 쓰지요. 그런데 사용자를 보면 인구가 많은 중국인이 쓰는 위챗이 단연 압도적인 점유율을 자랑합니다.

그러면 2007년과 그로부터 10년이 지난 2017년의 중국의 부호 순위를 살펴봅시다.

2007년의 부호는 모두 부동산업자들입니다. 반면 2017년에는 알리바바의 마윈이 2위고 텐센트의 마화텅이 4위입니다. 중국의 일류 대학에 IT 창업 열풍이 거세게 부는 이유가 여기에 있습니다. 중국은 이미 세계 최대 10개 핀테크 중 5개를 가지고 있지요.

지금 세계는 4차 산업혁명의 한가운데에서 끝없이 경쟁하고 있습니다. 2등에게 돌아가는 파이는 없고 승자가 다 갖는 게임이다 보니 경쟁은 갈수록 치열해지고 있고요. 그리고 지

중국 10대 부자 순위

2007년			2017년		
이름	회사	분야	이름	회사	분야
양후이엔	비구이위안	부동산	왕젠린	다롄완다그룹	부동산
쉬롱마오	스무그룹	부동산	마윈	알리바바	IT
리쓰롄	푸리디찬	부동산	왕웨이	순펑익스프레스	물류
장리	푸리디찬	부동산	마화텅	텐센트	IT
스정룽	선텍파워홀딩스	에너지	딩레이	넷이즈	IT
천줘린	야쥐러	부동산	허형젠	메이더	가전
종성젠	인항그룹	부동산	루즈창	판하이 지주	금융
주멍인	허청촹잔	부동산	종칭허우	와하하 그룹	식료품
장원	지우룽제지	종이	레이쥔	샤오미테크	IT
장진동	쑤닝그룹	소매업	리옌훙	바이두	IT

금은 주주가치가 노동가치보다 더 높습니다. 결국 노동자들도 일하고 월급을 받는 개념에서 그 회사의 주주가 되는 개념으로 인식을 바꿔야 합니다.

01
02
03

노후설계 04

05

권오훈

한국주택금융공사 주택연금부장. 고령화로 인한 '장수리스크'에 대한 불안을 느끼는 은퇴자들에게 좋은 반응을 얻고 있는 주택연금에 대해 대한민국에서 가장 잘 알고 있는 전문가다. "죽을 때까지, 배우자까지, 나라가 보증하는 연금"이라는 점을 강조하며 어떻게 이용할 수 있는지, 배우자가 먼저 세상을 떠나더라도 살던 집에서 계속 살수 있는지, 집값보다 많은 연금을 받았더라도 죽은 뒤 상속인에게 차액을 청구하지는 않는지 등 은퇴자들이 가장 궁금해하는 내용을 설명한다.

13장

집 한 채로
노후 준비 끝낸다!
주택연금의 모든 것

권오훈, 한국주택금융공사 주택연금부장

노후 준비가 덜 되었습니까?

주택연금이란 말 그대로 주택을 맡기고 매달 돈이 나오게 하는 것을 말합니다. 이러한 주택연금이 한국에 도입된 지 거의 10년이 되었습니다. 주택연금은 2007년 7월 출시되었는데 2017년 말 현재 5만 명 정도가 가입했지요.

초기에는 관심도도 낮고 '주택을 맡기면 정부에서 연금을 준다는 데 과연 믿을 수 있나' 하는 생각에 많은 사람이 주저한 것도 사실입니다. 지금은 인식이 많이 바뀌어 가입률이 늘어나고 있습니다. 2017년 말에 제가 네이버 검색창에 주택연금을 입력하자 '노년에 다섯 가구 중 한 가구는 주택연금을 이용할 의향이 있다'라는 기사가 뜨더군요. 그 밑에 있는 기사에는 예비 고령자, 그러니까 55세부

사이의 약 45퍼센트가 설문조사에 내 집을 자식에게 물려주지 않겠다고 응답했다는 내용이 실렸습니다.

저는 50대 중반인데도 그런 기사를 보고 깜짝 놀랐습니다. 뭐든 속도 면에서 대한민국이 세계 최고라는 것은 알았지만 주택연금이나 상속에 관한 인식까지 이토록 빨리 변하는가 싶어 놀란 거지요. 실제로 주택상속 개념은 빠른 속도로 변하고 있습니다.

주택연금 외에도 우리 주위에는 '연금'이라는 말이 붙은 단어가 꽤 많습니다. 국민연금, 군인연금, 공무원연금, 교원연금을 비롯해 은행이나 증권회사에 드는 개인연금 등이 있지요. 몇 년 전에 나온 퇴직연금도 있고요.

아마 그 많은 연금을 모두 활용하는 사람은 드물 겁니다. 제 경험에 비춰보면 그중 한두 개를 들거나 아니면 그보다 부족한 경우가 많습니다. 연금이 없는 분 혹은 연금에 가입했지만 생활하기에 좀 부족하다고 하는 분에게 주택연금을 권합니다. 그렇다고 모든 국민이 주택연금에 반드시 가입해야 하는 것은 아닙니다.

주택연금에 들지 않아도 상가나 아파트에서 월세가 나오고 자식을 잘 키워 생활비를 넉넉히 받는 분은 굳이 주택연금에 가입할 필요가 없습니다. 반면 그런 것이 여의치 않거나 늘어난 수명에 제대로 대비하지 못한 경우에는 주택연금을 고려하는 것이 좋습니다.

저는 주택금융공사에서 연금을 담당하고 있지만 그래도 주택연금은 신중하게 생각해서 가입하라고 권하고 싶습니다. 그 이유는 한국

사회에서 억척스럽게 산업을 일궈온 어르신들에게 '집'은 부동산 금액을 뛰어넘는 가치를 담고 있기 때문입니다. 그 집에는 가족, 젊은 시절의 땀과 노력 그리고 배우자와의 사랑이 다 배어 있거든요.

한마디로 '집'은 인생의 마지막 결과물입니다. 그런데 연금에 가입하면 소유권이 내게만 있지는 않습니다. 자신이 오래 살아서 그 잔액이 많아지면 결국 그 집은 없어지고 맙니다. 쉽게 말해 처분해서 갚아야 할 수도 있으므로 신중하게 결정해야 합니다.

개중에는 살고 있는 집을 자녀에게 물려주거나 집을 줄여 자녀가 결혼할 때 보태주어야 한다고 생각하는 사람도 있습니다. 자녀에게 뭐든 물려주고 싶은 게 부모의 마음인지라 주택연금에 가입해 내가 다 쓰고 가는 게 과연 옳은 일인지 고민하는 사람도 많지요. 설령 소유권이 내게 있더라도 집을 떠올리면 배우자, 자식, 형제, 인생이 오버랩되게 마련입니다. 그러므로 주택연금에 가입할 때는 가족과 함께 상의하는 것이 좋습니다.

내 집 한 채면 평생 연금 받는다

주택연금에 가입하려면 반드시 집이 있어야 합니다. 간혹 이렇게 질문하는 사람도 있습니다.

"내게 상가가 있는데 이것으로 연금에 가입할 수 있나요?"

상가는 주택연금 대상이 아닙니다.

"집 옆에 땅이 굉장히 많은데 그걸로 연금에 가입할 수 있나요?"

땅도 주택연금 대상이 아닙니다.

아파트, 단독주택, 다세대주택, 연립주택, 다가구주택 등은 모두 주택연금 대상입니다. 주택 중에는 아래층에 미장원이나 슈퍼마켓 같은 가게가 있고 위층은 주택으로 되어 있는 복합용 주택도 있습니다. 그러한 주택은 전체 건물 면적 중 절반 이상이 주택이면 연금 가입이 가능합니다.

단, 주택 소유자가 60세 이상이어야 합니다. 과거에는 부부 모두가 60세 이상이어야 했는데 지금은 둘 중 한 명만 60세 이상이면 가능합니다. 부부 중 한 명이 심지어 19세일지라도 부부의 나이에 얼마나 큰 차이가 있는가는 따지지 않습니다. 실제로 주택연금은 부부 중 한 사람이 19세인 경우까지 설계해놨습니다. 그러니 부부의 나이 차이가 많다고 걱정할 필요는 없습니다.

주택연금의 가장 큰 특징은 집을 담보로 맡기는 것입니다. 하지만 다른 모든 금융상품과 달리 그 집에 소유자가 가족과 함께 그대로 삽니다. 다시 말해 담보로 맡겼어도 거주권을 보장받습니다. 즉, 내가 내 집에서 평생 살면서 매달 얼마간의 연금을 계속 받는 상품이 주택연금입니다.

이 제도를 만든 지 10년 정도 되었는데 좀 신기하지 않나요? 아직까지 은행이나 증권사, 보험사에서 주택연금을 아무도 만들지 않았다는 사실이 말입니다. 그 이유는 이 상품이 공급자에게 굉장히 위험한 상품이기 때문입니다. 한마디로 공급자 리스크가 큰 상품입니다. 반대로 가입자에게는 리스크가 아주 적습니다. 쉽게 말해 가입자에게 유리한 상품이지요.

왜 이것이 한국주택금융공사, 즉 공급자에게 위험한 상품이냐고요? 가령 60세에 주택연금에 가입한 사람이 앞으로 얼마나 오래 살지 알 수 없습니다. 통계청 기준에 따르면 일단 100세까지 산다고 봐야 합니다. 앞으로 40년을 더 산다는 이야기입니다. 더구나 평균수명은 갈수록 늘어나고 있습니다. 수명이 점점 늘어나는 상황에서 초창기에 상품을 이렇게 운용하는 것은 공급자에게 매우 힘든 일이지요. 또 다른 문제는 집을 담보로 하는데 집값이 앞으로 20~40년 뒤에 어떻게 변할지 모른다는 점입니다. 이처럼 주택연금에는 '길어지는 수명'과 '집값 변화'라는 두 가지 변수가 있어서 리스크가 큰 탓에 민간시장이 쉽게 도전하지 못합니다.

IMF 이후인 2000년대 초반 조흥은행과 국민은행이 주택연금과 비슷한 역모기지론을 만들었습니다. 하지만 리스크가 커서 연금액수가 적어 호응도가 매우 낮았지요. 실은 민간시장이 먼저 출발했지만 실패한 것입니다. 그러다가 2007년, 즉 노무현 정부 시절에 바꾼 주택금융공사법이 국회에서 통과되어 주택연금을 나라에서 시행하기 시작한 것입니다. 주택연금 가입 시 맨 마지막에 있는 말이 바로 '국가가 보증한다'는 겁니다. 설령 공사가 파산하더라도 국가가 보증하기로 법으로 규정했기 때문에 이것은 매우 안정적인 상품입니다. 주택연금 가입을 고려하는 어르신들이 가장 먼저 하는 질문은 이것입니다.

"이걸 정말로 끝까지 줘요?"

물론 끝까지 드립니다. 은행에서는 이처럼 길게 연금을 지급하는 상품을 만들 수 없겠지요.

매달 똑같이 받을까? 목돈 쓸 일에 대비할까?

주택연금 가입 시 제약조건 중 하나가 주택가격입니다. 현재 법상으로는 지대가격이 현재시세로 9억 원 이하여야 합니다. 9억 원을 초과하면 주택연금에 가입할 수 없지요. 이 법은 현재 정부에서 심사 중입니다.

주택연금 대상 주택은 앞서 말했듯 주택법상 주택입니다. 쉽게 말해 아파트와 단독주택, 다가구주택은 모두 대상 주택이지만 사업용 오피스텔과 상가는 아닙니다. 그중에는 오피스텔이긴 한데 실은 아파트처럼 쓰는 주거용 오피스텔도 있습니다. 주거용 오피스텔은 개정안이 계류 중입니다.

이제 궁금한 것은 아마 주택연금의 상품 종류일 겁니다. 주택연금은 가입해서 연금을 받는 기간을 얼마나 길게 할 것인가로 종류가 달라진다고 보면 이해하기가 쉽습니다.

먼저 자신뿐 아니라 배우자가 죽을 때까지 받는 종신연금과 일정 기간을 정해 그때까지만 연금을 받겠다고 기간을 확정하는 방식 중 하나를 선택해야 합니다. 개중에는 '내가 살면 얼마나 오래 살겠어?' 하는 마음으로 15년이든 20년이든 기간을 정하는 사람도 있지만 대개는 종신을 선택합니다. 흔히 어르신들은 "빨리 죽어야지"라고 말하지만 주택연금에 가입할 때는 100세까지 받는 것으로 설정합니다.

그다음에 결정해야 할 것은 '목돈인출한도'입니다. 이것은 내가 매달 연금을 똑같은 액수로 계속 받을지, 아니면 매달 받는 금액을 조금 줄이되 마이너스 통장처럼 중간에 목돈을 떼어 그때그때 쓸지 중에서 선택하는 것을 말합니다. 연금이 다소 줄긴 하지만 자녀가 결혼하거나 자신이 수술을 받거나 집안 대소사가 있을 때 3,000만 원이든 1억 원이든 목돈을 꺼내 쓸 수도 있습니다.

정리하면 우선 연금을 얼마나 오래 받을지 기간을 정하고, 똑같은 액수를 매달 받을지 아니면 연금을 줄이되 마이너스 통장을 설정할지 정하는 겁니다. 이 두 가지가 가장 중요합니다.

그 외에 '월지급금 옵션'은 매달 나오는 돈이 가령 150만 원이라면 그것이 계속 나오는 거예요. 그리고 '전후후박형'은 이전까지 쭉 많이 받다가 어느 순간에 이르면, 즉 10년 정도 가면 계약한 기간부터 죽어든 연금을 받는 것을 말합니다. 그러니까 내가 조금이라도 젊을 때 좀 더 받다가 10년쯤 지나 80대 후반이나 90대가 되면 연금액을 줄여서 받는 상품을 전후후박형이라고 합니다. 현실을 말하자면 똑같은 금액을 받는 조건을 선택하는 사람이 더 많습니다. 물론 전후후박형을 선택하는 사람들도 꽤 있지요.

어쩌면 왜 처음에는 많이 받다가 나중에는 조금 받느냐는 의문이 생길지도 모릅니다. 실은 처음에 조금 받다가 나중에 많이 받으면 물가상승률 영향을 상쇄할 테니 그게 좋지 않느냐고 해서 그 상품을 많이들 요구했지요. 즉, 물가상승률과 연동해 처음에는 조금 받다가 나중에 많이 받는 것을 만들어달라는 민원을 많이 받았습니다. 그래서 그런 상품을 만들었더니 선택하는 사람이 없더군요. 오히려 처음에 많이 받다가 나중에 조금 받는 쪽을 더 많이 선택합니다. 내가 한 살이라도 젊고 배우자가 살아 있을 때 많이 받는 게 더 좋다는 생각을 하는 겁니다.

흥미롭게도 서울보다는 지방에 사는 사람들이 100세까지 매달 일정하게 받는 연금을 더 많이 선택합니다. 그들의 이야기를 간단히 요약하면 이렇습니다.

"나는 100세까지 받을 거야. 마이너스 통장은 필요 없어. 매달 똑같이 받을래. 앞에서 더 받고 뒤에서 자르는 것은 복잡해. 난 그냥 매달 정해진 액수를 받을 거야."

이렇게 선택하는 가입자가 가장 많습니다. 무엇이 좋다, 나쁘다 하고 규정하기는 어렵습니다. 각자 개인적인 사정이 있는 것이니까요.

아무튼 주택연금에 가입할 때는 가족과 신중하게 상의해서 결정하는 것이 가장 좋습니다.

집값이 높을수록, 나이가 많을수록 유리

주택연금은 매달 얼마나 받을까요? 주택연금은 사실상 집을 담보로 맡기고 매달 조금씩 대출을 받는 것이나 마찬가지입니다. 주택연금의 법적 속성은 대출입니다. 그러니까 채무지요. 나이와 집값이라는 두 가지 변수를 결정하는 이유가 여기에 있습니다.

연금 수령액 결정 방법

연령과 집값에 따라 결정
• 연금 수령액은 연령과 집값이 높을수록 많아집니다. • 부부의 경우에는 적은 나이를 기준으로 연금액이 결정됩니다.
주택가격은 시가 100% 반영
• 순차 적용하되, 고객요구 시 "4"번 감정평가가격 우선 적용 가능(단, 비용은 고객부담)
❶ 한국감정원 인터넷 시세 (www.ret.co.kr) ❷ 국민은행 인터넷 시세(www.kbstar.co.kr) ❸ 국토교통부 주택공시가격(www.kreic.org/realtyprice) ❹ 감정평가가격(정식감정과 약식감정 중 선택)

나이는 간단히 말하면 대출기간을 의미합니다. 나이가 적으면 대출기간이 길고 나이가 많으면 대출기간이 짧겠지요. 연금총액이 똑같을 경우 대출기간이 길면, 다시 말해 나이가 적으면 매달 받는 게 적습니다. 반대로 나이가 많으면 끝은 모두 100세로 결정했으니 많이 받습니다. 결국 나이가 많을수록 연금액은 높아집니다.

극단적인 예로 여러분이 오늘 100세이고 5억 원짜리 집으로 주택연금에 가입한다고 해봅시다. 과연 얼마나 받을까요? 100세면 5억 원을 받습니다. 간혹 이런 질문을 하는 사람이 있습니다.

"연금을 100세까지로 설계했는데 주위에 100세가 넘은 어르신이 좀 있어요. 예전에는 군에서 한 명, 시에서 한두 명 정도라 군수나 시장이 정월초하루에 세배를 드리곤 했는데 요즘에는 정말 많습니다. 100세가 넘어가면 받던 금액이 갑자기 확 줄어드나요?"

그렇지 않습니다. 100세를 넘어 105세, 110세가 되어도 연금액은 줄어들지 않고 계속 나옵니다.

이제 집값 쪽을 생각해봅시다. 당연히 집값이 비싸면 연금을 많이 받습니다. 결국 집값이 높을수록, 나이가 많을수록 연금을 많이 받습니다. 반대로 집값이 낮을수록, 나이가 적을수록 연금액은 줄어듭니다. 그렇다고 나이가 많아질 때까지 기다릴 작정입니까? 언제까지 기다릴 건가요?

제가 생각하기에 이것은 휴대전화와 유사합니다. 휴대전화는 똑같은데 기종은 계속해서 점점 더 좋은 것으로 바뀌잖아요. 소비자의 가장 합리적인 선택은 지금 나오는 최신판을 사는 것입니다. 마찬가지로 주택연금도 나이가 많아질 때까지 기다렸다가 가입하려면 평생 가입하지 못합니다.

언제 가입하는 것이 가장 좋을까?

물론 집값은 가장 비쌀 때 가입하는 것이 유리합니다. 집값은 시가로 반영하니까요. 시가는 인터넷 시세로 결정하는데 이것이 1주일이나 2주일 단위로 오르락내리락합니다. 시세가 가장 좋을 때 가입하면 연금도 가장 많습니다.

집값 시세가 자꾸 오르면 내 연금도 계속 늘어난다고 보면 됩니다. 반대로 집값이 떨어지면 내 연금도 줄어들지요. 실제로 인터넷에서 2, 3일에 한 번씩 자신이 소유한 집의 집값을 확인하는 어르신이 꽤 있습니다. 그러다가 집값이 확 올랐다가 꺾이려고 할 때 주택연금에 가입합니다. 떨어지는 것을 확인하지 않고 바로 가입한다는 이야기는 평소 집값에 매우 민감하다는 것을 의미합니다.

내가 소유한 집의 가격이 더 이상 오를 것 같지 않다면 가입을 서두르는 것이 좋습니다. 이제 막 집값이 오르기 시작했고 더 오를 것 같다면 좀 기다렸다가 가입하는 게 낫습니다.

시세를 볼 때 한국감정원 인터넷 시세와 국민은행 인터넷 시세, 감정평가가격은 아파트나 연립이 아닌 단독주택은 시세가 나와 있지 않습니다. 따라서 국토교통부 주택공시가격을 보기도 하는데 그건 너무 쌉니다. 그럴 때는 감정평가법인에 맡겨 감정을 받는 것이 좋습니다. 하지만 그런 집은 그리 많지 않고 대개는 시세로 결정합니다.

다음은 주택연금을 종신연금으로 받되 마이너스 통장을 개설하지 않고 매달 똑같은 금액을 받을 경우, 얼마를 받을 수 있는지 간단하게 표로 정리한 것입니다.

나이가 60세일 때 1억 원이면 20만 원, 2억 원이면 40만 원, 6억 원이면 62만 원으로 집값에 비례해 점점 올라갑니다. 집값이 1억 원으로 똑같을 경우 60세일 때 20만 원, 65세면 25만 원, 70세면 30만 원, 75세면 38만 원 하는 식으로 나이가 많아질수록 연금액도 늘어납니다. 예를 들어 70세에 집값이 3억 원이면 2017년 10월 기준으로 매달 92만 4,000원을 받습니다.

주택연금을 종신지급방식으로 선택했을 때, 예상 수령금액(2017년 10월 기준)

(단위: 천 원)

주택가격 연령	1억 원	2억 원	3억 원	4억 원	5억 원	6억 원	7억 원	8억 원	9억 원
60세	209	419	629	839	1,049	1,259	1,469	1,679	1,889
65세	252	505	758	1,010	1,263	1,516	1,768	2,021	2,274
70세	308	616	924	1,232	1,540	1,849	2,157	2,465	2,773
75세	381	762	1,143	1,524	1,905	2,286	2,667	3,033	3,033
80세	481	963	1,444	1,926	2,407	2,889	3,362	3,362	3,362

주택가격의 전국 평균을 내면 약 3억 원입니다. 그러면 어르신들은 언제쯤 주택연금에 가입할까요? 대개는 부부 중 나이가 적은 쪽을 기준으로 70세 정도에 가입합니다. 물론 60대에 가입하는 사람도 있지만 보통 70대에 가입합니다. 부부 중 나이가 적은 쪽이 70세니 부인 기준으로 평균 73세나 74세에 가입하는 거지요. 그때쯤이면 근력이 부족해져 일하기가 많이 힘든 시기입니다. 그래서 그런지 그때 많이 가입합니다. 96세에 가입하는 어르신도 있고, 남편이 60대 초반이고 아내가 40대 초반인데 가입하는 경우도 있습니다. 두 사람 중 한 명만 60대가 넘으면 가능하니까요.

주택연금에 가입비가 있다?

앞서 말했듯 주택연금은 대출입니다. 연금은 통장으로 들어오는데 매달 조금씩 대출을 받는 개념이라 여기에 금리가 붙습니다. 금리는 CD(양도성예금증서)의 1.1퍼센트, COFIX(Cost of Funds Index, 국내 9개 은행이 제공한 자금조달 관련 정보를 기초로 산출하는 자금조달 비용지수)의 0.85퍼센트로 굉장히 쌉니다. 2017년 10월 말 기준 이 금리는 각각 2.5퍼센트, 2.37퍼센트였습니다. 그런데 2017년 11월 말 한국은행에서 기준금리를 올렸으니 시중은행에 있는 CD 금리나 COFIX 금리도 오를 겁니다.

주택연금에 적용되는 금리와 가입비

대출금리는 변동금리 적용
• CD 금리 + 1.1% 또는 COFIX 금리 + 0.85% • 2017. 10월말 기준 2.37%(COFIX), 2.5%(CD)
가입비(초기보증료) 및 연보증료(연금지급 총액의 0.75%)
• 가입비 = 주택가격 X 1.5% (첫 연금 수령 시 1회 발생) • 연보증료 = 연금지급총액 X 0.75% ÷ 12개월 (매달 발생)
가입시 본인부담 비용: 인지세 및 근저당권설정비용, 감정평가수수료 등

여하튼 이 대출은 일반적으로 아파트를 담보로 잡고 대출을 받거나 마이너스 통장으로 신용대출을 받는 것보다 금리가 훨씬 쌉니다.

주택연금에 가입할 때는 초기보증료라고 해서 가입비를 받는데 주택가격의 1.5퍼센트를 대출을 받아서 냅니다. 사실 그 액수는 좀 부담스럽습니다. 주택가격의 1.5퍼센트이므로 주택이 3억 원짜리면 450만 원을 한꺼번에 내야 합니다.

주택연금에 가입했어도 도중에 사정이 생겨 한 달 내에 가입을 취소하면 초기보증료를 돌려받습니다. 한 달이 지나면 초기보증료를 돌려받지 못하므로 신중하게 생각해야 합니다. 생각보다 금리는 낮지만 초기보증료가 결코 적지 않으므로 심사숙고가 필요합니다.

안타깝게도 주택연금에 가입한 뒤 3개월 만에 사망하는 분도 있습니다. 연금을 받으며 오래오래 살려고 했겠지만 사람 일이란 알 수 없는 거잖아요. 주택연금 가입자는 평균수명보다 오래 살면 이득입니다. 설령 초기보증료를 내더라도 오래 살면 받는 이득이 훨씬 더 큽니다.

만약 수명이 평균수명에 한참 미치지 못할 경우 그들은 공사에 손실을 끼친 적이 없기에, 즉 자기가 받은 금액이 집값을 따라가지 못하므로 받은 것만 갚으면 집을 되찾을 수 있습니다. 이 경우 가입비는 오래 사는 친구에게 기부하는 셈입니다.

한마디로 이것은 보험의 원리입니다. 가령 자동차 소유자는 매년 자동차보험에 들지만 사실 사고를 한 번도 내지 않은 사람도 많습니다. 그렇지만 매년 자동차보험회사에 보험료를 지불합니다. 보험회사 입장에서는 아마 사고를 내지 않은 사람들이 무척 고마울 겁니다. 고객이 보험료를 내고 자동차가 반파 내지 전파되는 사고가 나면 보험회사는 보험금을 지불해야 하니까요. 사고를 내지 않은 고객들이 낸 보험료가 사고를 낸 고객에게 넘어가는 겁니다. 주택연금도 똑같은 원리입니다. 각자가 낸 가입비나 보증료가 모여 동년배보다 오래 살고 평균수명 이상으로 사는 사람들이 끼친 손해를 메우는 것이지요.

연금이 정지되는 경우와 연금 종료 방법

주택연금을 받다가 지급이 정지되는 경우는 이렇습니다.

첫째, 부부 모두 사망하면 계약 정지로 더 이상 연금이 나오지 않습니다. 혹시 사망신고를 하지 않으면 연금이 계속 나오지 않을까 싶어 꼼수를 부리는 사람이 있을지도 모르지만 그것은 금세 드러납니다.

둘째, 집을 팔아 소유권을 잃는 경우에도 연금은 중지됩니다.

셋째, 내가 주택연금에 가입한 주택에 살고 있는데 그 집을 오랫동안 비워두면 연금이 나오지 않습니다. 그러니까 고의로 집을 오랫동안 비워두면 안 됩니다. 물론 여기에는 예외적으로 인정받는 경우도 있습니다. 건강이 좋지 않아 요양원이나 병원에 갈 경우와 자녀에게 갈 때는 괜찮습니다. 무단으로 집을 오랫동안 비울 때 연금 지급이 정지되는 겁니다.

2018년 1월부터 주택연금제도에 바뀌는 것이 있습니다. 60대에

주택연금 상환방법

종료 시 상환해야 하는 금액은 최대 주택처분금액 범위 내에서 이용한 연금지급 총액	
직접 상환	• 이용 도중 언제든 연금지급총액 전부 또는 일부 상환가능(별도 수수료 없음) • 연금지급총액(연금수령액 + 가입비 + 연 보증료 + 대출이자)을 직접 상환
주택을 처분하여 상환	• 부부 모두 사망 시, 주택을 처분한 금액으로 연금지급총액 상환 • 이 경우에도 상환금액은 주택처분 금액을 넘지 않음

주택처분금액 〈 연금지급총액	=	부족해도 더 청구하지 않음
주택처분금액 〉 연금지급총액	=	남은 부분은 상속인에게 상속됨

연금에 가입했는데 갑자기 일이 들어오면서 매달 수입이 생기는 경우가 있지요. 과거에는 새로 생긴 수입에 상관없이 무조건 연금이 나갔지만, 2018년부터는 가입자가 요청하면 일시적으로 연금을 정지해줍니다. 그다음에 소득이 없어지거나 연금이 필요할 때 다시 신청하면 그동안 못 받은 것까지 한꺼번에 지급합니다.

그러면 연금 종료 시 상환은 어떻게 해야 할까요? 갚는 방법에는 두 가지가 있습니다. 하나는 연금지급총액을 현금으로 갚는 것입니다. 그 돈을 갚고 집을 되찾는 것이지요. 다른 하나는 아예 집을 팔아 그 금액으로 상환하고 나머지 액수를 갖는 것입니다.

중요한 것은 주택처분금액입니다.

예를 들어 부부가 모두 사망했는데 가입 당시 3억 원이던 집값이 5억 원으로 올랐다고 해봅시다. 그런데 그때까지 부부가 받은 연금액을 계산해보니 7억 원이라면 어떻게 해야 할까요? 이럴 때는 계약을 해지하지 않고 그냥 두는 것이 좋습니다. 다 갚아도 2억 원이 부족하니까요. 아무리 받아간 돈보다 집값이 낮아도 자녀에게 그 채무가 상속되지 않습니다. 그건 법으로 규정한 사항입니다. 이것은 한마디로 완벽한 비소구(구제를 바라지 않는) 채무감면이지요.

오래 살면 대체로 주택가격보다 받은 금액이 훨씬 더 많을 겁니다. 그럴지라도 혹시 내가 자식들에게 빚을 넘겨주는 것은 아닐까 하는 걱정을 할 필요가 없습니다. 그것은 모두 정부의 손실로 남으니까요. 그러면 정부는 일찍 돌아가신 분의 보증금으로 그걸 메웁니다.

만약 3억 원에 가입했는데 지금까지 받은 것이 2억 원이고 그새 집값이 5억 원으로 올랐다면 어떨까요? 받은 돈을 갚고 집을 찾아가도 되고 그 집을 5억 원에 팔아서 2억 원을 갚고 3억 원을 가져도 됩니다. 그러니까 남으면 자녀나 내가 갖고 부족하면 '에라, 나도 모르겠다' 하면 그만이지요.

주택연금 가입 전에 더 궁금한 것들

저는 가끔 이런 질문을 받습니다.

"살다가 다른 집으로 이사를 가도 되는가? 집을 줄여서 이사를 가도 되는가? 멀리 지방의 다른 지역으로 이사를 가도 되는가?"

당연히 이사를 가도 됩니다. 이사 간 뒤 집값을 따져 연금액을 조정하면 되거든요.

또 대출 관련 질문도 종종 들어옵니다.

"기존에 담보대출을 받았는데 그것을 다 갚아야 하는가?"

네, 다 갚아야 합니다. 다행히 주택연금으로 담보대출을 갚을 수 있습니다. 연금액을 마이너스 통장처럼 만들어 그걸 갚고 나머지를 연금으로 받는 것입니다. 하지만 기존에 받은 주택담보대출 금액이 지나치게 많으면 가입하기가 곤란합니다.

주택연금에 가입했는데 집을 담보로 맡겼으니 평생 그 집은 나라의 소유가 아니냐고 말하는 사람도 있습니다. 내 집을 나라에 빼앗긴 것이 아니냐는 것이지요. 물론 아닙니다. 아직 소유권이 넘어온 것이 아니므로 재산세는 계속 내야 합니다. 다만 재산세는 공시지가 기준으로 5억 원 이하일 경우 약 25퍼센트를 깎아줍니다.

서울에서는 거의 없지만 지방에서 간혹 단독주택이나 다가구주택 소유자에게 이런 질문도 들어옵니다.

"남는 방이 있는데 세를 놓아도 됩니까?"

주택연금 이용절차 및 상담 지사

이용절차 및 상담 지사 ☎ 1688-8114

서울중부지사
서울남부지사
서울북부지사
서울서부지사
서울동부지사
인천지사
경기남부지사
경기중부지사
강원지사
부산지사
대구지사
울산지사
경남지사
제주지사
광주지사
대전지사
충북지사
천안지사
전북지사
순천지사

HF 한국주택금융공사

전국 20개 지사
3개 업무팀

❶ 보증신청
❷ 보증심사
❸ 보증약정
❹ 보증서발급

❶ 대출신청
❷ 대출계약
❸ 연금지급

14개
취급금융기관

KB 국민은행
IBK 기업은행
NH 농협
신한은행
우리은행
하나은행
대구은행
광주은행
부산은행
경남은행
전북은행
제주은행
KYOBO 교보생명
Heungkuk Life Insurance

보증금이 있으면 안 됩니다. 단, 월세만 받는 경우에는 괜찮습니다. 사실 전세를 원하는 사람은 등기부등본을 떼어봅니다. 그럴 때 저당권이 많이 설정되어 있기 때문에 전세가 나가지 않습니다.

주택연금에 가입하는 방법은 비교적 쉽습니다. 스마트폰앱에 스마트주택금융이라는 것이 있는데 거기에 들어가 내 생년월일과 집값을 조회해서 넣으면 내가 얼마를 받는지 금방 알려줍니다. 그것도 귀찮을 경우 주택금융공사에 전화해도 잘 알려줍니다.

대표 전화번호로 전화해서 우리 집 위치를 알려주고 어디로 가면 되느냐고 물어보면 금세 알려줍니다. 집 근처 지사에 가서 정보를

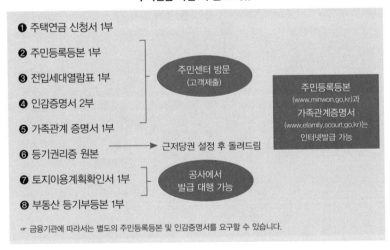

주택연금 가입 시 필요 서류

❶ 주택연금 신청서 1부

❷ 주민등록등본 1부

❸ 전입세대열람표 1부 ⎫ 주민센터 방문
(고객제출)

❹ 인감증명서 2부

주민등록등본
(www.minwon.go.kr)과
가족관계증명서
(www.efamily.scourt.go.kr)는
인터넷발급 가능

❺ 가족관계 증명서 1부

❻ 등기권리증 원본 → 근저당권 설정 후 돌려드림

❼ 토지이용계획확인서 1부 ⎫ 공사에서
발급 대행 가능

❽ 부동산 등기부등본 1부

☞ 금융기관에 따라서는 별도의 주민등록등본 및 인감증명서를 요구할 수 있습니다.

알아보십시오. 각 지역마다 지사가 있습니다. 은행은 어느 은행이든 거래하는 은행으로 선택하면 됩니다.

주택연금 가입 시 필요한 서류는 354쪽 표와 같습니다.

서류 종류는 굳이 메모하거나 외울 필요가 없습니다. 필요할 경우 공사에서 모두 떼어줍니다.

해외에서 더 주목하는 주택연금

모기지는 주택을 담보로 대출받는 것을 말합니다. 집을 구입할 때 대출을 받으면 그것을 모기지라고 하지요. 반대로 역모기지는 집을 맡겨놓고 내가 돈을 받는 것입니다. 이러한 역모기지를 세계에서 가장 먼저 시행한 나라는 미국입니다.

해외 역모기지 현황

구분	한국	미국	일본
보증기관	한국주택금융공사	미정부 주택도시개발부(HUD) 산하 연방주택청(FHA)	지방자치단체 (무사시노시)
가입연령	만 60세 이상	만 62세 이상	만 65세 이상
주택가격	9억 원 이하	62만 5,500달러까지 인정	1,500만 엔 이상
특징	종신거주, 종신지급	공적 연금 비중 높음 일시 인출금 위주로 이용	대출금이 부동산 평가액 초과시 대출중단

1987년 미국이 세계 최초로 역모기지를 시행했고, 그다음으로는 2007년 한국이 아시아 최초로 이 제도를 도입했습니다. 일본도 시행했지만 주택가격에 따라 연금을 주는 게 아니라 지자체가 땅값만 따져 감정가격을 매긴 뒤 매달 자체 예산에서 조금씩 주다 보니 하다가 그만두었지요. 사실 일본은 주택을 평가할 때 집값보다 땅값을 더 중요시합니다. 지진이 빈번하게 일어나기 때문이죠.

한국은 역모기지를 서둘러 도입해서 성공한 사례입니다. 지금 싱가포르가 한국의 제도를 모방해서 시행하고 있습니다. 홍콩도 시행 중이고 중국 역시 한국의 주택금융공사를 본떠 시행할 계획입니다.

주택연금 이용 현황

- 2007년 제도 도입 이후 신규가입자가 연평균 42% 증가하여 노후보장제도로 정착 중
- 평균 2억 8,000만 원 아파트에 거주하는 72세 부부가 매월 98만 원 수령
  * 연금액이 평균 98만 원 수준으로, 국민연금에 가입하지 않아도 실질적인 노후보장이 가능

주택연금 이용자 특성	
평균 주택가격	2억 8,000만 원
평균 월지급금	98만 원
주택유형 및 규모	아파트 84%, 85㎡ 이하 79%
평균 연령	71.8세
지역별 가입자	수도권(서울, 경기, 인천) 71.2% / 지방 28.8%

[2017. 10월말 기준 누적가입자
4만 8,071명]

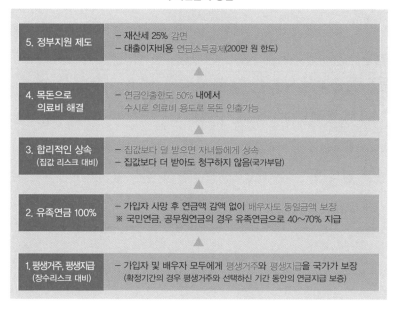

주택연금의 장점

5. 정부지원 제도	– 재산세 25% 감면 – 대출이자비용 연금소득공제(200만 원 한도)
4. 목돈으로 의료비 해결	– 연금인출한도 50% 내에서 수시로 의료비 용도로 목돈 인출가능
3. 합리적인 상속 (집값 리스크 대비)	– 집값보다 덜 받으면 자녀들에게 상속 – 집값보다 더 받아도 청구하지 않음(국가부담)
2. 유족연금 100%	– 가입자 사망 후 연금액 감액 없이 배우자도 동일금액 보장 ※ 국민연금, 공무원연금의 경우 유족연금으로 40~70% 지급
1. 평생거주, 평생지급 (장수리스크 대비)	– 가입자 및 배우자 모두에게 평생거주와 평생지급을 국가가 보장 (확정기간의 경우 평생거주와 선택하신 기간 동안의 연금지급 보증)

미국의 관리들에게 한국의 역모기지를 이야기하면 굉장히 놀라면서 그렇게 일찍 시작했느냐고 되묻습니다. 더 재미있는 것은 먼저 시작한 미국보다 한국에서 훨씬 더 성공적으로 정착했다는 사실입니다.

주택연금 이용 현황을 보면 앞서 말했듯 평균적으로 2억 8,000만 원짜리 아파트에 거주하는 72세 부부가 매달 98만 원을 지급받습니다. 그리고 수도권과 지방의 가입비율이 7 대 3 정도입니다. 주택 유형은 대개 아파트이고 단독주택은 잘 가입하지 않습니다

356

이미 말했지만 주택연금에는 여러 가지 장점이 있습니다.

우선 정부가 지원해주고 급하게 목돈이 필요할 때는 마이너스 통장을 이용하듯 목돈을 인출할 수 있습니다. 합리적인 상속이 가능하다는 것과 평생 거주하고 평생 지급받는다는 것은 앞에서 설명했지요. 그리고 배우자도 동일한 금액을 보장받습니다. 가입자가 사망해서 배우자가 주택연금을 인수하면 본래 받던 금액을 똑같이 받는 겁니다. 집 한 채로 노후준비를 끝낼 수 있는 이유가 바로 여기에 있습니다.

김귀영

농림수산식품교육문화정보원 귀농귀촌종합센터장. 1987년 대학을 졸업하자마자 홍성으로 내려간 귀촌 1세대인 김귀영 센터장은 귀농·귀촌을 희망하는 도시민을 대상으로 종합상담과 정보제공, 교육 지원 업무 등을 수행하는 데 힘쓰고 있다. 귀농과 귀촌에 대한 관심이 높지만 넘쳐나는 정보의 홍수 속에 막막함을 호소하는 은퇴자들에게 철저한 준비만이 농촌에 성공적으로 정착하는 지름길이라고 강조한다.

14장

고향에서 즐기는
인생 2막,
귀농·귀촌 가이드

김귀영, 농림수산식품교육문화정보원 귀농귀촌종합센터장

농부와 재벌은 정년이 없다

귀농귀촌종합센터는 농림수산식품교육문화정보원 소속으로 농업 정보를 다루는 곳이라고 생각하면 이해하기가 쉽습니다. 농림수산 식품교육문화정보원은 줄여서 '농정원'이라고 부르는데 그것이 기억하기에도 더 좋습니다.

저는 '돈' 재테크보다 행복 재테크를 중심으로 이야기를 풀어가도록 하겠습니다. 혹시 농부와 재벌 CEO의 공통점을 아십니까? 이들에게는 딱 하나 공통점이 있는데 그것은 내가 몸이 심하게 아파 침대에 눕기 전까지는 정년과 퇴출이 없다는 것입니다. 한마디로 이들은 정년과 퇴출을 스스로 결정합니다.

농부는 몸이 아파서 일을 못하거나 일하기 싫을 때 일하지 않을

360

수 있는 직업입니다. 무엇을 심을지, 무엇으로 수익을 낼지도 스스로 결정하죠. 옆집에서 콩을 심는다고 내가 꼭 콩을 심어야 하는 것은 아닙니다. 그러니까 농부는 자신이 자유롭게 선택해서 창의적으로 생명을 키우는 직업입니다.

알고 있다시피 지금은 일류대학을 나와 대기업에 들어가도 40대 중반이면 직장에 남아 있기 어려운 시절입니다. 안타깝게도 우리는 어쩌다 퇴직을 맞이하고 또 어쩌다 전직 대상이 됩니다. 당연한 이야기지만 아무런 준비 없이 어쩌다 그런 상황을 맞이하지 않으려면 무언가 생각과 철학을 갖고 준비해야 합니다. 그중 하나의 선택지로 부상하고 있는 것이 귀농귀촌이지요. 실제로 고용 사정이 어렵다 보니 최근 몇 년 동안 귀농귀촌 인구가 가파르게 증가하고 있습니다.

투자의 귀재로 알려진 짐 로저스가 전 세계에 강의하러 다니며 하는 말 중에 이런 것이 있습니다.

"앞으로 돈을 벌 수 있는 영역은 농업이다. 농식품에 투자하라."

그는 그 근거로 재미있는 사례를 들고 있습니다. 자신이 취업하던 30년 전만 해도 현재 세계적으로 능력을 인정받는 모든 사람이 가고 싶어 하는 월스트리트의 금융기업에 아무도 가려고 하지 않았답니다. 그렇지만 산업은 시간이 흐르면서 트렌드가 바뀌게 마련이지요. 같은 맥락에서 지금 사람들이 덜 투자하고, 관심도 덜 보이는 분야가 앞으로 발전할 가능성이 크다는 이야기입니다.

가령 자동차산업은 전 세계적으로 경제규모가 무려 3,000조 원입니다. 한데 식품산업은 4,000조 원입니다. 즉, 자동차산업이나 IT산업보다 식품산업의 경제규모가 훨씬 더 큽니다. 그럼에도 불구하고 유독 한국은 식품산업 쪽 투자가 미진한데 이는 그만큼 앞으로 가능성이 크다는 의미입니다. 심지어 짐 로저스는 자녀가 돈을 벌기를 원하면 MBA가 아니라 농업 학위를 따게 하라고 조언합니다.

서울대 보건대학원의 조영태 교수는 앞으로 5년 뒤면 대학입학 경쟁률이 거의 일대일 수준으로 내려갈 것이라고 말합니다. 대학이 워낙 많아서 자신이 원하면 상위권 대학은 아니어도 웬만한 대학은 다 갈 수 있을 거라고 보는 겁니다. 그래서 조 교수는 자신의 두 딸에게 대학입시에 매달리지 말고 오히려 농고에 가기를 권한다고 합니다.

향후 5~10년간 귀농·귀촌 붐이 일 것

한국은 65세 인구 비율이 약 25퍼센트인데 농촌은 이보다 더 높게 나타나고 있습니다. 농촌의 고령화 비율은 38.4퍼센트로 한국의 전체 고령화보다 훨씬 더 높은데, 심지어 그 비율이 80퍼센트인 마을도 있습니다. 그만큼 농촌에 젊은 층이 적은 거지요. 그 문제를 해결해주는 것 중 하나가 귀농귀촌입니다.

364쪽의 통계청 자료는 장래인구 추계인데 보다시피 2020년까지 800만 명 정도가 은퇴예상연령입니다. 전문가들은 이들이 본격적으

은퇴 연령층 인구 추계(55~65세)

(단위: 명)

구분	2016	2017	2018	2019	2020
55세	865,245	866,875	849,677	833,156	826,375
56세	842,538	863,804	865,536	848,453	832,028
57세	806,668	840,858	862,206	864,044	847,066
58세	770,514	804,739	838,979	860,408	862,339
59세	733,532	768,352	802,588	836,873	858,363
60세	694,429	731,092	765,907	800,198	834,501
61세	648,822	691,774	728,433	763,258	797,549
62세	586,311	646,021	688,918	725,556	760,362
63세	530,620	583,467	643,021	685,840	722,428
64세	495,325	527,723	580,414	839,784	682,494
65세	466,007	492,265	524,577	577,088	636,231
소계	7,440,001	7,816,940	8,150,256	8,434,658	8,659,736

자료: 통계청, 국가통계포털, 장래인구 추계

로 은퇴하는 시기와 맞물려 향후 5~10년간 귀농귀촌이 붐을 이룰 것이라고 분석하고 있습니다.

아직 알아채지 못했을 수도 있지만 이미 2009년을 기점으로 농촌에서 도시로 가는 사람보다 도시에서 농촌으로 가는 사람이 더 많습니다. 대개는 농촌에서 도시로 오는 사람이 더 많을 거라고 생각하지요. 그러나 2009년을 기점으로 이것이 역전되었습니다. 물론 당시만 해도 이 숫자가 크지 않았으나 갈수록 늘고 있습니다. 2009년에는 약 1만 4,000명이었는데 2015년과 2016년으로 가면서 그 차이가 점점 벌어지기 시작했습니다.

농촌 유입 인구의 흐름 변화

(단위: 명)

연도	농촌→도시 (A)	도시→농촌 (B)	농촌으로의 인구 순유입(B-A)			
			전체	수도권	지방대도시	중소도시
2006	458,524	442,086	-16,438	-12,041	-831	-3,566
2007	462,431	472,048	9,617	1,967	9,108	-1,458
2008	448,485	447,375	-1,110	2,600	11,764	-15,474
2009	424,857	439,318	14,461	7,129	14,533	-7,201
2010	410,491	424,256	13,765	11,494	13,646	-11,375
2011	393,106	416,695	23,589	20,438	9,868	-6,717
2012	359,841	378,085	18,244	15,661	9,843	-7,260
2013	339,089	372,161	33,072	15,315	16,406	1,351
2014	335,593	367,677	32,084	16,159	15,659	266
2015	333,773	375,073	41,300	21,589	19,334	377

자료: 김한종(2016).
주 1) 시(市) 이상은 도시로, 군(郡) 이하는 농촌으로 구분하였다. 도농통합시의 읍·면은 도시에 포함되어 있다.
2) '—'는 도시로의 인구 유출을 뜻한다.

　　왜 이런 현상이 나타나는 것일까요? 한국은 OECD 국가 중 무려 10년 동안 자살률 1위를 기록하고 있는 나라입니다. 이는 경제와 사회가 발전하고 있음에도 불구하고 국민은 행복하지 않다는 의미입니다. 그것이 장기화하면서 직업에 대한 가치관이 점점 달라지고 있습니다.

　　'내가 유망한 대학을 나와 대기업에 들어가도 내 직업을 정년까지 보장받지 못하는구나.'

'고된 직장 스케줄 탓에 내 아이가 태어나 자라는 시절을 함께 보내지 못하는구나.'

'돈을 벌어도 늘 쫓기며 살다 보니 행복하지 않구나.'

이런 생각을 하다 보면 직업 자체에 회의감이 찾아옵니다. 내가 이 일을 하며 이렇게 살아가는 목적은 무얼까? 그러면서 점점 직업을 바라보는 가치관에 변화가 일어납니다.

자연 속에서 건강한 노후를 보내고 싶은 사람들

예전에는 도시로 진출해 대기업에서 높은 지위를 얻는 것이 삶의 목적이었습니다. 이제 선진국으로 나아가는 한국에서 삶의 목적이 서서히 변화하고 있는데 이것은 일종의 트렌드입니다. 이미 이 과정을 거친 선진국에서는 은퇴연령층이 조용한 곳에서 노후를 친환경적으로 건강하게 즐기고 싶어 하는 것이 사회적 흐름입니다. 이것은 통계로도 확인할 수 있지요.

통계청이 경제활동인구를 조사한 내용을 보면 2015년까지 일자리 상태가 좋은 편은 아니었습니다. 취업자 수 변화를 보면 제조업이 견인하고 있지만 피자집, 치킨집, 이미용업 같은 서비스업이 급격하게 줄어들고 있습니다. 전체적으로 도시의 고용 상황이 안정적이지 않고 또 일자리 수가 그리 많지 않다는 것이 드러납니다.

이와 맞물려 귀농귀촌 열풍이 불고 있는데 도시민의 귀농귀촌 의향은 '매우 있다'와 '조금 있다'까지 포함해 약 47퍼센트나 됩니다. 사실은 이것보다 훨씬 더 의향이 많다고 나온 통계도 있습니다.

귀농귀촌 의향이 있다고 하는 사람에게 이유를 물어보니 58.2퍼

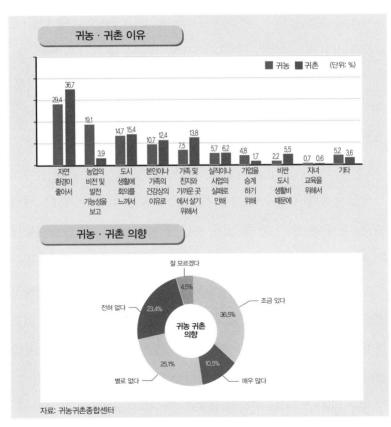

귀농 · 귀촌 통계자료

귀농 · 귀촌 이유

■ 귀농 ■ 귀촌 (단위: %)

이유	귀농	귀촌
자연환경이 좋아서	29.4	36.7
농업의 비전 및 발전 가능성을 보고	19.1	3.9
도시 생활에 회의를 느껴서	14.7	15.4
본인이나 가족의 건강상의 이유로	10.7	12.4
가족 및 친지와 가까운 곳에서 살기 위해서	7.5	13.8
실직이나 사업의 실패로 인해	5.7	6.2
기업을 승계하기 위해	4.8	1.7
비싼 도시 생활비 때문에	2.2	5.5
자녀 교육을 위해서	0.7	0.6
기타	5.2	3.6

귀농 · 귀촌 의향

귀농 귀촌 의향

- 잘 모르겠다 4.5%
- 조금 있다 36.5%
- 매우 많다 10.5%
- 별로 없다 25.1%
- 전혀 없다 23.4%

자료: 귀농귀촌종합센터

센트는 자연 속에서 건강하게 생활하기 위해서, 16.2퍼센트는 시간에 얽매이지 않고 자유롭게 생활하기 위해서라고 했습니다.

귀농귀촌종합센터에서 2016년 귀농귀촌한 지 5년 이하의 귀농한 1,000가구와 귀촌한 1,000가구를 대상으로 질문을 하자 예상외의 응답이 나왔습니다. 그 결과를 보고 농식품부에서도 깜짝 놀랐지요. 귀농한 사람들 중에 '농업의 비전 및 발전 가능성을 보고'가 20퍼센트에 달했기 때문입니다. 다섯 명 중 한 명이 농업에 발전 가능성이 있다고 생각해서 귀농한다는 것은 기존의 귀농과 트렌드가 많이 달라졌음을 보여줍니다.

귀농과 귀촌의 내용이 달라지고 있다

사실 농촌에서 농사만 짓던 사람은 계속 농사만 짓습니다. 반면 도시에서 유통, 기술, 기계, 보건, 의학 등 여러 분야를 섭렵한 사람들은 농업을 독특한 시각으로 바라봅니다. 나아가 농업과 자신의 전문성을 연결하는데 그 덕분에 새로운 상품과 서비스가 계속 등장하고 있습니다. 이처럼 귀농한 사람들 중에서 전문성을 활용해 돈을 벌고 일자리를 창출하는 사례가 늘어나자 발전 가능성을 높게 보는 사람들이 늘어난 겁니다. 다섯 명 중 한 명이 그렇게 생각할 정도로요.

그러면 여기서 잠깐 귀농과 귀촌의 차이를 살펴봅시다.

도시에서 농촌지역으로 갔는데 농업을 직업으로 하는 사람은 귀농자, 다른 것을 직업으로 하는 사람은 귀촌자라고 합니다. 귀촌자의 경우 정부 지원은 없습니다. 그런데 현실적으로 귀촌자 중 5년 이내에 농업을 겸하는 비율이 20퍼센트가 넘습니다. 다른 일을 하지만 농업을 겸하기 위해 농업인 자격을 취득하는 사람이 5년 내에 20퍼센트에 이르므로 귀촌자는 잠재적 귀농자라고 볼 수 있습니다.

다시 말해 귀촌자는 농촌에 내려가 당장은 농업에 종사하지 않지만 일정 기간을 두고 농업을 자발적으로 수용한 사람입니다. 다만 군 입대나 직업, 학업 등의 이유로 농촌에 내려간 사람은 여기에 포함되지 않습니다.

귀농귀촌지원법에 따른 농식품부의 여러 가지 지원은 거의 다 귀농자에게 이뤄지고 있습니다. 물론 귀촌자에게도 정보나 교육기회는 제공합니다. 귀농귀촌의 유형은 U턴형, I턴형, J턴형으로 나뉩니다.

귀농·귀촌의 법률적 정의

귀농어·귀촌 활성화 및 지원에 관한 법률 제2조(정의)

- (귀농어업인) 농어업인이 아닌 사람이 대통령령으로 정하는 농어업인이 되기 위하여 농어촌 지역으로 이주한 사람으로서 대통령령으로 정하는 기준에 해당하는 사람을 말한다.
- (귀촌인) 농어업인이 아닌 사람 중 농어촌에 자발적으로 이주한 사람으로서 대통령령으로 정하는 사람을 말한다.

귀농 · 귀촌의 유형

U턴	**I턴**	**J턴**
농어촌에 살던 사람이 도시로 갔다가 다시 농어촌(고향)으로	도시에 살던 사람이 농어촌으로	농어촌 출신 도시거주자가 연고가 없는 타향으로

U턴형은 과거에 농촌에서 살던 사람이 도시로 갔다가 다시 연고가 있는 농촌으로 가는 유형입니다. I턴형은 농촌에서 전혀 살아본적 없는 사람이 농촌으로 가는 것이죠. 그리고 J턴형은 농촌 출신의도시 거주자가 연고가 없는 농촌으로 가는 것입니다.

귀농귀촌의 통계 추이를 보면 2015년의 경우 50대가 40.3퍼센트, 60대가 24.4퍼센트였습니다. 이 추이는 계속해서 증가하고 있는데특히 2016년에는 30대 이하 청년층의 귀농이 두드러지게 늘었습니다. 청년층뿐 아니라 여성층도 귀농에 대한 인식이 많이 바뀌었습니다. 과거에는 남편이 귀농하고 싶어도 아내가 반대해서 못하는 경우가 많았으나 지금은 아내가 더 적극적인 집이 많습니다. 여성들이 먹거리와 관련된 농산물에 가공산업이나 아이디어산업을 접목해 성공하는 사례가 늘었기 때문입니다. 이것이 여성층의 적극적인 귀농을 뒷받침하는 하나의 트렌드가 되고 있습니다.

덕분에 귀농귀촌 인구가 지난 4년 동안 11배나 증가했습니다. 개중에는 5년차 귀농자가 대추가 유명한 지역에 가서 스스로 대추농사를 짓는 데 그치지 않고 마을을 잘 살게 만든 사례도 있습니다. 자기 농사에만 매달린 것이 아니라 함께 잘 살기 위해 마을 사람들과 대추가공공장을 지어 마을 전체를 부자로 만든 것입니다.

물론 농촌으로 간다고 모두가 성공하는 것은 아닙니다. 전체 농업인 중에서 연간 순수익 1억 원을 올리는 사람은 소수에 불과합니다. 그 1억 농부에 속하는 사람들은 대개 도시에서 터득한 여러 가지 기술과 아이디어를 농업에 접목해 새로운 서비스를 창출한 경우입니다.

막연한 환상은 실망을 낳는다

아무리 사회적 흐름이 귀농을 권장하더라도 나와 맞지 않으면 아무 소용이 없습니다. 그러므로 귀농귀촌을 고려할 때는 먼저 자기 자신을 분석해볼 필요가 있습니다. 머릿속으로 환상을 품고 좋은 생각만 하며 내려가면 대부분 쉽게 실망합니다. 그렇게 실망하지 않으려면 깊이 생각해보고 준비해야 합니다.

일단 농촌에는 풀도 많고 벌레도 많습니다. 예를 들어 마당에 골프연습장 같이 잔디가 멋지게 깔린 예쁜 집을 상상한다면 한 번 더 생각해보십시오. 사진에 나오는 집처럼 잘 관리하려면 엄청난 노력이 필요합니다. 제가 충남 홍성에 사는데 마당에 잔디가 깔려 있습

370
371

14장 고향에서 즐기는 인생 2막, 귀농·귀촌 가이드

니다. 약간 비약하자면 여름에 저쪽 풀을 깎고 이쪽으로 오면 어느새 저쪽에 풀이 자라고 있어요. 언제 깎았느냐고 비웃듯 풀들이 마구 자랍니다. 풀을 관리하는 것 하나만 해도 그리 만만치 않습니다.

난방비 문제도 심각하게 고려해야 합니다. 농촌은 도시가스가 아니기 때문에 태양열 등 다른 방법을 모색하지 않으면 난방비 폭탄을 각오해야 합니다. 여기에다 근처에 축사가 있으면 냄새가 납니다. 무엇보다 교육, 환경, 교통 등 제반시설이 도시보다 좋지 않습니다. 이건 정말 확실하게 좋지 않아요.

또 하나 고려해야 할 것은 농촌 사람들과 도시 사람들의 가치관에 차이가 있다는 점입니다. 그렇다고 이상한 사람들이 살고 있다는 이야기는 아닙니다. 이를테면 이런 식입니다. 우리 집 옆집에 사는 할머니는 우리 집 제사 때 막내시동생이 오지 않으면 대신 욕을 해줍니다. 기본이 덜되어 있다며 욕을 퍼부어주는 것입니다. 그처럼 농촌에는 '나' 대신 내가 하고 싶은 욕을 해주며 관심을 보이는 사람들이 삽니다.

도시에서는 옆집에서 사람이 죽어도 잘 모른다지만 시골에서는 그런 일이 별로 없습니다. 동네 사람들에게 서로 관심이 많기 때문이지요. 어쩌면 함께 일해야 하는 농사의 특성이 그런 문화를 만들어낸 것인지도 모릅니다.

부부가 오랜 시간을 함께한다는 것도 고려사항입니다. 아침에 직장에 나갔다가 저녁에만 만나는 것이 아니라서 부부싸움이 늘어날 가능성이 있으므로 이에 따른 훈련이 필요합니다.

더 힘든 문제는 농촌으로 간다고 무조건 안정적인 소득이 보장되는 건 아니라는 사실입니다. 이에 따라 내가 왜 귀농귀촌을 하려고 하는지, 힘든 농사를 견딜 체력이 있는지 등을 신중하게 생각해야 합니다. 행복하려고 가는 것이니 행복할 준비를 해야지요.

저는 서울 토박이인데 30년 전 대학을 졸업하자마자 귀농했습니다. 그런 경험 때문에 '행복하기 위한 준비'를 아주 중요하게 여깁니다. 사실 저는 흙을 만지고 생명이 움트는 것을 바라보며 기쁨과 환희를 느끼는 사람입니다. 그런 느낌은 무엇과도 바꿀 수 없는 가치이므로 저 같은 특성을 보이는 사람이 귀농귀촌하면 여건에 상관없이 행복을 느낍니다. 그처럼 자기 특성이 분명해야 농촌에 가서 성공도 하고 행복할 수도 있습니다. 반면 벌레만 봐도 질겁하는 사람, 흙을 만지기 싫어하는 사람, 자라나는 생명에 두려움을 느끼는 사람은 농촌에 가서 아무리 돈을 벌어도 행복할 수 없습니다. 농촌은 생동감이 넘치고 매일매일 무언가가 태어나 자라는 곳이니까요.

은퇴 이후 어떤 삶을 살 것인지에 따라
귀농·귀촌의 목표가 다르다

귀농귀촌은 대개 은퇴 후 새로운 가능성이 있는 직업을 모색하는 과정에서 선택합니다. 그 유형은 세 가지로 나타나지요. 하나는 은퇴 후 돈을 벌고 싶어 하는 유형입니다. 다른 하나는 은퇴 후 돈벌이보다 자연친화적으로 살면서 사람들과 커뮤니티를 즐기고자 하는 유형입니다. 마지막은 자신의 전문성으로 농촌에 새로운 가치를 일으키고자 재능기부를 하며 농촌지도자를 꿈꾸는 유형입니다.

먼저 은퇴 후 소득을 올리고자 하는 유형은 소득계획을 분명히 세워야 합니다. 예를 들어 우리가 가게를 열려고 준비할 때는 먼저 아이템을 정합니다. 만약 아이템이 치킨가게라면 배달하기 쉽고 주변에 주거지가 형성되어 있는지 고려합니다. 그리고 투자 대비 어느 정도 소득을 어떻게 올릴지 따져봅니다.

마찬가지로 농촌에서 한 달 혹은 1년에 적어도 4,000만~5,000만 원의 농업소득을 올리고 싶다면 거기에 맞춰 농사계획을 짜야 합니다. 나아가 나이 든 후에도 농업소득을 올리고 싶을 경우 거기에 맞춘 농사계획이 필요합니다. 농지나 시설도 마련해야 하고요.

예를 들어 농지를 1,000평 구매한다고 해봅시다. 1,000평에 노지 농사를 지으면 아무리 잘 지어도 평당 1만 원의 소득을 예상합니다. 즉, 1,000평의 농지에서는 많아야 1,000만 원을 법니다. 만약 1,000평의 농지로 5,000만 원을 벌고 싶다면 시설을 지어야 합니다. 1,000평에 하우스를 지을 경우 많으면 네 동, 적으면 세 동을 지을 수 있습니다. 하우스 한 동에서 보통 1,000만 원의 수익을 올리는데 특용작물을 심으면 1,500만 원까지도 내다봅니다. 그러므로 계획을 꼼꼼히 세우지 않은 상태에서 농지 1,000평을 사놓고 막연히 '5,000만 원을 벌거야'라고 하면 안 됩니다.

특히 농업은 매달 돈이 들어오는 것이 아닙니다. 가령 쌀농사의 경우 봄부터 가을까지 일하고 1년에 한 번 수확해서 돈을 법니다. 깨와 마늘 농사를 지으면 6개월에 한 번, 즉 1년에 두 번 수입을 올립니다. 만약 매달 돈이 들어와야 한다면 상추, 시금치, 깻잎 같은 3개월 작물을 선택해야 합니다. 이처럼 계속 뜯어 팔아 단기 소득을 올리는 작물을 단기환급작물이라고 합니다.

결국 지금 투자해서 심었을 때 6개월이나 1년마다 수입이 생기는 것과 5년 뒤에 수입을 올릴 것을 고려해 종합적으로 계획해야 하지요.

그다음으로 6차 산업이 있습니다. 예를 들어 그냥 쌀농사만 지으면 한 평에 3,200원 정도의 수익을 올리지만, 떡이나 먹거리, 그 외 다양한 가공식품으로 만들어 팔면 적게는 2배에서 많게는 10배 이상의 부가가치를 올릴 수 있습니다. 물론 시장이 있어야겠지만 가공하거나 유통방식이 특이하거나 체험 혹은 관광 상품으로 개발하면 값어치가 몰라보게 올라갑니다.

가령 딸기농사를 지으면 11월부터 수확해 12월, 1월, 2월까지는 제값을 받고 팝니다. 2월 중순이나 말이 지나면 여기저기에서 딸기가 막 흐드러지기 때문에 가격이 대폭 떨어집니다. 그때쯤이면 이웃에 나눠주거나 잼을 만들지요. 사실 그 무렵은 유치원생들이 이제 막

유치원에 들어간 시기입니다. 따라서 유치원생들에게 딸기피자나 딸기잼을 만드는 체험 상품으로 제공하면 그냥 딸기를 파는 것보다 훨씬 비싸게 팔 수 있습니다. 바로 이것을 6차 산업이라고 합니다.

혹시 이런 말을 들어보았습니까?

"내 할아버지는 말씀하시곤 했지. 얘야, 의사도 법률가도 경찰관도 목사님도 모두 네 삶에 필요한 분일 게다. 그런데 내가 살아보니 말이다. 매일, 그것도 하루 세 번 꼭 필요한 이가 있더구나. 그는 먹을거리를 길러내는 농부란다."

지금 전 세계 인구가 70억 명입니다. 인구가 60억 명에서 70억 명이 되는 데는 100년이 걸렸습니다. 인구 전문가들은 앞으로 인구가 70억 명에서 80억 명이 되는 시기는 2025년이 될 것이고, 2050년에는 90억 명에 이를 것이라고 예상합니다. 이렇게 인구는 점점 늘고 있는데 전 세계에서 농사를 지을 수 있는 땅은 서서히 사막화되고 있습니다.

농업기술 발달로 지금은 농산물이 남느니 잉여농산물이 있느니 하지만 미래는 장담할 수 없습니다. 지금도 아프리카 사람들은 기아에 허덕이고 있잖아요. 현실적으로 땅의 사막화가 급속도로 진행 중이고 인구는 기하급수적으로 늘어나고 있습니다. 아마 불과 몇 년 사이에 90억 명으로 증가할 것입니다.

정부 지원, 똑똑하게 이용하는 법

정부가 귀농귀촌자 지원규모를 대폭 늘렸는데 그 액수가 3,000억원입니다. 물론 그 3,000억 원을 그냥 나눠주는 것은 아닙니다. 2퍼센트 이율에 5년 거치 10년 분할상환하는 조건으로 자격을 갖춘 사람에게 귀농창업자금을 융자해주는 겁니다.

이 자격을 갖추려면 일단 귀농자로 농촌에 살아야 합니다. 또한 농업 귀농교육을 100시간 받는 등 여러 가지 충족조건이 있습니다. 여기에다 자기 신용과 담보가 있어야 하지요.

정부지원은 창업자금 3억 원, 주택자금 7,500만 원으로 1인당 최대 3억 7,500만 원까지 2퍼센트 이율로 받을 수 있습니다. 예를 들어 수도권에 3억~4억 원짜리 아파트가 있어도 그것을 팔지 않고 담보로 농촌에 주택을 지으면 1가구 2주택에 해당되지 않습니다. 이 경우 1가구 1주택 혜택(일정 기간 제한 적용)을 볼 수 있지요.

만약 도움이 필요하다면 지하철 분당선 양재시민의숲역 인근의 농수산물유통공사 aT센터 건물 4층에 있는 귀농귀촌종합센터를 방문해보세요. 그곳에는 상담사도 있고 연중 스스로 선택해서 신청하고 교육받을 수 있는 시스템도 갖춰져 있습니다. 12월과 1월에는 교육이 없는데 대신 귀농닥터 제도를 운영합니다.

예를 들어 여러분이 충남 홍성에 관심이 있더라도 홍성의 아무 농가에나 들어가 '이것 좀 설명해주세요'라고 말할 수는 없잖아요. 이

귀농·귀촌을 위한 정부 지원 제도: 자금

농업창업 및 주거 마련 자금 지원을 통해 안정적 정착과 성공적인 농업 창업 지원

- **지원규모:** 1,500억 원
- **사업대상:** 농어촌 지역에서 다른 산업분야에 종사하는 자로서 농업에 직접 종사하려는 자
- **신청자격 및 요건**
⇒ 2010. 1. 1 이후에 세대원 포함 농어촌으로 이주하여 농업에 종사
　* 농어촌지역 이주 예정자 또는 2년 이내 퇴직 예정자
⇒ 농어촌지역 전입일 기준 1년 이상 농어촌 이외 지역 거주한 자
⇒ 귀농교육 100시간 이상 이수한 자
- **지원조건**
⇒ 농업창업자금 최대 3억 원(년2%) 5년 거치 10년 분할상환(만 65세 이하)
　* 농지, 시설, 기계 등 사용
⇒ 주택신축자금 최대 5,000만 원(년2%) 5년 거치 10년 분할상환

런 문제를 해결하기 위해 귀농귀촌종합센터는 전문적인 기술을 기반으로 성공한 전국의 농업인 중 1,000명을 선발해 귀농닥터 인력 풀을 구축했습니다. 가령 여러분이 강원도 쪽에서 사과 농사를 짓고 싶을 경우 해당 귀농닥터를 선택해 그분에게 현장 컨설팅을 받을 수 있습니다. 물론 컨설팅비용은 국가에서 제공합니다. 여러분은 단지 교통비를 들여 그곳으로 가기만 하면 됩니다.

그 밖에 귀농귀촌종합센터에서는 1년에 두 번 귀농귀촌박람회를 엽니다. 그곳을 방문하면 많은 정보를 얻을 수 있지요. 또한 포털사이트의 검색창에 '귀농귀촌'을 입력할 경우 귀농귀촌종합센터가 가장 위에 링크되어 있습니다. 그 홈페이지에 들어가면 전국 지자체마

다 따로 지원하는 사항을 살펴볼 수 있어요. 어느 지자체에서는 집들이비용이나 주택수리비용을 지원하고 정착금 명목으로 500만 원을 주는 곳도 있습니다.

귀농귀촌종합센터에서 제공하는 교육은 준비 단계 맞춤형입니다. 실제로 귀농하면 공짜로 기술교육을 제공하는 곳이 아주 많습니다. 특히 농업기술센터에서 어지간한 기술교육은 다 공짜로 해줍니다. 가령 농업기술센터에 배우고 싶은 품목을 신청해 통과되면 실습기간 5개월 동안 80만 원을 받으며 기술을 제공하는 집에 가서 일을 배우는 프로그램이 있습니다. 농촌으로 이전할 경우 5년 동안 이런 기회가 주어지는 겁니다. 그 대상인원이 갈수록 늘어나 지금은 1,000명에 이르고 있습니다.

만약 여러분이 강원도 횡성으로 귀농하고 싶을 경우, 그곳에 내려가 하루 동안 횡성지역의 부동산이나 농지를 모두 돌아볼 수는 없겠

귀농 · 귀촌을 위한 정부 지원 제도: 이주 이후

선도농가실습지원(농촌진흥청)

영농기술 및 품질관리, 경영마케팅 등 필요한 실습교육(체험) 지원

- **지원내용**
  - ⇒ 실습기간(5개월) 동안 월 80만 원 지급
  - ⇒ 선도농가 멘토수당 월 40만 원 지급
- **대상인원:** 507명(국고 50%, 지자체 50%),
- **지원자격:** 최근 5년 이내 해당지역으로 이주한 귀농 · 귀촌인

귀농·귀촌을 위한 정부 지원 제도: 기타

체류형 농업창업 지원센터

가족과 함께 체류하면서 농촌 적응, 실습 및 교육, 체험 등을 통해 성공적으로 정착할 수 있도록 돕는 귀농인 인큐베이팅 사업

- **사업대상자:** 시장·군수

  ※ 운영 시·군 총 8개(금산, 제천, 영주, 홍천, 구례, 고창, 영천, 함양)

- **지원대상**

  ⇒ 귀농 실행단계 예비 농업인의 창업과정 이수에 필요한
  체류형 '농업창업지원센터' 조성 및 건립(하드웨어사업)

- **지원대상**

  ⇒ 일정 공간에서 주거와 창업 실습 및 교육 등에 필요한 타운 조성
  ⇒ 주거공간, 세대별 텃밭, 교육시설, 시설하우스 등

지요. 여관을 잡으면 하룻밤 자는 데 6만 원 정도 듭니다. 그런 불편을 해소해주기 위해 정부가 지자체에 만든 것이 귀농인의 집인 '체류형 농업창업지원센터'입니다. 그곳에 입주를 신청해 들어가면 조사하기와 적응기를 거치는 동안 저렴하게 주거공간을 확보할 수 있습니다. 이 센터는 전국적으로 여덟 군데, 즉 금산, 제천, 영주, 홍천, 구례, 고창, 영천, 함양에 있습니다.

농업창업지원센터 안에는 살 집과 농지, 하우스 시설이 갖춰져 있고 정부 지원으로 9개월 동안 교육받을 수 있습니다. 즉, 주거시설과 교육받는 동안 인근 농지나 주택을 알아보러 다닐 수 있는 시스템을 갖추고 있지요. 마치 하나의 마을처럼 조성된 이곳에는 한 해에 보통 50~60가구가 입주하는데 그 경쟁률이 아주

높습니다.

사실 농사기술은 생각만큼 쉽게 습득할 수 있는 게 아닙니다. 제가 농사를 지은 지 50년째인 옆집의 할아버지에게 "이장님, 정말 농사를 잘 지으시네요. 달인이세요"라고 했더니 이런 대답이 돌아오더군요.

"어? 나는 아직 벼농사를 쉰 번밖에 해보지 않았는데."

농사는 밤을 새워 수만 번, 수천 번 연습할 수 있는 게 아니에요. 그래도 4차 산업혁명과 맞물려 있는 빅데이터를 활용할 수는 있습니다. 앞선 경험자들이 축적한 기술 빅데이터를 기반으로 스마트팜 (Smart-Farm)을 실현하는 것이지요. 이를테면 온도에 맞춰 문을 열어주거나 물을 주는 것처럼 약간의 돈을 들여 기본 관리는 할 수 있습니다.

2017년 11월 저는 화천 하나원으로 귀농귀촌 강의를 하러 갔다가 금산에서 깻잎농사로 성공한 분을 알게 되었습니다. 그는 스마트팜 하우스 네 동을 지어 깻잎농사로 연간 4,000만 원을 버는데, 시설투자에 1동당 2,500만 원이 들었다고 하더군요.

《농사직설》을 만들 때 세종대왕은 각 지역에 관리들을 보내 그 지역에서 그 품목을 가장 잘하는 사람에게 지혜를 알아오라고 했습니다. 그런 정보를 바탕으로 언제 씨를 뿌려 어떻게 가꿔야 하는가를 정리한 것이 《농사직설》입니다. 말하자면 세종대왕은 빅데이터를 이미 조선시대에 활용한 겁니다. 전문가들은 자신이 축적한 기술을 짧은 기간 안에 우리에게 가르쳐줍니다.

대학을 졸업하고 취업이 되지 않아 고민하던 젊은 여성 세 명이 의기투합해 만든 스타트업 '잼있는 인생'은 매우 흥미로운 사례입니다. 이들의 수제 잼이 다른 것보다 특별히 더 맛있는 것은 아니지만 이름을 재미있게 짓고 예쁜 병에 담아 인기를 끌고 있지요. 예를 들면 '몸도 맘도 추운 날 마음만은 집에서 뒹굴뒹굴잼', '맘고생고망 망고잼', '우유부단한 블루베리잼', '그동안 소홀히 한 내게 미안해 사과잼' 등이 있습니다. 이들은 모 식품기업으로부터 브랜드를 팔라는 제안을 받았지만 아직 팔지 않았습니다.

사실 잼은 새로운 상품이 아닙니다. 다만 기존 상품에 톡톡 튀는 아이디어를 접목해 인기를 끌고 있는 것이지요.

농촌에 살려면 농촌 감수성이 있어야

은퇴 후 유유자적하고자 귀촌하는 사람은 지역을 잘 선택해야 합니다. 먼 곳으로 귀촌하면 처음엔 지인들이 자주 찾아옵니다. 주말마다 고기를 구워먹으며 파티를 하는 경우도 있지요. 그러나 거리가 멀면 지인들의 발길이 점점 뜸해집니다. 귀촌자가 본래 살던 곳으로 찾아가는 것도 멀어서 엄두가 나지 않지요. 그렇게 시간이 흐르다 보면 외로움을 느낍니다.

외로움이 싫다면 귀촌자는 자신이 살던 지역과 그리 멀지 않은 곳, 친족이나 친지 혹은 지인이 사는 곳과 가까운 지역에 터전을 잡는 것이 좋습니다. 그다음으로 사람들과 함께할 수 있는 커뮤니티가 잘 발달해 있는지 확인해야 합니다. 또 문화, 의료, 복지, 지원 정책이 잘 이뤄지는지도 살펴봐야 합니다.

제가 사는 동네에 귀농한 젊은 부부가 있는데 옆집 할머니가 허구한 날 마당의 풀을 뽑으라고 한다더군요. 사실 그 부부는 풀이 예뻐서 잔디처럼 생각하고 그냥 놔두는 거예요. 하지만 할머니는 풀을 그냥 두면 뱀이 들어온다며 싫어하시는 겁니다.

농촌에서 살려면 아무래도 농촌의 감수성이 있어야 유리합니다. 농촌에는 어르신들이 많은데 나이를 먹었다고 모두가 어른일 거라는 생각은 버리는 게 좋습니다. 그리고 어디서든 마찬가지지만 인사를 잘하면 좋은 인상을 줍니다. 또 하나 농촌에는 동네일이 아주 많습니다. 저는 오늘 새벽에도 동네 방송에서 이런 멘트를 들었지요.

"오늘 노인회에서 노인 분들을 초대해 식사를 대접하오니 동네 사람 모두가 나와서 일을 해주셔요."

동네일에 맨 처음으로 가서 인사도 잘하고 일도 잘하면 모든 정보가 들어옵니다. 심지어 농촌에서는 동네일을 열심히 하는 사람에게 모든 권력이 주어집니다.

"야, 요번에 정부에서 지원하는 비닐하우스가 새로 나왔대. 저기다 비닐하우스 짓는다고 했잖아. 김씨, 그거 해봐!"

동네 사람들과 교류하지 않으면 절대로 이런 정보를 얻지 못합니다. 군청에 찾아가 어찌어찌해보려고 해도 정보를 얻기는 어렵습니다. 그보다는 동네일을 잘하는 것이 사업기회나 정보를 얻는 데 유리합니다. 숙명이라 생각하고 마을모임에 열심히 참석하면 돈도 벌고 사람들의 관심과 사랑도 얻으며 사는 재미를 느낄 수 있습니다.

한편 은퇴 후 사회공헌형 농촌지도자가 될 기회는 아주 많습니다. 그만큼 농촌에는 지도자 역할을 사람이 매우 부족합니다. 그러다 보니 귀농귀촌한 사람들이 이렇게 하소연하는 경우가 많습니다.

"난 좀 더 여유롭게 살려고 온 것인데 오히려 도시에서 살 때보다 더 바빠졌어."

사실 농촌지도자는 그 일을 좋아하는 사람이 해야 합니다. 다른 사람들의 다양한 의견을 수렴하지 않고 자기 마음대로 하고 싶어 하는 사람이 이 일을 하면 상처를 받습니다. 그러면 그 선택은 사회공헌이 아니라 인생의 무덤이 될 수도 있지요.

꼼꼼한 준비와 치밀한 계획이 중요하다

대체 어떤 사람들이 귀농하는 것일까요? 다음은 그 실태를 조사한 결과입니다. 일단 그들은 고학력이고 젊은 연령층입니다. 여기에다 석박사가 20퍼센트를 차지하고 있습니다. 기능사, 기사, 기술사, 기능장이 무려 53퍼센트에 이르지요. 교사, 간호사, 상담사, 회계사, 조리사 자격증을 보유한 사람도 36.6퍼센트나 됩니다.

이처럼 전문적인 능력을 갖춘 사람들이 농촌으로 많이 가는 형태는 선진국형입니다. 영국과 독일의 농업에서 가장 범위가 넓은 분야는 치유농업입니다. 도시 생활에 지치고 정신적으로 시달리던 사람들이 농촌을 선택하는 비율이 늘어나면서 영국과 독일의 농업 중 가장 경제가치가 높아진 것이 치유농업이지요. 바로 그런 현상이 한국에도 나타나기 시작한 겁니다.

2018년에 만성정신질환자 25만 명이 퇴원한다고 합니다. 안타깝게도 한국에 그들을 감당할 사회적 장치는 없습니다. 그런 의미에서 앞으로 복지사 출신이나 의료계에 종사했던 사람들은 치유농업이나 농장에 관심을 기울이는 것도 좋습니다.

30~40대가 귀농귀촌하면 보통 여유자금이 부족하다거나 기술을 습득하고 좋은 농지를 고르는 일이 어렵다고 하소연합니다. 그러나 농촌에 가서 동네일을 열심히 하며 1년 정도 지내면 좋은 땅이 좋은 값에 나옵니다. 농촌 사람들은 자기 자식이 아니면 농사를 잘 지을 사람에게 땅을 주고 싶어 하지요.

60대의 경우에는 생활이 불편한 데다 지역 주민과 갈등이 있고 외롭다고 말합니다. 하긴 60대 중에는 다른 사람들과 어울리기를 싫어하는 사람도 많습니다. 이런 유형이 귀촌하면 외로움을 느껴 오히려

귀농 · 귀촌 인구의 2가지 특징

젊고 고학력

(단위: %)

		귀농 · 귀촌인			농업인 (2010)
		귀농	귀촌	평균	
연령	30대 이하	10.7	19.6	17.4	2.8
	40대	22.4	22.0	22.1	11.9
	50대	39.6	29.6	32.1	24.4
	60대 이상	21.8	28.8	28.3	61.8
학력	중졸 이하	4.6	5.7	5.1	65.2
	고졸	27.3	27.8	27.5	23.7
	전문대졸	13.5	10.1	11.9	4.0
	대졸	44.9	45.5	45.2	6.6
	대학원졸 이상	9.7	10.9	10.3	26.6

다양한 분야의 전문성

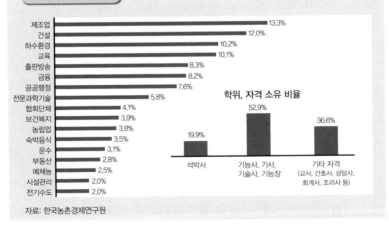

제조업	13.3%
건설	12.0%
하수환경	10.2%
교육	10.1%
출판방송	8.3%
금융	8.2%
공공행정	7.6%
전문과학기술	5.8%
협회단체	4.1%
보건복지	3.9%
농림업	3.8%
숙박음식	3.5%
운수	3.1%
부동산	2.8%
예체능	2.5%
시설관리	2.0%
전기수도	2.0%

학위, 자격 소유 비율

석박사 19.9%
기능사, 기사, 기술사, 기능장 52.9%
기타 자격 (교사, 간호사, 상담사, 회계사, 조리사 등) 36.6%

자료: 한국농촌경제연구원

더 좋지 않을 수 있습니다.

개중에는 귀농귀촌을 준비하다 부동산 사기를 당하는 사람도 있습니다. 몇 십 가구 모아놓고 '월소득 500만 원 보장', '월수익 300만 원' 하고 광고하는 것은 모두 사기입니다. 그 정도 소득을 보장해준다면 농촌으로 가지 않을 사람이 없을 겁니다.

일단 민간기관에서 내놓은 정보는 너무 믿지 마십시오. 국가기관이나 공공기관, 지자체가 내놓은 정보를 중심으로 꼼꼼히 확인하는 것이 좋습니다. 민간기관이 내놓은 정보에는 거짓내용이 들어 있을 가능성이 큽니다.

무엇보다 농업을 잘 안다고 자만하지 말고 귀농귀촌하려면 귀농귀촌종합센터에 찾아와 교육을 받는 것이 좋습니다. 그것도 자금 대출을 위한 100시간이 아니라 자신의 행복한 인생을 위해 100시간 이상 교육을 받았으면 합니다. 교육을 받으면 놀라운 기회가 많다는 것을 깨닫고 치밀하게 계획을 세울 수 있을 것입니다.

가령 서울에서 대인관계가 넓었다면 농촌에 가서 농사는 조금만 짓고 주변 사람들이 거둔 수확물을 서울 사람들에게 판매해 돈을 버는 것도 좋습니다. 실제로 '꾸러미 사업'이라고 해서 도시에서 맺은 커뮤니티를 그대로 유지하면 스스로 농사지은 것이나 주변에서 수확한 것을 직거래해 많은 소득을 올릴 수 있습니다.

실제로 제가 사는 동네에 꾸러미 사업자가 있는데, 처음에는 농사를 좀 지었지만 지금은 농사를 짓지 못합니다. 꾸러미 사업만으로도

성공적인 귀농·귀촌을 위한 소득 계획

- **단기 소득작물:** 월간 단위 수입(고정적 수입 확보)
- **중기 소득작물:** 6개월 단위, 혹은 1년 단위
- **장기 소득작물:** 3년~5년을 투자해 높은 수익을 올릴 수 있는 작물
- **유통, 가공 등 부가가치를 높이는 분야:** 내가 가진 도시에서의 전문성과 경험은 최대한 살려서

한 달에 500만~600만 원 이상을 벌며 바쁘게 사느라 농사지을 시간이 없는 거지요. 주변 사람들이 자꾸만 자기 것도 팔아달라고 해서 꾸러미 사업만 하는 사람도 있습니다.

일단 농촌으로 가면 군청, 농협, 축협, 면사무소, 부녀회, 마을총회 등의 단체와 관계 맺기를 잘해야 합니다. 이것을 관계계획이라고 하지요. 여기에 더해 소득계획도 꼼꼼히 세워야 합니다.

대학을 졸업하고 농촌으로 가서 상추 가꾸기에 도전한 분이 있습니다. 처음에 동네 사람들은 하나같이 "상추를 심어서 어떻게 돈을 벌어?"라고 시큰둥한 반응을 보였지요. 이분은 아랑곳하지 않고 상추를 심어 온라인에 팔았는데 재미있게 판매하자 상추가 없어서 못팔 정도였습니다. 그래서 이분이 동네 할머니들에게 상추를 심으면 다 팔아주겠다고 제안했지요. 덕분에 상추 할머니들은 이전과 달리 매달 통장에 얼마씩 찍히는 행복을 맛보고 있답니다.

관계계획과 소득계획뿐 아니라 소비계획도 잘 세워야 합니다. 농촌에 가면 면 단위에서는 치킨 한 마리는 배달해주지 않습니다. 최소한 두 마리는 시켜야 배달을 해줍니다. 또 방충망 정도는 스스로 만들고 하우스 설치나 싱크대에 실리콘 쏘기는 물론 보일러 기술도 어느 정도 익혀놔야 합니다. 겨울에 보일러가 고장 나면 모든 것의 중심인 읍에 AS를 부탁하지만 도시처럼 신속하게 수리받기가 어렵습니다. 그래서 내가 기술을 좀 익혀두어야 합니다.

여하튼 귀농귀촌은 잘 준비하기만 하면 자신의 행복과 자녀들을 위한 재테크 기반으로 손색이 없을 것입니다.

강창희

대한민국 최고의 노후설계 전문가. 트러스톤자산운용 연금포럼 대표로 미래에셋 부회장 겸 미래에셋
투자교육연구소장을 역임했다. 국내 투자업계의 '살아있는 전설'이자, '여의도 소맹자'로 자신의 분야에
대한 연구와 공부를 게을리 하지 않는 것으로 유명하다. 1년에 약 300회 이상의 강연을 통해 100세 시
대를 대비한 노후준비의 중요성을 알리는 데 앞장서고 있으며 2012년에는 투자교육과 노후준비 분야
를 개척한 공을 인정받아 대한민국 증권대상 특별공로상을 수상하기도 했다. 저서로 《당신의 노후는
당신의 부모와 다르다》, 《2030세대를 위한 투자와 금융 이야기》 등이 있다

15장

100세 시대,
노후에 대한
생각을 바꿔라

강창희, 트러스톤자산운용 연금포럼 대표

노후파산, 더 이상 다른 나라 일이 아니다

2015년 가을, 일본의 방송사 NHK가 특집으로 노후파산을 다룬 적이 있습니다. 그 방송이 나간 이후 일본에서는 한바탕 공포 분위기가 조성되었지요. 사실 저는 일본은 '노인에게는 천국, 젊은이에게는 지옥'이라는 생각을 하고 있었습니다. 일본의 노인들은 장기적인 고성장기에 직장생활을 한 덕분에 60세까지 쫓겨날 걱정을하지 않았으니까요.

고성장기에는 돈을 빌려서라도 토지와 집을 구매하고 주식에 투자하면 재산을 모을 수 있습니다. 이것은 대한민국도 마찬가지였지요. 더구나 한국보다 연금제도를 일찍 도입한 일본에서는 공무원이나 교사가 아닌 평범한 직장인도 국민연금과 퇴직연금을 합쳐 월

200만 원 이상을 받습니다.

언뜻 천국처럼 보이는 일본에서 NHK의 특집방송이 공포 분위기를 조성한 이유는 간단합니다. 일본에 65세 이상 인구 중 독거노인이 600만 명인데, 그 가운데 약 200만 명이 노후파산으로 비참하게 살고 있다는 겁니다. 저 역시 그 이야기를 듣고 깜짝 놀랐습니다. 대체 어찌된 일일까요?

그 내막은 그리 복잡하지 않습니다. 직장생활을 하며 퇴직연금을 모아둔 사람은 괜찮지만 자영업자, 농민, 퇴직연금제도가 없는 중소기업에 다닌 사람은 국민연금 하나밖에 없기 때문입니다.

일본은 한국과 달리 국민연금 최고액이 1인당 65만 원에 불과합니다. 부부의 돈을 합하면 130만 원이지만 사별이나 이혼 등으로 혼자 살면 65만 원이라 어떤 사람은 한 달 10만 원으로 식비를 해결한다고 합니다. 이를테면 편의점에 가서 겨우 삼각김밥 하나를 사먹는 거지요. 그러다가 몸이 아프기 시작하면 그 부자 나라에서 노후에 파산하는 것입니다.

집을 팔아서 그 돈으로 살면 되지 않느냐고요? 아쉽게도 일본에서는 '집'을 믿을 수가 없습니다. 이제 한국도 집값이 양극화 조짐을 보이고 있는데 일본 역시 특별한 곳을 제외하면 10~15년 후 도움이 되리라고 장담하기 어렵습니다.

도쿄에 있는 28평짜리 아파트에서 사는 제 친구는 그 아파트를 1984년에 1억 2,000만 원을 주고 구입했습니다. 그것이 한창 집값이 오를 때, 그러니까 1991년에 3억 6,000만 원까지 올라갔습니다. 친구는 지금도 그 아파트에서 사는데 이제는 3,000만 원이나 4,000만 원에 내놔도 팔리지 않는 답니다. 설령 팔릴지라도 1년 생활비도 나오지 않는 셈입니다.

다행히 일본인은 예금을 많이 하는 편이라 현역 시절에 저축한 돈을 헐어 쓰는 경우가 많습니다. 그것도 과거처럼 60대나 70대에 세상을 떠나면 상관없지만, 100세까지 살면 예금이 바닥난 상태에서 몸마저 아파 노후파산에 이르고 맙니다. 그런 사람이 200만 명이라는 이야기기지요.

장수는 과연 축복일까?

한국은 아직 고령화 초입 단계라 이 문제를 심각하게 여기지 않습니다. 그러나 10~15년 후 한국이 지금의 일본처럼 초고령사회에 들어서면 노후파산 문제가 심각해질 가능성이 큽니다. 평균수명은 한국과 일본이 비슷합니다. 한국은 평균수명이 남자 79세, 여자 85세이고 일본은 남자 80세, 여자 86세이지요. 겨우 1년 차이입니다.

그런데 얼마 전 신문기사에 흥미로운 내용이 실렸더군요. 몇 년 후면 한국이 일본을 제치고 세계 최장수국이 된다는 겁니다. 기사에서는 그 이유를 건강보험이 한국처럼 잘 보급된 나라가 없기 때문이

연령대별 100세 쇼크 도달 가능성

출생년도	남	여	비고
1937년생	18.5%	22.4%	100세 돌파
1945년생	23.4%	32.3%	100세 돌파
1958년생	43.6%	48.0%	97세 돌파
1971년생	47.3%	48.9%	남 94세, 여 96세 돌파

자료: 고려대 박유성 교수 · 김성용 연구원

라고 하더군요. 실제로 미국이나 캐나다로 이민을 갔던 많은 사람이 늙어서 국내로 들어오는 이유는 건강보험 때문이라고 합니다.

장수가 과연 축복일까요? 위의 자료는 고려대학교 박유성 교수가 연령대별로 100세 도달 가능성을 연구한 결과입니다.

2017년 말 현재 1945년생은 만 72세입니다. 이들 중 생존자는 남자의 경우 네 명 중 한 명, 여자는 세 명 중 한 명이 100세를 돌파한다는 말입니다. 58년 개띠로 유명한 1958년생은 남자 44퍼센트, 여자 48퍼센트가 97세를 돌파합니다. 사고만 당하지 않으면 100세 수명은 그리 먼 이야기가 아닙니다.

문제는 100세 시대를 준비하는 일입니다. 대책 없이 100세까지 살면 그게 과연 축복일까요? 자칫하면 길어진 수명이 재앙으로 다가올 수 있습니다. 여기서 심각성을 더해주는 문제는 한국이 일본보다 더 빠른 속도로 '싱글 시대'로 가고 있다는 사실입니다. 앞서 말했듯 혼자가 되면 노후파산 가능성이 더 커집니다.

혼자 사는 노령 인구는 계속 증가한다

한국에서 50세 이상 남자 중 아내를 먼저 떠나보내는 사람은 1년에 약 2만 명 입니다. 남편을 먼저 떠나보내고 혼자 남는 여성은 1년에 약 8만 명이지요. 아내 먼저 떠난 남자는 평균 9~10년을 더 살지만, 남편 먼저 떠난 여성은 15~16년을 더 삽니다. 이러한 세태를 반영한 결과인지 모르겠지만, 2016년에 결혼한 부부 100쌍 중에서 초혼인 경우 16쌍이 연하 남자와 결혼했습니다.

결혼생활을 유지해도 홀로 남아 사는 기간이 긴데 요즘에는 돌싱, 즉 이혼한 사람마저 큰 폭으로 증가하고 있습니다. 1970년도만 해도 이혼이 연평균 1만 5,000건이었으나 2016년에는 무려 10만 7,000건에 달합니다. 엄청난 속도로 늘어난 것이지요.

지금의 어머니세대만 해도 결혼해서 실망하면 팔자라 생각하고 자식을 보며 버텼으나 요즘은 아내가 남편을 버립니다. 더 흥미로운 사실은 황혼이혼이 가파르게 늘어난다는 점입니다. 과거에는 결혼하고 4년 이내에 "아이고, 실수했다" 하며 이혼하는 비율이 가장 높았지요. 하지만 2015년에는 결혼한 지 20년이 넘은, 소위 황혼이혼이 30퍼센트에 달했습니다. 1990년만 해도 황혼이혼은 약 5퍼센트에 불과했지만 이제 가장 높은 비율을 보이는 것이 황혼이혼입니다.

이들은 대개 남편이나 아내가 지긋지긋해서 그냥 혼자 살려고 이혼하는 것입니다. 그런데 황혼이혼은 생각보다 심각한 문제를 야기할 수 있습니다. 일본의 65세 이상 인구 중 독거노인이 16퍼센트입니다. 즉, 여섯 명 중에서 한 명이 혼자 사는 겁니다. 한국은 독거노인이 144만 명으로 20퍼센트에 이릅니다. 다섯 명 중에서 한 명이 혼자 사는 거지요. 한국은 이미 독거노인 비율이 일본보다 높습니다.

2017년 현재 한국은 전체 5,100만 인구 중에서 65세 이상 인구 비율이 14퍼센트입니다. 일본은 27퍼센트로 우리의 두 배 정도지요. 잘나가던 일본이 20년 넘게 맥을 추지 못하는 이유 중 하나가 노인 비율이 높아서입니다. 한데 한국은 앞으로 10여 년만 지나면 지금의 일본처럼 초고령사회가 됩니다. 당연히 독거노인 비율은 높아질 수밖에 없습니다. 여기에다 결혼하지 않는 젊은이의 비율이 증가하고 있지요. 50세까지 한 번도 결혼한 적 없는 사람을 '평생 미혼' 혹은 '생애 미혼'이라고 부릅니다.

1980년도만 해도 평생 미혼율이 남자 0.4퍼센트, 여자 0.4퍼센트였습니다. 그때는 결혼하지 않은 사람이 거의 없었던 셈입니다. 반면 2015년에는 남자 10.9퍼센트, 여자 5퍼센트가 50세까지 결혼하지 않았지요.

더 놀라운 것은 이웃나라 일본의 상황입니다. 2015년 통계를 보면

구분		1980년	2005년	2015년	2025년 (추정)	2035년 (추정)
한국	남	0.4%	3.5%	10.9%	20.7%	29.3%
	여	0.3%	2.1%	5.0%	12.3%	19.5%
일본	남	–	16%	23.5%	27.4%	29%
	여	–	7.3%	14.7%	18.9%	19.2%

생애 미혼율: 50세 전후까지 결혼한 적이 없는 사람의 비율
자료: 한국통계청, 일본 국립 인구 문제 연구소

남자 23.5퍼센트(네 명 중 한 명), 여자 14.7퍼센트가 50세까지 결혼을 한 번도 하지 않았답니다.

비록 추정치지만 2035년이 되면 한국과 일본 모두 남자는 약 30퍼센트, 여자는 약 20퍼센트가 50세까지 결혼을 한 번도 하지 않을 거랍니다. 아들이 결혼을 한 번도 못하는 셋 중 하나, 딸이 다섯 중 하나에 속한다면 심정이 어떻겠습니까?

지금의 중장년세대는 왜 다들 결혼을 했을까요? 그때는 결혼하면 부모 밑에 있을 때보다 좋아질 확률이 높았습니다. 형제들이 한 방에서 우글거리다가 결혼하면 셋방살이일망정 단둘이 살았지요. 살림살이도 새것으로 장만하고요. 그런데 요즘 젊은이들은 결혼해서 부모 밑에 있을 때보다 좋아질 확률이 거의 없습니다. 한마디로 지금 젊은이들은 부모와 함께 지내면서 불편한 게 없어

요. 왜 선진국에서 자식이 고등학교만 나오면 독립을 강요하는지 잘 생각해봐야 합니다. 생활비를 받든 무언가 특단의 조치를 취해 자식의 독립을 강요하지 않는 한 싱글시대, 독거노인시대로 가는 추세를 막을 수 없습니다.

오늘날 가족 해체와 노인 동거는 이미 일상적인 일입니다. 실제로 시골에서는 많은 노인이 마을회관에 모여 삽니다. 마음이 잘 맞는 회사동료, 동창, 친구 들이 나중에 나이 든 뒤 1년에 한 번 볼까 말까 한 자식보다 더 소중해질지도 모릅니다.

2015년 현재 한국에는 1,911만 가구가 있습니다. 이 중에서 젊은 1인 가구와 독거노인 가구를 포함한 1인 가구 비율이 27퍼센트입니다.

물론 유럽은 그 비율이 훨씬 더 높습니다. 가령 스웨덴의 경우 1인

한국의 1인가구 증가추이

연도	1980년	2000년	2010년	2015년	2035년 (추정)
가구수	797만	1,431만	1,734만	1,911만	2,226만
1인가구수	38만	222만	414만	520만	763만
비율	5%	16%	24%	27%	34%

주요국의 1인가구 비율(2015년)

국가	한국	일본	스웨덴	미국
전국	27%	32%	40%	28%
수도	29%	–	50%	–

자료: 고려대 박유성 교수·김성용 연구원

가구가 전국 평균 40퍼센트인데, 수도 스톡홀름은 50퍼센트에 달합니다. 그런데 아이러니하게도 스웨덴은 세계에서 다섯 번째로 행복한 나라입니다. 연금제도가 발달해 혼자 살아도 세상을 떠날 때까지 먹고살 걱정이 없거든요. 여기에다 가족이 아니어도 지역사회나 친구관계로 외롭지 않으면서도 행복하게 사는 법을 미리 준비한 덕분입니다.

문제는 한국입니다. 제가 10년 전에 일본의 서점에 갔더니 독거노인시대와 관련된 책이 꽤 많더군요. 그때만 해도 저는 독거노인시대에 그다지 관심이 없었는데, 그로부터 7년쯤 지나자 국내 서점에 '혼자 사는 삶'과 관련된 책이 쏟아져 나오기 시작했습니다. 이런 책이 일본에서 70만 부, 100만 부씩 팔리고 한국도 이를 뒤따르고 있습니다. 그 이유는 바로 우리의 수명이 길어졌기 때문입니다.

100세 시대, 어떻게 먹고 살 것인가?

수명이 길어졌을 때 나타나는 가장 심각한 문제는 '100세까지 무얼 먹고살 것인가'입니다.

2016년 통계청의 통계를 보면 한국의 베이비부머세대, 즉 55년생부터 63년생은 가구당 평균 총자산이 4억 4,000만 원인데 부채가 8,000만 원에 달합니다. 이는 순자산이 3억 6,000만 원이라는 이야

전국 베이비부머세대 가구당 보유자산 현황

총 자산	4억 4,000만 원
부 채	− 8,000만 원
순 자산	= 3억 6,000만 원
부동산	− 3억 3,000만 원
가용 순 금융자산	= 3,000만 원

자료: 2016년 가계 금융 복지조사, 통계청

기입니다. 50대 후반에 재산이 3억 6,000만 원이면 그럭저럭 먹고살 수 있지 않느냐고요? 문제는 그 3억 6,000만 원 중에서 자기가 살고 있는 집값이 3억 3,000만 원을 차지한다는 데 있습니다. 그럼 남는 액수는 3,000만 원인데 그걸로 30년 이상을 어떻게 삽니까?

늙어서 집을 팔아 생계를 이어가야 할지도 모릅니다. 한데 그 집 값이 일본처럼 폭락하지 않으리라고 장담할 수 없습니다. 선진국의 경우 재산이 없어도 최소생활비는 연금으로 나옵니다. 한국에서 그 렇게 살 수 있는 유형은 공무원과 교사 외에는 없어요. 있는 거라고 는 달랑 국민연금뿐인데 놀랍게도 한국의 65세 이상 인구 중에서 국 민연금을 한 푼이라도 받는 사람은 고작 38퍼센트에 불과합니다. 그 것도 월 50만 원 미만이 78퍼센트, 100만 원 이상 받는 사람이 3퍼 센트입니다. 이것이 한국의 현실이지요.

결국 남는 것은 집 한 채뿐인데 과연 그 집을 믿어도 좋을까요? 지금 도쿄에 가면 한국의 분당이나 일산처럼 1980년대까지만 해도 불빛이 찬란하던 곳에 불이 들어오지 않는 아파트가 많습니다. 비어 있는 것이지요. 현재 일본에는 빈집이 820만 채에 달합니다. 한국도 이미 빈집이 100만 채가 넘습니다.

그런데 황당하게도 신문과 TV에서는 노후에 잘 지내려면 7억~10억이 있어야 한다고 떠듭니다. 저는 기자들을 만날 때마다 제발 그런 기사를 내보내지 말라고 조언합니다. 대다수 국민이 그럴 형편이 아닌데 그런 뉴스를 내보낸다고 도움이 됩니까? 오히려 복장이 터지고 초조하기만 하죠.

기획부동산 사기가 횡행하고 재테크 광풍이 몰아치는 데는 일정 부분 언론도 책임이 있습니다. 서점에 가보면 돈을 2~3배로 버는 법을 소개하는 책이 많은데 책을 읽고 그게 가능하다면 인생이 얼마나 간단하겠습니까.

여담이지만 서울에 특파원으로 와서 4년 동안 근무하고 돌아간 일본의 어느 경제신문 기자가 떠나면서 제게 한국의 현실을 '입구관리(돈 버는 방법)에 쌍불을 켜는 시대'로 표현하더군요. 60세가 되었어도 벌어놓은 돈이 별로 없다면 그 사람은 부자가 될 확률이 아주 낮지요. 이럴 때는 어떻게 해야 할까요? 당연히 자신의 자산에 맞춰 사는 방법을 배워야 합니다. 운 좋게 부자가 되었다면 아름다운 출구관리(잘 쓰는 법)에 신경 쓰면 되지요.

그 기자는 제게 한국인은 입구관리에 굉장히 열을 올리는데 그럼 출구관리는 어디에서 가르치느냐고 묻더군요. 집, 학교, 사회 등 어디에서도 가르치지 않아 출구관리를 너무 소홀히 한다는 역설적인 질문이었지요.

체면 따지지 않고 할 수 있는 일거리를 찾는 사람들

사실 일본과 미국에도 열심히 살아온 사람 중에 노후생활비가 모자라는 사람이 많습니다. 물론 그 비율이 한국보다는 낮지요. 생활비가 모자랄 경우 체면 불구하고 허드렛일이라도 해서 한 푼이라도 벌 방법을 모색하는 게 당연합니다.

1975년 제가 일본의 동경증권거래소에 가서 연수를 받을 때 일본의 노인인구 비율은 8퍼센트였습니다. 그처럼 일본의 노인인구 비율이 현재의 한국보다 훨씬 낮을 때, 저는 그곳에서 체면을 버리고 열심히 일하는 일본의 노인들을 목격했습니다.

당시 도쿄증권거래소 지하에 주식이나 채권을 보관하는 창고가 있었는데, 하루는 제가 그곳을 견학하다가 70세 이상으로 보이는 노인 100여 명이 주식을 세는 모습을 보았습니다. 제가 안내자에게 그들이 누구냐고 묻자 과거에 회사 임원이던 사람, 공무원으로 일한 사람 등 죄다 한자리씩 하던 사람들이라고 하더군요. 그렇게 잘나가던 사람들이 시간당 5,000원~6,000원씩 받고 허드렛일을 하고 있었던 것입니다.

또한 제 숙소가 비즈니스호텔이었는데 다섯 시가 되자 젊은이들은 퇴근하고 할아버지들이 야간에 당번을 섰습니다.

제가 경험한 두 가지 상황을 일반화할 수는 없지만 젊은 나이에 그 광경을 보고 '나이가 들면 폼 나고 권한이 있는 일은 젊은이들에게 맡기고 허드렛일이라도 해야겠구나' 하는 생각을 했습니다. 그때 그 광경이 제 인생에 큰 도움이 되었습니다.

그로부터 40년이 지난 2015년 가을, 일본의 어느 유명 주간지가 일본의 퇴직자들이 하는 다섯 가지 일을 소개했습니다. 물론 그 일은 한국에도 있는 것이지요. 그중 하나가 아파트관리인인데 일본에서 아파트관리인은 경쟁률이 무려 50 대 1에 달합니다.

사업을 하는 제 친구 딸이 42세에 아이 둘을 키우느라 퇴직했습니다. 하지만 아이를 키우면서 전문학교를 다녀 간호사 자격을 취득했습니다. 이미 대학을 졸업했지만 따로 간호사 자격을 취득한 겁니다. 그 덕분에 지금 간병인으로 일하고 있지요. 일본에서는 노인이 혼자 혹은 둘이 사는 집을 방문해 주사를 놔주거나 건강을 체크하고 간단한 집안일을 도와주는 일의 수요가 폭발적으로 늘어나고 있습니다.

과거에 자신이 우수한 인재였다는 것은 그리 중요치 않습니다. 설령 폼 나지 않더라도 현재의 수요에 맞춰 새로운 기술을 습득하고 변화하는 시대에 적응하는 것이 더 중요합니다. 최근 몇 년 전부터 한국의 체면 문화도 무섭게 바뀌고 있습니다.

얼마 전에 제가 택시를 타고 가는데 60세가 조금 넘은 택시운전사가 과거에 자신이 한 외국회사의 서울지사장으로 일했다고 하더군요. 당시에는 기사가 딸린 중형차를 탔고 아내는 사모님 소리를 들으며 폼 잡고 다녔답니다. 여기서 갑자기 택시운전사 이야기를 꺼낸 이유는 그가 지사장 임기를 마치자마자 3년 내에 개인택시 자격을 갖추겠다는 목표를 세웠다는 게 너무 놀라웠기 때문입니다. 체면을 따지지 않는 그 자세를 보고 저는 깨달은 바가 많았습니다. 한데 유감스럽게도 나이가 든 이후 체면을 내던지고 일거리를 찾는 한국인은 20~30퍼센트에 불과합니다.

잘나가던 사람이 퇴직했으면 먹고살 걱정은 없을 텐데 왜 체면까지 내던져가며 일을 하느냐고요? 돈이 없는 사람은 돈이 전부 같지만, 돈이 있는 사람에게는 돈이 전부가 아닙니다. 특히 도시에 사는 사람일수록 퇴직한 이후 소일거리를 찾지 못해 고민하는 경우가 많습니다. 실제로 서울 시내의 일류호텔 헬스클럽에 가보면 왕년에 장관, 차관, 사장으로 일하던 사람이 많이 있습니다. 거기에서 오전을 보내고 오후에는 커피숍을 전전하는 거지요.

얼마 전에 고위직에서 일하던 친구를 만나 술을 한 잔 했는데, 그 친구 말이 아침에 일어나면 침대에서 내려오기 전에 '오늘은 무얼 할까' 하는 생각부터 한답니다. 하루 이틀도 아니고 30~40년을 그렇게 살면 정말 미칠 지경이 되어버립니다.

선진국에서 퇴직하고 먹고살 걱정이 없는 사람들은 취미활동 겸 봉사활동을 하면서 약간의 용돈을 법니다. 미국의 경우 퇴직자의 약 70퍼센트가 자기 형편에 따라 허드렛일을 해서 생활비를 벌거나 취미활동 혹은 봉사활동으로 점심값, 커피값, 교통비 정도를 벌지요. 한국도 점점 그런 세상으로 나아가고 있습니다.

무섭던 아내가 천사로 바뀌었습니다

오늘날 우리는 삶에서 정년을 세 번 맞이한다고 합니다.

우선 55세가 기준인 고용정년이 있습니다. 그다음으로 허드렛일을 하든 봉사활동을 하든 스스로 정해서 하는 일의 정년이 있지요. 마지막으로 하늘의 부름을 받는 인생정년이 있습니다. 이 세 번의 정년을 어떻게 맞이할 생각입니까? 이것을 준비하는 것이 재테크보다 훨씬 더 중요하지 않을까요?

가장 확실한 노후대비는 재테크가 아니라 '평생 현역'입니다. 돈이 있으면 있는 대로, 없으면 없는 대로 평생 일을 해야 합니다. 그런데 제가 어느 강의에서 이 말을 하자 한 남자가 벌떡 일어나더니 '왜 남자에게만 일하라고 하느냐'며 열을 내더군요. 그분의 이야기가 퍽 재미있습니다.

"점심 때 시내 음식점에 가보세요. 맛있는 것은 죄다 여자들이 먹고 있어요. 헬스클럽에 가보세요. 땀을 뻘뻘 흘리며 운동하는 사람은 모두 여자들입니다."

그분의 아내가 그렇게 살고 있는지도 모르지요. 아무튼 길어진 인생의 후반부에 부부가 화목하려면 아내는 돈이 되든 아니든 남편이 소일거리를 갖도록 도와주어야 합니다. 앞서 말한 지사장 출신 택시기사가 마지막에 제게 서글픈 이야기를 털어놓더군요. 자기가 택시를 모니까 남들은 지사장까지 한 사람이 정말 대단하다고 칭찬하는데, 정작 가족은 동네 창피하게 왜 그러느냐고 비난하더라는 것이죠. 자기가 인생을 헛살아온 것 같다며 서글퍼하더라고요.

가족의 도움 없이 남자가 인생 후반기를 행복하게 보내기는 어렵습니다. 한데 젊은 시절에 꼴 보기 싫은 놈 참아가며 열심히 일하다 퇴직한 남자들이 요즘 영식이니, 삼식이니 하면서 조롱을 받고 있습니다. 그렇다고 약 먹은 병아리처럼 우울한 표정만 짓고 있을 필요는 없습니다. 내 아내만 그런 건 아닙니다. 대한민국 아내, 아니 전 세계 아내가 다 비슷하거든요. 그러니 대책은 내가 세워야 합니다.

제가 그 증거를 보여드리겠습니다.

일본의 은퇴전문가 오가와 유리가 제게 한 달에 한 번씩 글을 보내옵니다. 그런데 2015년 가을에 보내온 글의 제목이 '일본에서 은퇴남편 인기 1위, 어떤 남자가 퇴직 후 가장 인기가 좋은가?'입니다. 요리를 잘하는 남편? 건강한 남편? 싹싹한 남편? 집안일을 잘 도와주는 남편? 이것도 지키기 힘들지만 아쉽게도 여기에는 답이 없습니다. 그 답은 '집에 없는 남편'이랍니다.

이것은 전 세계가 똑같으니 남자들은 아내를 탓하지 말고 돈이 되든 아니든 아침 아홉 시부터 오후 다섯 시까지 일할 거리를 미리 생각해두어야 합니다.

얼마 전 〈중앙일보〉에 티베트의 종교지도자 달라이 라마가 한 이야기가 실렸더군요.

"자신이 다른 사람에게 쓸모 있는 존재가 아니라고 생각하는 노인은 자신이 남에게 유용한 존재라고 느끼는 노인보다 일찍 숨질 가능성이 세 배 가까이 높다. …… 부유한 나라에서 고통과 분노의 정도가 더 심한 건 물질적 부가 부족해서가 아니다. '내가 남에게 필요한 존재'란 느낌이나 '내가 사회와 함께하고 있다'는 느낌이 더 이상 없기 때문에 불행해지는 것이다."

한국은행 부총재를 지낸 제 선배는 퇴직하니까 쓸모없는 인간이 된 것 같아서 서글프다고 하더군요. 안됐지만 쓸모 있는 인간은 누가 만들어주는 것이 아니라 스스로 만드는 것입니다.

2016년 여름 공무원연금공단에서 퇴직한 공무원을 대상으로 퇴직 수기를 공모했습니다. 그때 제가 심사위원을 맡으면서 105명의 수기를 읽었지요. 저는 60세까지 정년을 보장받고 연금이 300만 원 정도인 공무원 출신은 아무런 걱정거리도 없는 줄 알았습니다. 한데 글을 읽어보니 퇴직 이후 갈 데가 없어서 고통스럽다는 말이 굉장히 많았습니다.

그중 한 사례로 지방사무소 소장을 지낸 어느 통계직 공무원의 글을 간략히 정리해보겠습니다.

"퇴직하기 전까지만 해도 퇴직하면 연금으로 지내며 신나게 놀아야겠다고 생각했습니다. 그런데 퇴직하고 두세 달이 지나니까 아침마다 아내의 눈치가 보여 집에 있지 못하겠더군요. 할 수 없이 도서관에 갔더니 저보다 나이든 노인들이 빼곡히 자리를 잡고 있었습니다. 그곳에서는 서로 신문을 먼저 보겠다고 쟁탈전이 벌어졌지요. 동네 모임에 가려니 늘 회사생활만 했던 터라 동네에 아는 사람이 없었습니다.

동네 다방을 전전하다가 아니다 싶어서 취업활동을 시작했는데 아무리 원서를 내도 오라는 곳이 없더군요. 천신만고 끝에 면접을 보러 오라고 연락해온 곳이 노인보호센터입니다. 노인들을 모셔다가 함께 놀다 오후에 데려다드리는 일이었지요. 그 일의 보조원으로 면접을 보러 오라고 해서 득달같이 달려갔더니 왜 여자를 뽑는데 남자가 왔느냐고 하더군요. 그거라도 해보려고 남자가 좋은 이유를 열심히 설명한 끝에 겨우 붙었습니다."

이분이 고향에 홀로 계신 노모를 생각하면서 노인들을 잘 모신 덕분에 노인들에게 인기가 많았답니다. 그렇게 일해서 한 달에 100만 원 정도를 버는데 글의 마지막 문장이 재밌습니다.

"무섭던 아내가 천사로 바뀌었습니다."

결국 남자에게는 돈이 되든 아니든 소일거리가 있어야 합니다.

멈춰선 인구 성장률과 정체된 경제 성장률

나이가 들었을 때 필요한 노후자금은 어느 정도일까요? 어떤 분은 몇 천만 원 또 어떤 분은 몇 억 원을 마련했을지도 모릅니다. 과거에 1년 만기 정기예금 금리가 10퍼센트였을 때는 예금 1억 2,000만 원만 있으면 한 달에 또박또박 100만 원씩 받았습니다. 하지만 지금은 금리가 1.5퍼센트 정도니 8억 원이 있어도 한 달에 100만 원을 받기 어렵습니다. 다들 과거 같은 10퍼센트를 생각하고 노후준비를 했을 텐데 최근 몇 년 사이에 금리가 벼락처럼 떨어지니 많은 노인이 멘붕에 빠지는 것도 당연합니다.

그러면 현재 한국은 선진국인가요, 아닌가요? 소득수준만 보면 선진국입니다.

미국 CIA가 물가구매력을 기준으로 국민소득을 계산해서 밝혔는데 한국은 3만 7,900달러로 영국, 일본, 프랑스가 우리보다 약간 많

2016년 구매력 기준 1인당 국민소득(GDP)

영국	4만 2,500달러	한국	3만 7,900달러
일본	3만 8,900달러	스페인	3만 6,500달러
프랑스	4만 2,400달러	이탈리아	3만 6,300달러
유럽연합 평균	3만 7,800달러		

자료: 미국 CIA 발간 World Fact Book

습니다. 스페인과 이탈리아는 선진국이지만 우리보다 적습니다. 이 말은 앞으로 엄청나게 노력하지 않는 한 좋아질 가능성보다 제자리거나 나빠질 가능성이 더 크다는 의미입니다.

알고 있다시피 한국은 1970년대와 1980년대, 1990년대 초까지만 해도 두 자릿수 경제성장을 이뤘습니다. 그때는 작년보다 금년이 좋아지고, 금년보다 내년이 좋아지는 세월이 30~40년간 이어졌지요. 금리가 무려 10퍼센트대였고요. 우리가 고성장 마인드, 고성장 체질에서 벗어나지 못하는 이유가 여기에 있습니다. 그런데 몇 년 전부터 금리가 4퍼센트, 3퍼센트, 2퍼센트로 떨어지더니 0퍼센트 이야기까지 나왔지요. 이것은 이미 선진국이 걸어갔던 길입니다. 우리도 저성장시대, 결핍시대를 맞이할 가능성이 크므로 그 시대를 어떻게 살아갈 것인지 생각해봐야 합니다.

이전 30~40년 동안 우리는 어떻게 폭발적인 경제성장을 이룬 것일까요? 알다시피 경제성장률은 노동인구 증가와 깊은 관련이 있습니다. 많은 노동인구가 열심히 일하면 생산성이 높아집니다. 노동인구가 늘어나려면 아이를 많이 낳아야 하는데 현재 한국의 출산율은 어느 정도일까요?

1955~1960년 이후의 베이비붐 세대는 출산율이 6.3명이었습니다. 흥미롭게도 당시 한국은 전국적으로 전기보급률이 20퍼센트 이하였지요. 이들이 노동현장에 투입되고 소비주체로 떠오르면서 한국이 폭발적인 성장을 이룬 겁니다. 그렇다면 2005년은 어떻습니

한국의 합계출산율 변화 추이

연도	1955~60	1983	2005	2012	2013	2015	2016
합계출산율	6.3명	2.06명	1.08명	1.30명	1.19명	1.24명	1.17명

자료: 통계청

주요국의 비혼 출산비율

한국	프랑스	스웨덴	OECD평균	※ OECD 42개국 중 12개국이 50% 이상
1.9%	59%	55%	40%	

자료: 한국통계청, OECD Familt DB, Eurostat

까? 둘이 만나 아이를 1.08명, 그러니까 한 명만 낳았습니다. 이런 나라가 또 있을까요?

고령화 속도를 보면 프랑스에서 155년 동안 진행된 것이 일본에서는 35년 동안 진행되었습니다. 일본이 그 속도에 적응하지 못해 그처럼 고생한 것입니다. 한국은 한 술 더 떠서 일본이 명함을 내밀지도 못할 26년입니다. 프랑스처럼 155년 동안 서서히 진행되면 적응하기가 쉽지만 한국처럼 26년 만에 고령화가 이뤄지면 그야말로 총알같이 적응해야 살아남을 수 있습니다.

그렇게 적응하는 중에도 아이를 많이 낳아야 하는데 젊은이들이 아이를 낳지 않습니다. 더구나 한국은 본처소생을 고집합니다. 한국은 혼외 출산율이 1.9퍼센트인데 프랑스나 스웨덴은 절반 이상이 혼외 출산입니다. 우리도 이제 생각을 바꿔야 합니다. 결혼을 하든 하지 않든 아이를 낳아야 우리에게 희망이 있으니까요.

절약은 가장 좋은 노후 준비 무기

가정경제 측면에서도 생각을 100퍼센트 바꿔야 합니다. 다시 말해 이제는 절약이 필요합니다. 물론 우리는 우리 나름대로 아낀다고 생각하지만 미국인과 일본인이 우리를 보면 낭비요인, 거품요인이 많다고 합니다. 단지 우리가 그동안 고성장시대를 살아온 까닭에 의식하지 못할 뿐이지요.

성공한 어느 재미교포가 서울에 와서 몇 달 살더니 뭐라고 했는지 아십니까? 세계적으로 서울처럼 대중교통이 발달한 도시가 얼마 없다는 겁니다. 그런데 1킬로미터 거리도 자동차를 끌고 간다며 혀를 차더군요. 실제로 차를 갖고 있지만 운행하는 시간보다 세워놓는 시간이 몇 배 더 많지 않나요? 자동차, 교육비, 결혼비용, 경조사비 등에서 작심하고 아끼지 않으면 노후를 준비하기 어렵습니다.

2013년 8월 31일자 〈조선일보〉에 '결핍의 시대에 대비해 어떤 무기를 준비하나요?'라는 흥미로운 기사가 실렸습니다.

"결핍은 있어야 할 것이 없어지거나 모자란 상황을 말합니다. 고도성장기에는 '있어야 할 것'의 기준이 높아도 괜찮았습니다. 성취할 기회가 많았으니까요. 하지만 성취의 기회가 적고 평준화하는 저성장시대에는 '있어야 할 것'의 기준이 높을수록 좌절하고 불행해질 확률이 높아집니다. 그래서 요즘 아이들에게 '결핍'에 적응하는 방식을 가르치는 부모들이 있다고 합니다."

2016년 여름 제가 어느 모임에 갔다가 유명한 교수님과 나란히 앉았습니다. 그는 외동딸이 작년에 대학을 졸업했는데 취업을 못했다고 했지요. 학벌도 부족하지 않고 아버지가 유명한 교수니 한 번만 부탁하면 취업이 쉬울 텐데 그는 딸에게 스스로 직업을 구하라고 했답니다. 용돈이 궁해 보이는 딸에게 얼마든지 돈을 줄 수도 있지만 꾹꾹 참는다는 말도 하더군요. 사실 없어서 못 주는 것보다 있는데도 주지 않는 게 더 힘든 일입니다. 우리가 그걸 하지 못해서 요즘 아이들의 씀씀이가 정말 대단합니다.

한 달에 10만 원을 쓰던 사람이 9만 원을 쓰면 10퍼센트 절약한 겁니다. 고성장, 고금리 시대에는 '까짓것 부동산을 사거나 주식을 사서 10퍼센트 수익을 내면 되지'라고 생각했습니다. 하지만 저성장, 저금리 시대에는 그것이 엿장수 마음대로 되지 않습니다.

마음먹기에 따라 자기 의견대로 할 수 있는 게 바로 절약입니다. 10여 년 전 제가 일본에 갔을 때 서점에 절약과 관련된 책이 아주 많았습니다. 돈 버는 책이 아니라 절약을 강조하는 책이 쌓여 있어 저는 좀 이해하기가 힘들었지요.

그런데 지금 한국의 서점에는《여자의 습관》,《우아하게 가난해지는 법》,《100개만으로 살아보기》같은 책이 진열되어 있습니다. 선진국이 걸어간 길을 우리가 따라가고 있는 셈입니다. 앞으로 시간이 가면 갈수록 절약의 중요성이 높아질 겁니다.

자녀 리스크를 줄여야 노후가 건강해진다

절약 중에서 가장 중요한 것이 자식에게 들어가는 돈을 아끼는 일입니다. 그래야 자식도 망치지 않고 아낀 돈으로 자신의 노후를 대비할 수 있습니다.

요즘 '자녀 리스크'라는 말이 유행하고 있지요. 귀한 자식이 왜 위험하냐고요? 설령 내게 몇 억 원이 있어도 자식이 사업에서 실패해 손을 내밀면 한국인의 정서상 돕지 않고는 못 배기지요. 실제로 그렇게 도와주고 쪽방에서 사는 노인들이 꽤 있습니다.

어른으로 성장한 뒤에도 부모에게 얹혀사는 사람을 캥거루족이라고 합니다. 현재 한국에 캥거루족이 얼마나 있는지 아십니까? 무려 48만 5,000명이라고 합니다. 사실 캥거루가 이 말을 들으면 열이 받을지도 모릅니다. 캥거루는 신통하게도 새끼를 딱 1년만 보호하고 내쫓거든요.

일본에서는 캥거루족을 패러사이트 싱글(Parasite Single)이라고 부릅니다. 이것은 기생충과 독신을 합성한 말로 '기생충족 독신'이라는 뜻이지요. 일본의 경우 35~44세 인구가 1,895만 명인데 그중에서 결혼하지 않고 부모에게 얹혀사는 기생충족 독신이 295만 명입니다. 부모가 사망할 경우 이들은 사망신고를 하지 않고 몰래 연금을 타거나 극빈자로 전락하기도 하지요. 일본의 노인들이 쓴 글을 보면 '내 연금으로 살고 있는 내 새끼들, 나 죽으면 어떻게 살까?' 하고 걱정하는 내용이 많습니다.

몇 억 원이 있어도 자녀 리스크에 걸리면 아무 의미가 없습니다. 지금 세계적으로 한국처럼 자식에게 돈을 퍼붓는 나라는 없어요. 한국의 대학등록금이 비싸다고 하지만 미국의 등록금은 더 비쌉니다. 아이러니하게도 한국이나 일본의 부모는 '대학등록금은 부모의 책임'이라고 여기지만, 미국의 부모는 '융자를 받아 등록금을 내고 취업해서 스스로 갚겠지' 하고 생각합니다.

미국이나 유럽에서는 스스로 벌어서 공부를 해야 하니까 성적이 시원찮고 공부가 싫으면 공부할 돈으로 차라리 다른 것을 합니다. 반면 한국은 성적이 별로고 공부가 싫어도 등록금을 부모가 대주니 취업은 나중 일로 미뤄두고 무조건 들어가고 봅니다.

그럼 결혼비용은 어떨까요? 일본의 젊은이들은 결혼비용을 스스로 해결하거나 눈치를 보며 부모에게 약간의 신세를 집니다. 제 일본 친구가 돈이 많은 사업가인데 딸이 결혼할 때 딱 1,000만 원만 주었답니다. 그렇다면 한국은 어떨까요? 오히려 부모가 자식에게 더 못해줘서 안달을 합니다. 자녀가 스스로 번 돈으로 결혼하는 비율은 고작 10퍼센트에 불과합니다.

자녀별 결혼 평균 비용

	아들	딸
총액	1억 7,116만 원	9,216만 원
부모부담	1억 3,916만 원	6,500만 원

*주: 최근 2년 이내 자녀를 결혼 시킨 부모 및 결혼 당사자 1,000명 조사 결과
자료: 서울시 인생이모작실태[2016]
　　웨딩컨설팅업체 듀어웨드 2017 결혼 비용실태보고서

　문제는 금액인데 전국 평균으로 볼 때 아들이 1억 7,000만 원이 듭니다. 이것은 집을 얻어주는 데 들어가는 비용 때문입니다. 제가 일본 친구에게 그 말을 했더니 세상에 자식의 집까지 얻어주는 나라는 처음 봤다고 하더군요. 물론 여윳돈이 많으면 자식에게 펑펑 써도 상관이 없습니다.

　현실적으로 한국의 50대, 60대는 648만 가구인데 그들은 결혼비용 이전에 이미 허리가 휘어지게 교육비를 쓴 상태입니다. 여기에다 조기퇴직의 칼날이 매섭고 금리는 1퍼센트대에다 100세 시대를 살아야 합니다. 그러니 42퍼센트가 은퇴빈곤층으로 전락하는 것도 무리는 아닙니다. 은퇴빈곤층이란 부부가 월 100만 원 이하로 생활하는 경우를 말합니다. 한데 지금처럼 결혼비용을 쓰면 여기에 17퍼센트가 더해져 60퍼센트가 은퇴빈곤층으로 전락하고 맙니다.

　한마디로 대다수 가정에서 교육비와 결혼비용처럼 자식에게

들어가는 돈을 아끼지 않으면 노후준비를 할 수 없습니다. 문제는 또 있습니다. 부모가 자식에게 결혼비용을 대줬을 때 자식들은 부모에게 얼마나 고마워할까요?

다음 자료를 보면 '부모가 내 결혼비용 때문에 힘들어하셨다'는 문항에 '아니요'라는 응답이 무려 65퍼센트에 이릅니다. '나는 남들에 비해 결혼비용을 적게 쓴 편이다'에도 65퍼센트가 '예'라고 응답했고요. 아니, 이렇게 뒤통수를 쳐도 되는 겁니까? 그래도 자기들만 잘살면 그만이라고요? 그게 그렇지가 않습니다.

우리의 부모세대는 논과 집을 팔아 자식을 열심히 뒷바라지하면 본전을 뽑았습니다. 괜찮은 학교를 졸업해서 괜찮은 회사에 들어가 60세까지 다니면 부모 부양이 가능했으니까요. 반면 지금은 소위 일류대학, 일류기업 코스를 밟아도 40대 중반이면 언제 쫓겨날지 모릅니다. 관객 수 1,200만 명이 넘은 영화 〈국제시장〉에서 주인공 덕수가 마지막에 뭐라고 했나요? 자식세대가 아닌 우리세대가 힘든 세

결혼비용에 대한 신혼부부의 생각은?

설문 내용	예	아니요
부모가 내 결혼비용 때문에 힘들어 하셨다.	35%	65%
나는 남들에 비해 결혼비용을 적게 쓴 편이다.	65%	35%
남들은 나보다 더 지원받는 경우가 많다.	52%	48%

자료: 한국여성정책연구원

상의 풍파를 겪은 게 얼마나 다행인지 모르겠다고 했지요.

젊은이에게 더욱 냉혹한 사회

요즘 나이든 양반이 이런 마인드로 젊은이에게 "똑바로 해!"라고 말하면 젊은이들이 똑바로 할까요? 돌아오는 반응은 이렇습니다.

"당신들이 부동산 투기를 해서 우리는 집도 못 사잖아요. 당신들이 경제를 이 꼴로 만들고 대학까지 쓸데없이 많이 만들어놔서 우리가 취직도 못하잖아요."

지금 한국의 젊은이들은 그야말로 독이 올라 있습니다. 일본의 어느 가족사회학자가 한국과 일본의 젊은이들에게 어떤 공통점이 있는지 밝힌 책을 썼는데, 그 제목이 '젊은이에게 냉혹한 사회'입니다. 결론을 보자면 한국뿐 아니라 일본도 젊은이에게 냉혹하답니다.

그러나 일본의 경우 2016년 대졸자 실질취업률이 75퍼센트였고 2017년에는 100퍼센트에 육박합니다. 일본은 한국과 달리 오히려 일할 사람을 구하지 못해 허덕이고 있습니다. 한국은 2016년 대졸자 취업률이 50퍼센트에 불과했고 2017년에는 상황이 더 나빠졌습니다. 둘 중 하나가 취직되지 않는 상황이니 젊은이들 입장에서는 그야말로 미칠 노릇이겠지요.

더구나 취직한다고 문제가 해결되는 것은 아닙니다.

주직장에서 45세까지 근무할 확률		
1930~50년생	1958년생	1960년생
70~80%	40%	20%대 초반

경희대학교 신동균 교수가 발표한 자료에 따르면 남자가 주직장에서 45세까지 근무할 확률은 갈수록 낮아지고 있습니다. 60세도 아닌 45세인데 1950년 이전 출생자는 70~80퍼센트, 1958년생은 40퍼센트, 1960년생은 고작 20퍼센트입니다. 지금은 3년쯤 다니다가 그만두고 취직해서 또 그만두는 것을 평생 여섯 번 정도 반복해야 겨우 60세까지 직장에 다니는 세상입니다.

이런 세상을 잘 견디려면 맷집이 있어야 합니다. 그러면 과연 부모들은 자식이 이 냉혹한 사회를 잘 견디도록 씩씩하게 키우고 있을까요? 안타깝게도 엄마가 대신 수강신청을 해주는 것을 넘어 엄마들끼리 만나 이런저런 골치 아픈 문제를 미리 해결해준 뒤에 젊은이들이 만나는 대리맞선이 유행이랍니다. 제가 어느 강의에서 이 말을 했더니 한 어머니가 자기 아들은 공부를 잘하니까 걱정할 필요가 없다고 하더군요. 천만의 말씀입니다. 사실 지금은 공부를 잘하는 젊은이가 더 걱정입니다.

제가 실제로 있었던 일을 들려드리지요.

국제비즈니스라는 부서를 새로 만든 어느 기업에서 소위 일류대학을 나와 유학을 다녀온 젊은이들을 고액연봉으로 스카우트했습니다. 그런데 4년 정도 비즈니스를 해도 성과가 신통치 않자 그 부서를 없애버렸습니다. 거기서 근무하던 젊은이들은 어떻게 되었을까요? 4년 동안 고액연봉을 받던 그들은 마땅히 갈 곳을 찾지 못했습니다.

일시적으로 고액연봉을 받는 것은 정말 조심해야 합니다. 영원히 그렇게 받을 줄 알고 생활수준, 소비수준만 높여놓으면 골치 아픕니다. 실직했으니 수준을 낮추는 게 맞는데 그러지 않고 부모의 등골을 빼먹으니까요. 얼마 전 이어령 교수님이 이렇게 말했습니다.

"이젠 샐러리맨도 자영업자와 똑같은 마음으로 뛰지 않으면 안 된다."

저는 이 말에 100퍼센트 공감합니다. 다행히 지금은 '재테크가 아니라 자녀교육과 결혼에 관해 제대로 된 교육을 받아 인식을 바꿔야 애도 살고 나도 산다'고 생각하는 부부가 늘어나고 있습니다.

자식도 노인이 되는 시대, 노후에 대한 생각을 바꿔라

세상이 많이 바뀌고 있는데 대책 없이 손 놓고 있으면 안 됩니다. 최근 어느 회사에서 사내 변호사 한 명을 뽑는데 무려 변호사 50명이 지원을 했습니다. 그중 최종면접에 네 명이 올라왔는데 그 회사는 수도권에 있는 대학이 아니라 지방대학 출신을 뽑았습니다. 그 변호사가 가장 적극적이고 씩씩했기 때문이지요. 사실 그 이전에 수도권 대학 출신을 세 명 뽑았는데 모두 실패했습니다. 시험을 잘 보는 것 외에 적극적으로 해내는 것이 없었던 탓입니다. 이후로 그 회사는 면접기준을 확 바꿔버렸습니다.

우리 집안에 형편이 어려워서 대학을 가지 못한 동생이 하나 있습니다. 공부보다 몸으로 뛰는 것을 좋아해 건설현장에서 30년간 일한 그 동생은 방수 전문가가 되었지요. 어느 날 삼성그룹 이건희 회장님의 화장실에서 물이 새자, 이 회장님이 일갈을 했답니다.

"박사만 뽑지 말고 독일식으로 마이스터를 뽑아!"

덕분에 그 동생은 55세에 삼성건설에 마이스터로 들어갔지요. 지금 65세인데 70세까지도 끄떡없을 거라고 합니다. 대학을 졸업한 친구들은 이미 10여 년 전부터 놀고 있는데 말이지요. 연봉도 1억 원에 가깝습니다.

세상이 바뀌는 지금 무엇보다 중요한 것은 제대로 된 직업관입니다. 경남 거창고등학교는 그 지역에서 꽤 유명한데 강당에 걸린 직업 선택 십계명이 흥미롭습니다. 그중 몇 가지만 살펴보면 이렇습니다.

• 월급을 많이 주는 데는 가지 마라.

이제 월급은 회사나 나라가 주는 게 아닙니다. 남다른 주특기를 갖춰 비록 적은 금액일망정 회사를 옮겨서라도 오래오래 다닐

궁리를 해야 합니다.

- 100세 시대에는 남들이 몰려가는 데는 절대 가지 마라.

경쟁률 100 대 1 혹은 200 대 1 하는 곳은 가는 게 아닙니다. 이것이 주식으로 말하면 천장 근처에 온 셈이라 언제 폭락할지 모릅니다. 매년 가을 재벌그룹 입사경쟁률이 200 대 1, 300 대 1을 예사로 넘기지요? 그런데 40대 중반이면 그 재벌그룹에서 1,000~2,000명을 내보내는 것도 알고 있나요?

- 부모와 아내, 약혼녀가 결사반대하는 곳은 무조건 가라. 거기 가면 틀림없다.

제가 40년 동안 직장생활을 해보니 맞는 말입니다. 이것을 지키려면 어떻게 해야 할까요? 부모와 자식 모두 소신이 있어야 합니다.

'중산층' 하면 우리는 흔히 30평 이상 아파트, 자동차 2,000cc 이상을 떠올리며 여기에 도달하려 애를 씁니다. 이게 과연 올바른 인식일까요? 지금 미국이나 일본 같은 선진국에서는 작은 집 갖기 운동, 즉 스몰 하우스 운동이 벌어지고 있습니다. 또한 선진국에서는 갑자기 큰 차를 타면 둘 중 하나로 봅니다. 깡패 아니면 졸부라는 거지요. 미국에서 중산층의 기준은 '내면적으로 성숙한 인간'입니다. 그 기준을 충족시키려면 자신의 주장에 떳떳할 것, 페어플레이를 할 것, 사회적 약자를 도울 것, 부정과 불법에 저항하는 용기가 있을 것 등을 실천해야 합니다.

한편 우리는 아이들에게 돈 관리나 경제적 자립이 아니라 영어와 수학을 가르치는 데 몰두합니다. 극단적으로 말해 영어와 수학을 잘하지 못해도 먹고살 수 있지만 돈 관리나 경제적 자립을 모르면 평생 고생합니다. 몇 년 전 제가 책을 쓰면서 조사해보니 미국의 고등학교 교과서에는 돈 관리나 경제적 자립과 관련된 내용이 43쪽이나 나오더군요. 우리는 겨우 몇 쪽에 불과하지요. 이처럼 배우지 않는 바람에 심지어 대학을 졸업해도 저축과 투자가 어떻게 다른지 구분하지 못합니다. 그 결과는 고스란히 부모에게로 돌아갑니다.

다음 표를 보십시오. 선진국이라고 해서 노후자금을 몇 억 원씩 갖고 있는 게 아닙니다. 세상을 떠날 때까지 최소생활비의 70~80퍼센트를 공적·사적 연금으로 확보하는 나라가 선진국입니다.

선진국의 노후 주요 수입원

(단위: %)

	한국		미국	일본	독일
	1980년	현재			
자녀의 도움	72	20~30	0.7	1~2	0.4
공적·사적연금	0.8	15~20	60~70	60~70	80~90
기타	27	50~60	30~40	30~40	10~20

우리는 그럴 수 있는 사람이 공무원과 교사밖에 없어서 고작 15~20퍼센트에 불과합니다. 그러면 그동안 한국의 노인들은 무얼 먹고 살았을까요? 1980년대만 해도 자식이 도와줬습니다. 지금은 그것이 20퍼센트로 줄어들었지요. 앞으로 10년쯤 지나 다시 조사하면 한국도 자녀의 도움을 받는 비율이 미국(0.7퍼센트), 일본(1~2퍼센트), 독일(0.4퍼센트)처럼 줄어들 것입니다.

선진국 어느 나라를 봐도 자식이 부모의 주생활비를 도와주는 나라는 없습니다. 한국은 아예 도와줄 수가 없어요. 왜냐고요? 1960년 기준 한국 여성의 평균수명은 54세였는데 2015년에는 85세로 늘었습니다. 무려 31년이 늘어났지요. 1960년대까지만 해도 수명이 짧아 노부모 부양기간이 평균 5년이었습니다. 그런데 100세 시대에는 그 기간이 20~25년으로 늘어나 노인이 노인을 부양해야 합니다.

자식도 노인인데 어떻게 나를 도와줍니까? 그러니 부부가 함께 국민연금에 가입하고 직장인은 퇴직연금에다 한 달에 얼마라도 개인연금을 들어두십시오. 이 세 가지를 '3층 연금'이라고 하는데 이러한 연금으로 최소생활비를 확보하는 것이 가장 중요합니다. 이것을 준비하지 못한 채 퇴직했다면 살고 있는 집이나 고향의 땅을 과감하게 은행에 맡기고 생활비를 받아쓰십시오. 이것이 주택연금, 농지연금입니다. 그래도 자식에게 집 한 채는 주고 가야 한다고요? 100세에 세상을 떠나면 집을 줘봐야 그 자식의 나이가 70세입니다. 생각을 바꾸십시오.

창업 성공법 **05**

김학래

연매출 100억 원의 신화를 쓴 중국요리 사업가이자 개그맨. 숱한 유행어를 제조하며 큰 인기를 누리던 개그맨이었지만 피자집과 고깃집, 라이브 카페 사업에서 실패를 거듭했고, 믿었던 사람들에게 사기까지 당하며 수십 억 빚을 안고 파산 위기에 몰렸다. 실패를 밑거름 삼아 마지막 기회라는 생각으로 중식당을 열었고 좋은 음식 재료와 맛, 손님의 취향과 특징, 심지어 화장실 청소까지 직접 챙기는 노력 덕분에 꾸준히 성장했다. 또한 자체 개발한 메뉴를 홈쇼핑에서 판매하며 연매출 100억 원까지 달성했고 재기에 성공했다.

실패에서 배워라!
개그맨 김학래의
생존 창업기

김학래, 린찐푸드 대표이사

사업의 기본은 사기를 당하지 않는 것

어떤 일에서든 중요한 것은 준비입니다. 제가 개그맨인데 개그도 멍석을 깔아줘야 할 수 있는 것이지 맨땅에 세워놓고 하라고 하면 그게 참 어렵습니다. 사업도 마찬가지입니다. 종자돈이라도 있어야 뭐든 할 수 있지 빈손이면 돈이 많이 벌린다는 아이템을 소개받아도 뛰어들 수 없지요. 따라서 먼저 종자돈을 마련해야 합니다.

한데 종자돈 마련이 생각처럼 쉽지 않습니다. 한 달에 200만 원도 못 버는데 갑자기 1억 원을 모으려고 하면 그게 쉽나요? 매달 300만 원씩 받는 근로자가 한 푼도 쓰지 않고 모아도 1년에 3,600만 원이고 10년을 모아야 3억 6,000만 원입니다.

저는 전문가는 아니고 그냥 숫자 '7'를 참 좋아합니다. 그래서 빈

손으로 출발해 2,000만 원을 모으자는 생각으로 알뜰살뜰 모았습니다. 돈이라는 게 참 묘합니다. 2,000만 원을 모으면 5,000만 원은 금세 모아져요. 5,000만 원을 만들면 어느새 1억 원이 되고 그 1억 원은 2억 원으로 불어납니다. 제가 악착같이 해보니 2억 원까지는 그럭저럭 모이더군요. 단, 처음에는 목표를 낮게 잡고 시작해야 합니다.

간혹 뉴스 가십거리에 연예인이 부업을 하는 기사가 나오죠. 연예인이면 돈을 잘 벌 텐데 왜 부업을 할까 하고 궁금해 할지도 모릅니다. 사실 연예인이라고 모두 돈을 잘 버는 건 아닙니다. 정말 잘나가서 회당 출연료가 많고 광고수입까지 올리는 연예인이라면 1년 수입이 수백억 원에 달할 수도 있지만, 대다수 연예인은 그렇지 않아요.

노동부 자료에 따르면 연예인들 평균 연봉이 2,300만 원입니다. 사실 TV에 얼굴을 처음 내밀면 신인이지만 이미 7~8년을 그 세계에서 고생한 경우가 많습니다. 그 세월 동안 검증을 받고 TV에 나오는 겁니다. 그러고도 신인이기에 연봉 2,300만 원을 받는데 그 정도로는 삶의 질을 높이기가 어렵지요.

더구나 연예인은 대리가 안 됩니다. 몸이 아파 누울 경우 아무도 그 사람을 대신해줄 수가 없습니다. 여기에다 일이 고정적인 것이 아니라서 개인적으로 계획을 세웠다가도 일이 들어오면 다 포기하고 일을 해야 합니다. 가족여행 계획을 잡아놨어도 일을 우선시해야 하지요. 일이 들어왔을 때 잡지 않으면 또 언제까지 쉴지 모르기 때문입니다. 인기가 떨어져 불러주지 않으면 연예인은 그냥 백수나 다름없습니다. 연예인이 늘 부업을 찾아 헤매는 이유가 여기에 있지요.

개그맨의 경우 한 달에 고정적으로 500만 원이든 1,000만 원이든 원하는 액수만 들어오면 자기가 좋아하는 개그를 마음껏 할 수 있겠다는 생각에 부업을 고려합니다. 그런데 연예인이 부업에 성공하는 사례는 흔치 않습니다. 오히려 사업을 하다 망해서 사람들의 입에 오르내리는 경우가 많지요. 더구나 사람들은 결과만 봅니다. 거기까지 가는 동안 얼마나 우여곡절을 겪었는지는 관심도 없죠.

저 역시 지금은 이렇게 웃고 있지만 그 과정이 몹시 고달팠습니다. 은행돈을 끌어다 쓰고 이자만 한 달에 몇 천만 원씩 내야 하는 상황에 내몰려 돈을 돌려막기 하느라 골머리 깨나 아팠지요. 다행히 제가 충청도 출신입니다.

묘하게도 개그맨 중에서 이름이 제법 알려진 사람들은 90퍼센트가 고향이 충청도입니다. 충청도 사람들이 왜 유머에 강할까요? 저는 그것이 주어진 상황을 긍정적으로 받아들이기 때문이라고 생각합니다.

가령 박람회장에 왔는데 마침 점심때가 되었다고 해봅시다. 이때 사람들은 보통 이렇게 말합니다.

"요 앞에 샌드위치집 있던데, 먹을래? 내가 살게."

충청도 사람은 이럽니다.

"어떻게 뭐 한 술 떠볼텨?"

이러면 자기가 사겠다는 것인지 아니면 나더러 사라는 것인지, 또 무얼 먹겠다는 것인지 도통 알 수가 없습니다. 충청도 사람들은 표현 자체가 거의 다 그렇습니다.

원두막에서 참외를 놓고 팔 때 손님이 묻습니다.

"얼마예요?"

"5,000원입니다."

"한 무더기를 3,000원에 가져가면 안 될까요?"

"안 돼요. 안 팔아요!"

이것이 흔한 대화라면 충청도는 흥정 자체가 안 됩니다.

"이거 얼마예요?"

"사는 놈들이 잘 알지 내가 아남유?"

"3,000원에 가져가면 돼요?"

"그냥 뒤유. 집에 가져가서 애들 멕이게."

이게 안 팔겠다는 말이에요. 개그는 이처럼 긍정적인 사고에서 나오지요. 그것은 사업적 마인드도 마찬가지입니다. 단, 사업에 뛰어들 때는 긍정적 마인드와 함께 목숨을 걸겠다는 각오여야 합니다. 제가 충청도 출신이어서 자부심을 느끼는 것 중 하나는 충청도 출신치고 사기꾼은 없다는 겁니다. 그것은 제가 40여 년 동안 개그와 사업을 하면서 온갖 사람들을 접하며 깨달은 것입니다. 사기꾼은 겉모양도 말끔해야 하지만 먼저 말을 잘해야 합니다.

나한테 돈이 있다는 것을 알면 그 주위에 사기꾼이 모여들게 마련입니다. 여기저기에서 어떻게 해서든 뜯어내려 하기 때문에 배우면 배운 대로 무식하면 무식한 대로 사기를 당하기 일쑤지요. 믿기 힘들겠지만 판검사도 사기를 당합니다.

사기는 흔히 내가 아는 사람, 내가 믿는 사람한테 당합니다. 돈은 절대로 모르는 사람에게 내주지 않거든요. 하지만 아는 사람, 믿는 사람이 돈을 달라고 하면 덥석 내줬다가 사기를 당합니다. 저 역시 그런 경험이 많다 보니 사업의 기본은 사기를 당하지 않는 것이라고 생각합니다.

일을 벌이지 않고는 원하는 목적을 이룰 수 없다

20년 전 제가 종자돈을 좀 모았어요. 그래서 무얼 해볼까 하고 주위를 돌아보니 아는 개그맨이 피자집으로 대박을 치고 있더군요. 그때 기술도 없이 남의 말만 듣고 피자집을 냈다가 3년 만에 쫄딱 망했습니다. 설비를 중고로 넘기고 인테리어 뜯어내느라 3년 만에 몇 억을 까먹었지요. 전문지식 없이 잘된다는 남의 말만 듣고 따라가면 성공하기 어렵습니다.

그다음에는 이왕 벌일 거 크게 해보자 싶어서 주주를 8명 모아 등심집을 열었습니다. 그때 머리가 비상하기로 유명한 개그맨 전유성 씨한테 가게 이름을 지어달라고 부탁했지요. 역삼동에 1층부터 3층까지 등심집을 하겠다고 하니까 요즘은 식당 이름이 감나무집, 소나무집, 버드나무집 하는 식으로 짓던데 '이랴이랴'가 어떠냐고 하더군요. 소등심연구소 이랴이랴 연구소장 김학래! 아주 마음에 들었지요. 그때 전유성 씨가 1년에 한 번씩 가게 앞에서 소 위령제를 지내주는 이벤트를 하라고 했는데 그건 못했습니다.

의욕은 좋았으나 등심집 역시 3년 만에 망했습니다. 왜 망했을까요? 주주가 8명이다 보니 똑 부러지게 책임지는 사람이 없고 모두들 연예인인 저만 내세웠습니다. 고객과 어울려 술 한 잔도 나누면서 고객관리를 해야 하는데 제가 체력적으로 그걸 감당하지 못했어요. 약을 먹으며 버티다가 도저히 안 되겠다 싶어서 접었습니다.

제가 지금은 웃으며 말하지만 한 번 망할 때마다 돈이 얼마나 깨지는지 아십니까? 수억 원이 한꺼번에 사라져버립니다. 사실 사업은 목숨을 걸 듯 매달려서 해야 하는데 누군가가 알아서 하겠지 하고 미루는 상황이었으니 망하는 것이 당연합니다.

다시 한 번 강조하지만 사업을 할 때는 목숨 걸고 해야 합니다. 그러지 않고 망하면 할 말이 없지요. 문만 열면 고객이 알아서 찾아오는 게 아닙니다. 특히 음식점은 맛이 없으면 형제도 인사차 한 번 올 뿐 이후 절대로 오지 않습니다. 부업으로 하든 전업으로 하든 내가 가게를 연 목적이 어디에 있는지 확실히 알아야 합니다.

그렇게 두 번 망하고 이번에는 미사리에 라이브카페가 성행한다는 말을 듣고 그쪽으로 갔는데, 도중에 IMF가 터졌지요. 한데 곰곰 생각해보십시오. 대한민국에 언제 사업 환경이 좋았던 적이 있습니까? 없어요. 해마다 이런저런 이유와 핑계는 산더미처럼 많습니다. 주위에서 한번 열심히 해봐라 하고 격려하는 경우는 거의 없습니다. 오히려 거의 다 뜯어말리지요.

하지만 일을 벌이지 않고는 내가 원하는 목적을 이룰 수 없습니다. 창업은 해야 합니다. 문제는 어떻게 하느냐에 있지요. 제가 미사리에 라이프카페를 만들 때 이제 막 집의 기둥을 짓는데 IMF가 터졌습니다. 그 당시 살아 계시던 이주일 선생님이 저를 말렸지요.

"안마, 마누라랑 같이 거기 가보니 허허벌판이던데. 너, 어쩌려고 그러냐?"

기둥까지 세워놨는데 거기서 멈출 수는 없었지요. 다행히 IMF 때 미사리는 장사가 잘되었습니다. 그 시절에 서울에서는 12시까지밖에 장사를 못했지만 서울에서 10분이면 가는 미사리에서는 그 이후에도 장사가 가능하니까 사람들이 많이 몰려왔던 겁니다. 6년 만에 미사리 가게를 접었는데 벌지도 못했지만 손해를 본 것도 없습니다. 그래도 땅값은 올랐지요. 그곳에 신세계 스타필드가 들어오면서 일대를 공영 개발하는 바람에 가게 문을 닫은 겁니다.

그다음으로 제가 손을 댄 것이 중국집입니다. 이런저런 음식점을 해보니 가격대가 싼 것과 비싼 것이 섞여 있고 메뉴도 다양한 음식이 좋겠다는 생각이 들더라고요. 고객이 수십 번을 찾아가도 갈 때마다 주머니 사정에도 적합하고 또 싫증나지 않게 지난번과 다른 음식을 주문할 수 있을 테니까요. 그것을 충족시키는 것이 메뉴가 150~200가지에 이르는 중국집이었습니다. 탕수육 하나만 해도 그냥 탕수육, 사천탕수육, 찹쌀탕수육, 광동탕수육 등 종류가 많으니까요. 그러니 저번에 저걸 먹었으니 이번엔 이걸 먹자, 돈이 없으니 짜장면만 먹고 가자 하며 마음대로 고를 수 있지요.

단, 남과 똑같이 해서는 안 됩니다. 무언가 차별화된 점이 있어야 살아남을 수 있습니다. 제가 아내와 함께 주목한 메뉴는 탕수육입니다. 탕수육을 꼭 바삭하게만 만들라는 법이 어디 있느냐, 인절미처럼 쫄깃쫄깃하게 만들면 안 될까 하는 발상을 한 거지요. 찹쌀가루만 입히면 모두 쫄깃해질 것 같죠? 절대 그렇지 않아요. 하지만 주방장은 일해주고 월급만 받으면 그만이니 신메뉴 개발에 별로 신경 쓰지 않습니다. 그때 제 아내가 2년 동안 매달려 메뉴 개발에 심혈을 기울였지요.

결국 빵집에서 쫄깃한 맛을 내기 위해 쓰는 열대식물가루를 알아내 적당히 배합해서 내놓았는데 그게 대박이 났습니다. 일명 인절미 탕수육입니다.

제가 고 정주영 씨의 어록 중에서 아주 좋아하는 말이 있습니다. "목숨이 붙어 있는 한 실패란 없다. 다만 시련이 있을 뿐이다."

가장 좋은 재료, 가장 비싼 재료가 손님을 모은다

무엇을 하든 나만의 전문성이 없으면 비싼 대가를 치르고 맙니다.

장사가 잘되니 이걸 가게에서만 팔게 아니라 전국적으로 팔 방법이 없을까 하는 생각이 들더군요. 그때 떠올린 것이 인절미탕수육을 냉동식품으로 만들어보자는 것이었습니다. 인절미탕수육을 얼려서 집으로 배달해주면 가볍게 프라이팬에 요리해서 먹을 수 있게 만드는 것이지요. 결국 이것을 만들어서 홈쇼핑에 올렸는데 대박이 났습니다. 홈쇼핑에서 한 시간에 무려 4억~5억 원어치를 판매한 겁니다. 1만 세트가 한 번에 몽땅 팔려 나갔지요. 1만 세트면 8톤 트럭으로 3~4일을 운반해야 하는 분량입니다. 결국 인절미탕수육 하나로 매출 100억 원을 올렸습니다. 그다음으로 칠리새우와 누룽지탕을 만들었는데 둘 다 대박이 났습니다.

어떤 일을 하든 단순논리로 접근하십시오. 가령 외식업을 창업한다고 해봅시다. 그럴 때 유동인구가 몇 명이고 배후에 인구가 몇 명 살며 사무실이 얼마나 있는지 등을 따질 필요가 없습니다. 그냥 유명한 집 옆으로 파고들면 게임 끝입니다. 종목을 정할 때 가령 스타벅스나 빕스가 있으면 그 주변에서 다른 종목을 하면 됩니다. 상권은 그들이 이미 비싼 돈을 주고 다 알려놓은 상태입니다. 그들이 안착했다면 벌써 이런저런 조사를 다 했다는 의미이므로 굳이 시장조사를 하지 않아도 괜찮습니다.

그리고 인테리어에 너무 돈을 들이지 마십시오. 가장 좋은 인테리어는 바로 손님입니다. 벽이 갈라지고 천장이 무너질 것 같은 곳도 손님이 꽉꽉 들어차 있으면 밖에 줄을 서더라도 어떻게든 그 집에서 먹고 갑니다. 일본의 사업가들이 이 방식을 잘 활용하지요. 일본에서 조그마한 가게 앞에 사람들이 200미터 이상 줄을 서 있는 것은 흔한 광경입니다.

주의할 것은 아무리 가게가 좁고 허름해도 재료는 가장 좋은 것을 써야 한다는 점입니다. 흔히 생각하는 것과 달리 가장 비싼 재료를 쓰는 것이 가장 싸게 활용하는 지혜입니다. 예를 들어 양파를 생각해봅시다. 비싸도 굵고 좋은 걸 사서 쓰면 버릴 게 없어요. 싸다고 작은 걸 살 경우 썩은 것이 많아 도려내고 보면 알맹이가 별로 남지 않습니다. 가격만 고려해도 결국 그게 그겁니다. 더구나 비싸고 좋은 재료를 쓰면 음식 맛이 훌륭해서 손님이 끊이지 않아요.

또 하나 주의할 것은 주인이 가게에 꼭 붙어 있고 종업원의 발걸음이 활기차야 한다는 것입니다. 주인이 있고 없고의 차이는 실제로 가게를 운영해본 사람이면 누구나 다 압니다. 그리고 종업원이 밝고 활기차게 서비스를 할 때 고객은 기분 좋게 식사를 하고 다음에 또 찾아와야겠다고 생각합니다.

스스로 땀 흘릴 수 있는 일에 목숨을 걸어라

재밌는 것은 허황된 꿈을 꾸지 않고 자신이 놓인 상황에서 열심히 뛰다 보면 자꾸만 돈이 될 기회가 찾아온다는 겁니다. 주식이 괜찮다는데, 어디에 호텔 룸을 하나 사놓으면 한 달에 몇 백씩 들어온다는데 하면서 뜬구름 잡는 얘기에 혹하지 마세요. 저는 실제로 스스로 땀 흘려 일하는 방법이 가장 좋은 것이라고 생각합니다. 스스로 땀 흘려 할 일을 찾고 그 일에 목숨을 걸어보십시오. 뭘 하든 됩니다.

외식업에서 중요한 것은 QSC입니다. 그것은 퀄리티(Quality), 서비스(Service), 클린(Clean)을 의미하지요. 그런데 손님이 많으면 서비스가 다소 떨어져도 손님이 바글바글 합니다. 욕쟁이 할머니처럼 "물 좀 주세요" 할 때 "너는 손모가지가 없냐? 니가 갖다 처먹어!" 해도 사람들은 거길 찾아갑니다. 오히려 자기들끼리 욕쟁이 할머니라고 애칭까지 붙여줍니다.

이것이 바로 공감대 형성인데 무엇을 하든 고객과 공감대가 맞아떨어지면 성공합니다. 외식업의 경우 손님의 공감대를 이끌어내는 가장 중요한 요소는 음식 맛입니다. 일단 음식이 맛있어야 해요. 그러면 손님은 자기가 그곳에 가는 목적이 확실하기 때문에 단골이 됩니다.

아무튼 외식업에서는 QSC만 맞아떨어지면 절대 망하지 않습니다. 그리고 창업은 어려울 때 하는 겁니다. 단, 남과 다르게 변화를 주어야 합니다. 저는 40퍼센트를 손에 쥐고 있다면 60퍼센트를 빌려서 목숨 걸고 하라고 권하고 싶습니다. 너무 어렵다고 생각하지 말고 긍정적인 사고로 고객과 공감대를 형성할 수 있는 아이템을 찾아 도전해보십시오.

2018 대한민국 재테크 트렌드

첫판 1쇄 펴낸날 2018년 1월 30일
4쇄 펴낸날 2018년 4월 20일

엮은이 조선일보 경제부
발행인 김혜경
편집인 김수진
책임편집 김수연
편집기획 이은정 김교석 조한나 최미혜
디자인 박정민 민희라
경영지원국 안정숙
마케팅 문창운 노현규
회계 임옥희 양여진 김주연

펴낸곳 (주)도서출판 푸른숲
출판등록 2003년 12월 17일 제 406-2003-000032호
주소 경기도 파주시 회동길 57-9, 우편번호 10881
전화 031)955-1400(마케팅부), 031)955-1410(편집부)
팩스 031)955-1406(마케팅부), 031)955-1424(편집부)
홈페이지 www.prunsoop.co.kr
페이스북 www.facebook.com/prunsoop 인스타그램 @prunsoop

ⓒ푸른숲, 2018
ISBN 979-11-5675-730-6(03320)

이 도서의 국립중앙도서관 출판시도서목록(CIP)은 e-CIP 홈페이지(http://www.nl.go.kr/ecip)와
국가자료공동목록시스템(http://www.nl.go.kr/kolisnet)에서 이용하실 수 있습니다. (CIP2018000781)